教育部高等职业教育示范专业规划教材

汽车性能与使用技术

主　编　娄　云
副主编　朱命怡　蒋家旺

机械工业出版社

本书全面系统地介绍了汽车的性能及其合理使用要素，内容包括汽车主要技术数据和识别代号、内燃机特性、汽车的动力性、汽车的经济性、汽车的制动性能、汽车的操纵稳定性、汽车的通过性和行驶平顺性、汽车的使用寿命、内燃机排放污染与噪声、汽车常用燃料、汽车常用润滑材料及工作液、汽车轮胎、汽车在特殊条件下的使用、车辆的养护与美容、汽车维护制度及其技术规范等。

本书取材新颖，理论联系实际，简明实用，可供高等职业院校汽车制造与装配技术专业、汽车检测与维修技术专业、汽车营销与技术服务等专业教学使用，也可供从事汽车使用、维修、检测、管理的工程技术人员参考。

图书在版编目（CIP）数据

汽车性能与使用技术/娄云主编．—北京：机械工业出版社，2009.9（2014.7重印）

教育部高等职业教育示范专业规划教材

ISBN 978-7-111-28362-1

Ⅰ.汽…　Ⅱ.娄…　Ⅲ.①汽车-性能-高等学校：技术学校-教材②汽车-使用-高等学校：技术学校-教材　Ⅳ.U461

中国版本图书馆CIP数据核字（2009）第170487号

机械工业出版社（北京市百万庄大街22号　邮政编码100037）

策划编辑：葛晓慧　责任编辑：王丽滨　版式设计：霍永明

封面设计：赵颖喆　责任校对：张莉娟　责任印制：刘　岚

北京京丰印刷厂印刷

2014年7月第1版·第5次印刷

184mm×260mm·10.75印张·259千字

13 001—16 000册

标准书号：ISBN 978-7-111-28362-1

定价：22.00元

凡购本书，如有缺页、倒页、脱页，由本社发行部调换

电话服务

社服务中心：（010）88361066

销售一部：（010）68326294

销售二部：（010）88379649

读者购书热线：（010）88379203

网络服务

门户网：http://www.cmpbook.com

教材网：http://www.cmpedu.com

封面无防伪标均为盗版

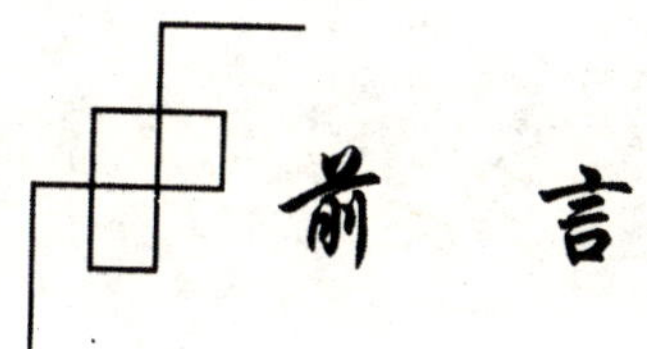

前言

本书是根据教育部颁发的《高等职业院校汽车运用与维修专业教学指导方案》的主干课程《汽车性能与使用教学基本要求》，并参照有关行业的职业技能鉴定规范与中级技术工人等级考核标准编写的。

随着汽车工业的不断发展，人们对汽车动力性、经济性、安全性、舒适性和环保性等方面的要求越来越高，汽车技术正在向电子化、自动化、智能化方向发展。汽车技术的这一变化，必然引起汽车领域的相关产业和相关技术的根本性变革。了解汽车使用性能，正确合理地使用汽车变得越来越重要。本书在编写中力图体现以下特色。

(1) 面向高等职业教育　本书作者均来自教学一线，有多年专业教学经验，因此，能够根据高等职业教育的培养目标，结合目前高等职业学校的实际情况编写。

(2) 突出职业素质培养　作为高等职业院校的专业课教材，本书在总体安排上体现以综合职业能力的培养为中心，突出职业素质的培养，选材注重实用性。

(3) 删繁就简、由易到难　教材体系与内容符合教学规律，及时吸收新知识和新技术，尽量将国内外最新相关技术、标准引入教材。

(4) 加强针对性和实用性　力求把传授专业知识和培养专业技术应用能力有机结合，不但使学生的基本素质得到提高，还要使学生能够运用所学的基本知识举一反三，触类旁通，同时也为学生今后的学习奠定基础。最终要使学生达到毕业后即可胜任工作岗位的要求。

本书由娄云担任主编，朱命怡、蒋家旺担任副主编。参加编写的人员及分工是：河南机电高等专科学校娄云（第二、三、四、五章）、朱命怡（第六、七、八章）；北京京北职业技术学院蒋家旺（第九、十三章）；河南交通职业技术学院张晓玉（第十二、十五章）、张红（第十、十一章）、刘新文（第一、十四章）。

本书在编写过程中参考了大量的书籍、文献和资料，在此谨向作者表示衷心的感谢！

由于编者水平有限，书中难免存在一些错误与不妥之处，恳请广大读者及同行予以批评指正。

编　者

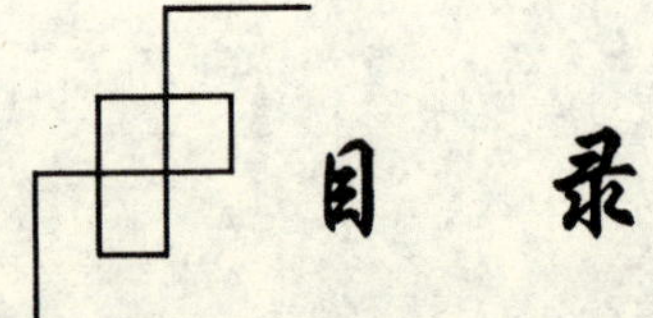

目录

第一章　汽车主要技术数据和识别代号

学习目标

【能力目标】

1）能解释汽车的主要技术参数，如汽车外廓尺寸、轮距、轴距、质量、最小离地间隙、纵向通过半径、横向通过半径、最小转向半径、风阻系数等。

2）能解释汽车识别代号，从而了解、认识和掌握汽车基本参数和性能特征等信息。

3）能解释常见汽车特征代号的意义，能够识别现代汽车仪表图形标识。

【知识目标】

1）理解汽车基本参数，结构数据，使用数据，容量数据等主要技术参数的意义，掌握常见的技术参数如：外廓尺寸、轮距、轴距、质量、最小离地间隙、纵向通过半径、横向通过半径、最小转向半径、风阻系数等的意义。

2）了解汽车识别代号的意义和作用，掌握汽车识别代号的组成、规定及常见汽车识别代号的意义。

3）掌握常见汽车特征代号及其代表的不同特征、结构、性能、功用、类别等含义。了解现代汽车仪表图形标识。

第一节　汽车主要技术数据

一、汽车的基本数据

汽车的基本数据包括，表明车辆总体尺寸、形状、质量、空间特征及相关的技术参数。它们主要是：汽车的外廓尺寸、轮距、轴距、质量、最小离地间隙、纵向通过半径、横向通过半径、最小转向半径、风阻系数等数据。

1. 整车尺寸

整车尺寸主要包括车辆的外廓尺寸（车辆的长 L、宽 B、高 H）、轮距 A_1、A_2、轴距 S、前悬架距离 K_1、后悬架距离 K_2 等，如图 1-1 所示。

（1）车辆长　垂直于车辆纵向对称平面、分别抵靠在汽车前后最外端突出部位的两垂直面之间的距离 L（mm）。

（2）车辆宽　平行于车辆纵向对称平面，并分别抵靠在车辆两侧固定突出部位（除后视镜、侧面标志灯、示宽灯、转向指示灯、挠性挡泥板、折叠式踏板、防滑链及轮胎与地面接触变形增大的部位）的两平面间的距离 B（mm）。

（3）车辆高　车辆在无装载质量条件下，车辆的支撑平面与车辆最高突出部位相抵靠的水平面之间的距离 H（mm）。

（4）轮距　同一车轴的两端为单车轮时，车轮在车辆支撑平面 L 留下的轨迹中心线之间的距离 A_1（mm）。轴的两侧为双车轮时，轮距为车轮两中心平面之间的距离 A_2（mm）。

（5）轴距　汽车同侧车轮前轴中心至后轴中心的距离。如为三轴汽车，则为同侧车轮前轴中心至后两轴中点间的距离 S（mm）。

（6）前悬架距离 通过两前轮中心的垂面与抵靠在车辆最前端并垂直于车辆纵向对称平面的垂面之间的距离 K_1（mm）。

（7）后悬架距离 通过车辆最后车轮轴线的垂面与分别抵靠在车辆最后端并垂直于车辆纵向对称平面的垂面之间的距离 K_2（mm）。

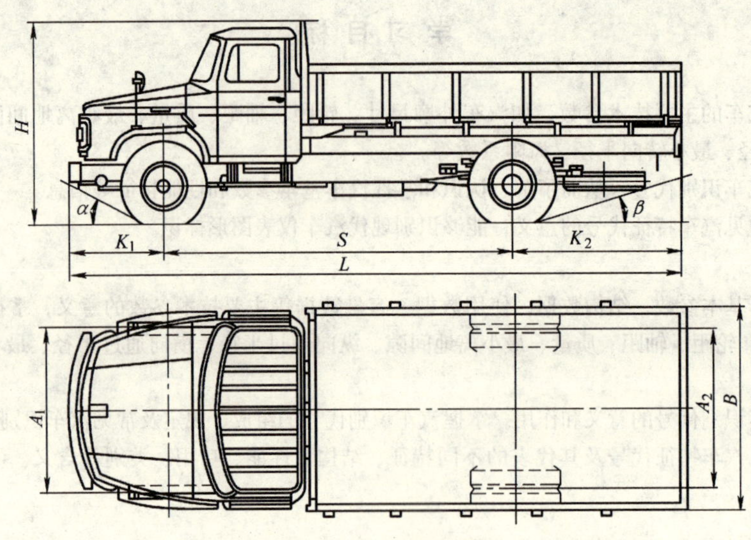

图 1-1 汽车的整体尺寸

2. 质量

汽车质量是汽车自身质量和承载能力的度量。它是车辆设计和使用中的重要参数，可以用来评价汽车轻量化的水平，同时又是车辆核载的依据。在汽车产品说明书中所标明的汽车质量主要包括：

（1）整车整备质量 装备有车身、全车电气设备和车辆正常行驶所需要的辅助设备，冷却液、燃油（油箱至少加注制造厂设计容量的90%）、润滑剂、备用轮胎、灭火器、随车工具、标准备件等完整车辆的质量。

（2）最大总质量 是整车整备质量与最大装载质量的总和。它是限制装载质量和道路通行能力的重要依据。

（3）最大装载质量 额定装载的最大限制质量。它等于最大总质量减去整车整备质量。

（4）最大轴载质量 汽车车桥所允许的最大载荷质量。

3. 车辆通过性参数

（1）最小离地间隙 是汽车除车轮外的最低点与路面之间的距离 C（mm）。

（2）接近角 汽车前端下部最低点向前轮外缘引出的切线与地面的夹角 α（°）。

（3）离去角 汽车后端下部最低点向后轮外缘引出的切线与地面的夹角 γ（°）。

（4）纵向通过半径 是指在汽车侧视图上做出的与前后车轮及两轴间中间轮廓线相切圆的半径 R_1（mm）。纵向通过半径表示汽车能够无碰撞的越过小丘、拱桥等障碍物的轮廓尺寸，纵向通过半径越小，通过性越好，如图 1-2 所示。

（5）横向通过半径　是指在汽车后视图上做出与左、右两车轮轮胎内侧及底盘最低处相切圆的半径 R_2（mm）。

（6）最小转向半径　转向盘转到极限位置时，外侧车轮轨迹上的切点到转向中心的距离。最小转向半径是汽车机动性的重要指标，它表征汽车在最小面积内的回转能力和通过狭窄地带或绕过障碍物的能力。

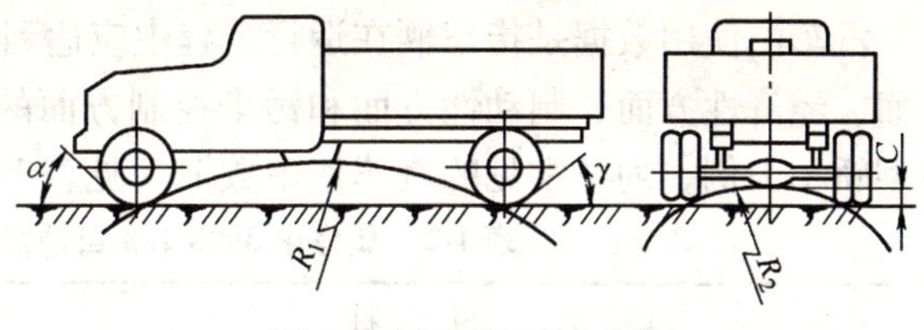

图 1-2　车辆通过性参数

4. 风阻系数

风阻系数是指空气与汽车以一定的相对速度流过车身表面轮廓时所受到的阻力大小的度量。风阻系数越小，汽车行驶中的空气阻力就越小。风阻系数是设计汽车，特别是轿车外形轮廓及其他相关结构的重要依据。

二、汽车的结构数据

汽车结构数据是指组成汽车各个系统、总成以及关键部件的类型、形式、结构特点的技术参数，体现汽车整体性能、档次、配置和特色的基础数据。现以桑塔纳 3000 1.8 自动舒适型轿车为例，列举常见的汽车结构数据（见表 1-1）。

表 1-1　桑塔纳 3000 1.8 自动舒适型轿车结构数据

结构参数			数据
发动机	型式		四缸、直列、水冷、四冲程电控燃油喷射式发动机
	型号		AYJ(06BC)
	排量/L		1.781
	气缸直径×活塞标程		81×86.4
	压缩比		9.5
	最大功率/转速		74kW/5200r·min^{-1}
	最大转矩/转速		155N·m/(3800r·min^{-1})
	怠速转速/(r·min^{-1})		800±30
	最低燃油消耗率/(g/km·h)		≤295
	供油方式		多点电喷
	点火次序		1-3-4-2
	冷却液温度/℃		≤105
变速器	形式		自动
	型号		AG4
	传动比	1挡	2.741
		2挡	2.551
		3挡	1.000
		4挡	0.679
车身	总长/总宽/总高(空载)/mm		4687/1700/1450
	轴距(半载)/mm		2656
	前轮距(半载)/mm		1414
	后轮距(半载)/mm		1422
	接近角(满载)/(°)		15
	离去角(满载)/(°)		14.8
	最小离地间隙/mm		115
	最小转弯直径/mm		11
	行李箱容积/L		400
	油箱容积/L		60

三、汽车的使用数据

汽车的使用数据是指车辆在运行过程中应达到的技术要求或技术参数，主要包括动力性方面、经济性方面、制动性方面和污染控制方面的使用数据。现以桑塔纳 3000 1.8 自动舒适型轿车为例，列举常见的汽车使用数据（见表1-2）。

表 1-2　桑塔纳 3000 1.8 自动舒适型轿车的使用数据

项　　目		参　　数
动力性	最高车速	178km/h
	加速时间(0～100km/h 半载)	14s
经济性	理论油耗	7.4L/100km
排放性	排放标准	国Ⅲ标准
	CO(体积分数)	≤1.5%
	HC(体积分数)	<0.05%
	车外加速噪声	≤68dB
制动性	初速度为 30km/h 时的制动距离	≤5.8m
	初速度为 80km/h 时的制动距离	≤50.0m

四、汽车的容量数据

汽车的容量数据是指汽车各种燃料、润滑材料和工作液在标定状况下所占有的空间，它是保障车辆正常运行的重要技术参数。现以桑塔纳 3000 1.8 自动舒适型轿车为例，列举常见的汽车容量数据（见表1-3）。

表 1-3　桑塔纳 3000 1.8 自动舒适型轿车容量数据

容量参数		量值/L	容量参数	量值/L
油箱		60	变速器及主减速器、差速器	2.0
冷却系统		6.5	制动系	2.5
润滑系统	不换滤清器	2.5	每个制动缸的制动液	0.5
	换滤清器	3.0	行李箱容积	400
风窗清洗器储液罐		1.8	—	

第二节　车辆识别代号（VIN）

目前世界各国汽车公司所生产的绝大部分汽车都使用了车辆识别代号（简称 VIN）。车辆识别代号的作用及其重要性，被越来越多的人们所认识和重视。无论是汽车整车及配件营销人员、汽车维修工、车辆保险人员、二手车的评估人员，还是车辆交通管理人员以及与汽车相关的其他人员，对于汽车规格参数和性能特征等信息的了解、认识和掌握，车辆识别代号都是必不可少的信息工具。

VIN（Vehicle Identification Number），中文名称车辆识别代号，是汽车制造厂为了识别一辆汽车而指定的一组字码。VIN 是由 17 位字母、数字组成的编码，又称 17 位识别代号。如日本丰田汽车公司轿车的 17 位码为：JT1GK12E7S9092125。其中：J 表示日本；T 表示丰田汽车公司；1 表示车辆类型为乘用车；G 表示发动机为 1MZ-FE3.0LV6；K 表示车辆品牌为佳美；1 表示汽车种类为 MCV10L 型；2 表示汽车系列为 LE 系列；E 表示车身类型为 4 门轿车；7 表示检验数；S 表示车型生产年份为 1995 年；9 表示装配厂为日本；092125 表示汽车的生产顺序号。

从 VIN 中可以识别出该车的生产国家、制造厂家、汽车类型、品牌名称、车型系列、车身型式、发动机型号、车型年款、安全防护装置型号、检测数字、装配工厂名称和出厂顺序号码等。它是汽车修理时的数据检索、配件采购和经营管理所必需掌握的，以免产生误购、错装等严重后果。

一、车辆识别代号（VIN）的意义和作用

车辆识别代号（VIN）经过排列组合，可以使同一车型的车在 30 年之内不会发生重号现象，具有对车辆的惟一识别性，因此可称为“汽车身份证”。由于现代汽车车辆的使用周期在逐年缩短，一般 6 ~ 10 年就会被淘汰，所以 17 位识别代号已足够使用。

在汽车营销、进出口贸易、办理车辆牌照、处理交通事故、保险索赔、查获被盗车辆、侦破刑事案件、车辆维修与检测等方面，17 位 VIN 码都具有十分重要的作用。有的国家规定没有 17 位识别代号的汽车不准进口和销售。所以，现代汽车若没有 17 位识别代号是卖不出去的。我国已于 1996 年底颁布了相关标准，并已于 1997 年开始实行。实际操作中，1999 年 1 月 1 日以后被初次登记的车辆必须拥有车辆识别代号。

17 位车辆识别代号还可以作为车辆故障分析诊断和维修的依据，因此，现在在各种测试仪器和维修检测设备中都存储有 17 位识别代号。同时在汽车配件营销管理上也起着重要的作用，通过 17 位车辆识别代号确认车型年款，选择合适的零部件，免得产生误购、错装等情况。

二、汽车识别代号（VIN）的组成及规定

世界各国政府以及各汽车公司对本国或本公司生产的汽车的 17 位识别代号（VIN）都有具体的规定。各国的技术法规一般只规定车辆识别代号的基本要求，如对字母和数字的排列位置、安装位置、书写形式和尺寸都有相应的规定等，并应保证 30 年内不会重号。除对个别符号的含义有统一要求外，其他不做硬性规定，而是由生产厂家自行规定其代号的含义。

VIN 在汽车上的安装位置，各国汽车生产厂家的各类车型也不尽相同。如美国规定，应安装在汽车仪表板左侧，在车外透过风窗玻璃可以清楚地看到而便于检查，而欧洲则规定，VIN 应安装在汽车右侧的底盘车架上或标写在厂家铭牌上。我国《车辆识别代号（VIN）管理规则》规

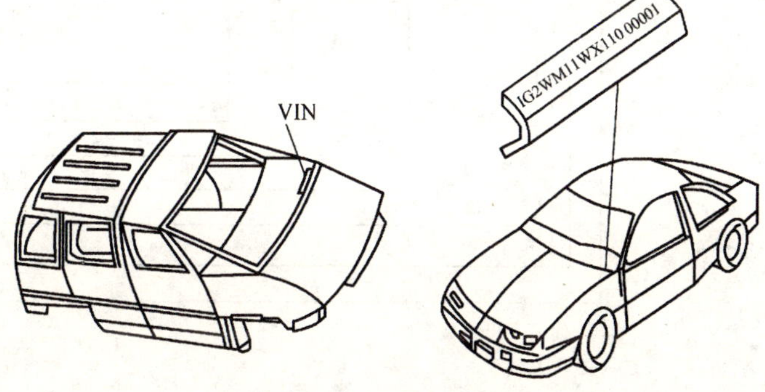

图 1-3　常见 VIN 码的安装位置

定：车辆识别代号应尽量位于车辆的前半部分、易于看到且能防止磨损或替换的部位。对于小于或等于 9 人座的乘用车和最大总质量小于或等于 3.5t 的载货汽车，车辆识别代号（VIN）应位于仪表板上靠近风窗立柱的位置，在白天日光照射下，观察者不需移动任一部件从车外即可分辨出车辆识别代号，如图 1-3 所示。

我国车辆识别代号（GB/T 16735—2004）与国际车辆识别代号（VIN）接轨，由三部分 17 位字码组成（见表 1-4），对年产量≥500 辆的制造厂，车辆识别代号的第一部分为世界制造厂识别代号（WMI，Word Manufacture Identifier）；第二部分为车辆说明部分（VDS，Vehicle Descriptor Section）；第三部分为车辆指示部分（VIS，Vehicle Lndicator Section），如图 1-4 所示。

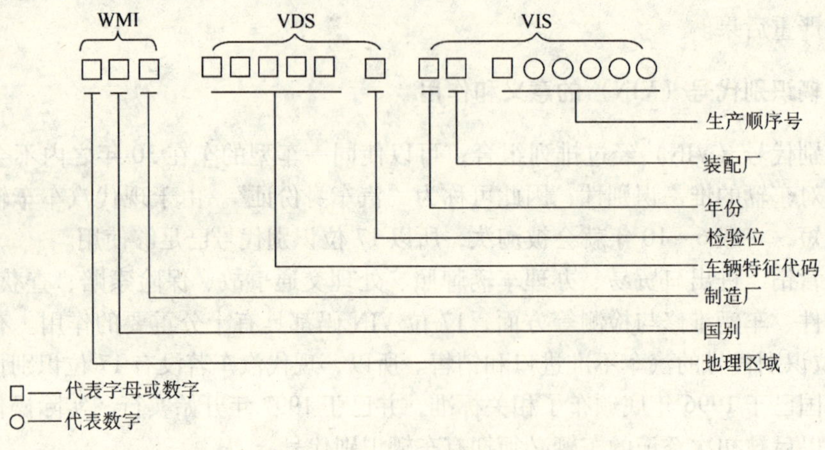

图 1-4　年产量≥500 辆的制造厂的车辆识别代号

对于年产量＜500 辆的制造厂，车辆识别代号的第一部分为世界制造厂识别代号（WMI）；第二部分为车辆说明部分（VDS）；第三部分的第 3、4、5 位字码，即 17 位码的 12、13、14 位字码同第一部分的三位字码一起构成世界制造厂识别代号（WMI），其余五位字码为车辆指示部分（VIS），如图 1-5 所示。

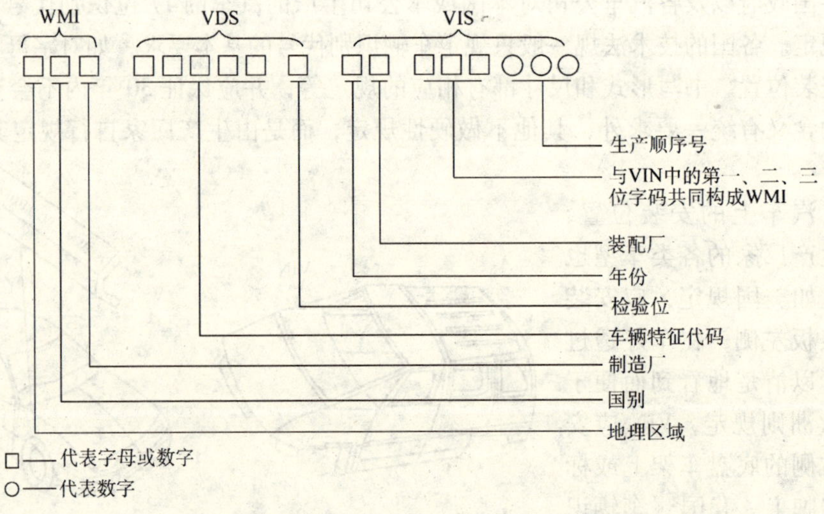

图 1-5　年产量＜500 辆的制造厂的车辆识别代号

举例如下：

代号	L	E	4	E	J	6	8	W	A	V	5	7	0	0	3	2	1
位数	[1]	[2]	[3]	[4]	[5]	[6]	[7]	[8]	[9]	[10]	[11]	[12]	[13]	[14]	[15]	[16]	[17]

表 1-4　车辆识别代号组成示例

位　数	意　义	位　数	意　义
[1]	生产国别代号 L—中国	[7]	车身型号代号 4 门金属硬顶车
[2]	制造厂家代号 北京吉普汽车公司	[8]	发动机型号代号 2.5L 四缸化油器汽油机
[3]	汽车类型代号 BJ2021 系列	[9]	工厂检验代号
[4]	总质量代号 1361 ~ 1814kg	[10]	车型年款代号 V—1997 年
[5]	车型种类代号 4×4 驱动、左置转向盘	[11]	总装工厂代号 BJC 总装厂
[6]	装配类型代号 中高档型	[12] ~ [17]	出厂顺序号代号

第一部分为世界制造厂识别代号（WMI），由三位字母或数字组成，它们必须经过申请、批准和备案后方能使用。

第［1］位字码标明一个地理区域的字母或数字。

第［2］位字码表示这个特定区域的一个国家的字母或数字。

第［3］位字码是标明某个特定的制造厂的字母或数字。

第［1］、［2］、［3］位字码的组合将保证一个国家的某个汽车制造厂识别标志的惟一性。对于年产量 <500 辆的制造厂，世界制造厂的车辆识别代号的第［3］位字码为数字 9 时，车辆指示部分的第 3 ~ 5 位字码，即 17 位码的［12］、［13］、［14］位字码将与第一部分的三位字码共同作为世界制造厂识别代号。

第二部分车辆说明部分由六位字码组成。分别由制造厂用不同的数字或字母标明车辆型式或品牌、车辆类型、种类、系列、车身类型、发动机或底盘类型、驾驶室类型以及汽车车辆的其他特征参数。如果制造厂不用其中的一位或几位字码，应在该位置填入制造厂选定的字母或数字占位。

第二部分的最后一位字码（即 17 位代号的第［9］位字码）为制造厂检验位。检验位由 0 ~ 9 中的任一数字或字母 X 标明，其作用是核对 VIN 码记录的准确性。

第三部分车辆指示部分由 8 位字码组成。

第 1 位字码（即 17 位代号的第［10］位字码）表示汽车生产年份，年份代码按表 1-4 规定对照使用。

第 2 位字码（即 17 位代号的第［11］位）用来指示汽车装配厂，若无装配厂，制造厂可规定其他的内容。

对于年产量≥500 辆的制造厂，第三部分的第 3 ~ 8 位字码（即 17 位代号的第［12］~［17］位字码）表示生产顺序号。对于年产量 <500 辆的制造厂，第三部分的第 3 ~ 5 位字码

（即17位代号的第［12］～［14］位字码）与第一部分的三位字码共同表示一个车辆制造厂，最后三位字码表示生产顺序号。

三、VIN码中各代码的含义举例

1. 中国北京吉普汽车有限公司VIN代号的含义

中国北京吉普汽车有限公司VIN代号见表1-5。

表1-5　中国北京吉普汽车有限公司VIN代号

代号	L	E	4	E	J	6	8	W	A	V	5	7	0	0	3	2	1
位数	[1]	[2]	[3]	[4]	[5]	[6]	[7]	[8]	[9]	[10]	[11]	[12]	[13]	[14]	[15]	[16]	[17]

第［1］位　生产国别代号，L表示中国。

第［2］位　制造厂商代号，E表示北京吉普汽车有限公司。

第［3］位　车辆类型代号，4表示BJ2021系列。

第［4］位　厂定最大总质量分级代号，E表示1361～1814kg。

第［5］位　车型种类代号，J表示4×4左置方向盘。

第［6］位　车型系列代号，6表示中档型。

第［7］位　车身类型代号，8表示四门金属硬顶。

第［8］位　发动机类型代号，W表示2.5四缸化油器式汽油机。

第［9］位　包装代号，A表示包装代号。

第［10］位　生产年度代号，V表示1997年。

第［11］位　装配工厂代号，5表示BJC总装厂。

第［12］～［17］位　700321表示出厂顺序号。

2. 德国戴姆勒·奔驰汽车公司VIN代号的含义

德国戴姆勒·奔驰汽车公司VIN代号见表1-6。

表1-6　德国戴姆勒·奔驰汽车公司VIN代号

代号	W	D	B	F	B	9	3	D	5	L	B	3	5	0	1	8	0
位数	[1]	[2]	[3]	[4]	[5]	[6]	[7]	[8]	[9]	[10]	[11]	[12]	[13]	[14]	[15]	[16]	[17]

第［1］位　生产国别代号，1—美国　2—加拿大　3—墨西哥　6—澳大利亚；J—日本　K—韩国　L—中国　W—德国。

第［2］、［3］位　生产厂家代号，DB—戴姆勒·奔驰。

第［4］位　车身及底盘系列代号，A—123（1983～1985年）系列　B—107系列　C—126系列　D—201系列　E—124系列　F—129系列　G—140系列　H—202（G）系列。

第［5］位　发动机类型代号，A—汽油发动机　B—柴油发动机　D—汽油发动机（4WD）。

第［6］、［7］位　车型代号，93—300TD，四门旅行轿车3.0L涡轮增压柴油机（1994年）。

第［8］位　乘员安全保护装置代号，A—三点式安全带　B—三点式安全带及防撞安全气囊　C—三点式安全及急情况收缩装置　D—座椅式安全式及驾驶员防撞安全气囊　E—座椅式安全带及驾驶员、前排乘员防撞安全气囊

第［9］位　VIN 检验数代号。

第［10］位　车型年款代号，D—1983 年　E—1984 年　F—1985 年　G—1986 年　H—1987 年　J—1988 年　K—1989 年　L—1990 年　M—1991 年　N—1992 年　P—1993 年　R—1994 年　S—1995 年　T—1996 年。

第［11］位　总装工厂代号。

第［12］～［17］位　出厂顺序号代号。

第三节　常见汽车特征代号及图形标识

一、常见汽车特征代号

汽车特征代号包括不同特征、结构、性能、功用、类别等含义，在汽车营销、检测、维护、配件等方面具有一定的作用。了解和识别常见的特征代号，有助于我们保证车辆的正确使用、指导实际操作以及延长汽车使用寿命之目的。常见汽车特征代号含义见表 1-7。

表 1-7　常见汽车特征代号含义

部位	特征代号	含　义	特征代号	含　义
车型	SEDAN · SALOON	四门或两门轿车	RWD	后轮驱动
	COUPE	双座两门轿车	2WD	两轮驱动
	EZCON	客货两用轿车	FWD	前轮驱动
	PICKUP	小货车,工具车	2WS	前轮转向
	DOUBLECAB	双排座小货车	4WS	全四轮转向
	VAN	行李车	STD	标准级车辆
	RALLY	越野赛车	DELUXE	豪华级车辆
	SPORT	运动赛车	SGL	超豪华车辆
	STATIONWACON	旅行小客车	LIMOUSIHE	超长豪华车辆
	4×4 或 4WD	四轮驱动车	ROYAL	皇家级车辆
	FF	前置发动机,前轮驱动车	SUPER	超级的,更高级的车辆
	FR	前置发动机,后轮驱动车		
发动机	ENGINE	发动机	DIESEL	柴油机
	SUS	主发动机	TA	涡轮增压
	TURBO	增压发动机	MA	机械式增压
	L—4	直列四缸发动机	ESA	电子控制点火提前装置
	V6	V 型六缸发动机	SFL	顺序式燃料喷射装置
	B	卧式对置多缸发动机	MFL	多点式燃料喷射装置
	OHC	顶置气门,上置凸轮轴	ISC	怠速控制装置
	OHV	顶置气门,侧置凸轮轴	ELTEC	电子控制装置
	DOHC	双顶置凸轮轴	ACIS	可变进气系统
	EFI	电控燃油喷射	PCV	曲轴箱强制通风装置
	ECU	电子控制单元		

（续）

部位	特征代号	含 义	特征代号	含 义
底盘	ABS	自动防抱死装置	SRS	安全气囊
	TCS	防止横向侧滑装置	HICAS	智能主动悬架系统
	ABR	防侧滑装置	RB	循环球式转向器
	SIPS	车侧碰撞防护系统	RP	齿轮齿条式转向器
自动变速器	AT	自动变速器	N	空挡
	ST	无级变速器	D	前进挡
	P	停车挡	L	低速挡
	R	倒车挡	HEAT	预热挡位
	H/L	高/低挡		
驱动轮	4WD	四轮驱动	4H	高范围内四轮驾驶
	2H	高范围内二轮驾驶	N	中性
	4L	低范围内四轮驾驶		
仪表板	GAUGE	仪表板	RECIRC	车内气流
	TURN	转向灯	FSC	风扇控制杆
	HEAD(LH)	前照灯(左)	HCRM	喇叭
	HEAD(RH)	前照灯(右)	CIGAR	点烟器
	BEAM	远光	CHG	蓄电池充电指示
	STOP	制动灯	DISCHARGE	蓄电池放电指示
	HALARD	报警	PARK	驻车制动
	SPARE	备用	BHAK	制动锁指示
	GLOWPCUG	预热指示	EHX · BRAKE	排气制动指示
	CHG	充电	VACUUM	真空助力器负压过低
	BRAKE	制动	CHOKE	阻风门
	DORL AMP(DL)	顶灯:ON——亮 DOOR——开门时 OFF——关	SUNROOF	遮阳顶篷
	AIR · COND(AIC)	空调:MAX——最凉,NORM——正常,VENT——通风,DEF——化霜	WIPER	刮水器
	HEATER	暖风	ROOF	顶窗
	DEF	除霜与除雾	POER	电源
	VENT	空气调节通口	START	启动
时钟	DATE	日期显示	M	分钟调节
	H	小时调节	RESET	重新调节
	ADJUST	选择显示		

（续）

部位	特征代号	含　义	特征代号	含　义
收音机	TUNE	调谐	BASS	低音控制
	TONE	音调	LOUD	响度控制
	LO · DX	自动调谐	DOLBYNR	杜比噪声比
	POWER(SW)	开关	SIE · EO	立体声
	VOL	音量	MONO	单声道
	FM	调频	AOS	自动节目检索
	AM	调幅	M	存储
	BAC	平衡控制	REN	重卷
	TRE	高音控制	PRO	节目
	METAL	金属带		
仪表	燃油表	FUEL——燃料;指针指向“F”表示满,指向“E”表示空。单位为L(升)	车速里程表	SPEED——速度。里程表的单位为km/h(千米/小时)
	水温表	TEMP——温度。指针指向“H”表示温度过高,指针指向“C”表示温度过低。单位为℃(摄氏度)	转速表	转速表的单位为r/min(转/分)
	电流表	AMP——安培,指针指向“-”表示放电,指针指向“+”表示充电	气压表	AIR——空气,气压表的单位为kPa(千帕)
	机油压力表	OIL——机油。机油压力表的单位为kPa(千帕)		
开关	点火开关	一般标有ON字样	启动装置	START——启动;HEAT——预热
	转向机构	LOCK——转向机锁,开锁时,必须将点火开关钥匙插入,将标有PUSH转向锁按钮按下	附属设备电路接通装置	ACC——该装置一般用于收音机,点烟器等的电路接通

二、现代汽车仪表图形标识

近年来，在众多的现代汽车中装备了各式各样的表示车辆运行状态的电子传感装置，这些装置绝大多数以警示灯，蜂鸣器或语言信号的方式显示在驾驶室仪表板上，用以向驾驶员提供必要的信息，监测汽车运行的技术状况。为了使不同国别、不同语言和文化的驾驶员在较短的时间内迅速识别这些装置，通常将这些电子信号装置连同一些辅助设备用简单形象的图形标识表示，这些形象的图形标识一般标示在驾驶室仪表板、操纵杆、按钮、开关等处。如图1-6所示是现代汽车中常用的部分图形标识。

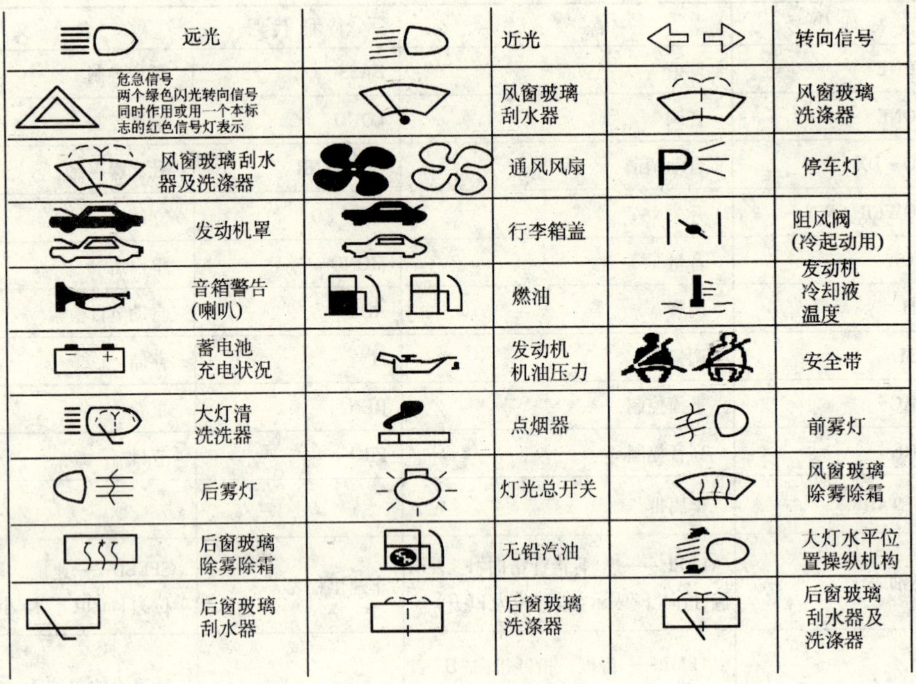

远光	近光	转向信号
危急信号 两个绿色闪光转向信号同时作用或用一个本标志的红色信号灯表示	风窗玻璃刮水器	风窗玻璃洗涤器
风窗玻璃刮水器及洗涤器	通风风扇	停车灯
发动机罩	行李箱盖	阻风阀(冷起动用)
音箱警告(喇叭)	燃油	发动机冷却液温度
蓄电池充电状况	发动机机油压力	安全带
大灯清洗洗器	点烟器	前雾灯
后雾灯	灯光总开关	风窗玻璃除雾除霜
后窗玻璃除雾除霜	无铅汽油	大灯水平位置操纵机构
后窗玻璃刮水器	后窗玻璃洗涤器	后窗玻璃刮水器及洗涤器

图 1-6　现代汽车中常用的部分图形标识

本章小结

1）整车尺寸主要包括车辆的外廓尺寸（车辆长、宽、高）、轮距、轴距、前悬、后悬等。

2）汽车质量是汽车自身质量和承载能力的度量，包括整车整备质量、最大总质量、最大装载质量、最大轴载质量等。

3）车辆通过性参数包括最小离地间隙、接近角、离去角、纵向通过半径、横向通过半径、最小转向半径等。

4）风阻系数是指空气与汽车以一定的相对速度流过车身表面轮廓时所受到的阻力大小的度量，风阻系数是设计汽车，特别是设计轿车外形轮廓及其他相关结构的重要依据。

5）汽车的使用数据是指车辆在运行的过程中应达到的技术要求或参数，主要包括动力性方面、经济性方面、制动性方面和污染控制方面的使用数据。

6）VIN（Vehicle Identification Number），中文称车辆识别代号，是汽车制造厂为了识别一辆汽车而指定的一组字码。VIN 是由 17 位字母、数字组成的编码，又称 17 位识别代号。从 VIN 中可以识别出该车的生产国家、制造厂家、汽车类型、品牌名称、车型系列、车身型式、发动机型号、车型年款、安全防护装置型号、检测数字、装配工厂名称和出厂顺序号码等。

7）了解和识别常见的汽车特征代号和仪表图形标识，有助于正确使用车辆。

复习思考题

1-1　汽车的整体尺寸包括哪些技术参数？

1-2　什么是汽车的整车整备质量？

1-3　什么是最小离地间隙？

1-4　什么是最小转向半径？

1-5　汽车识别代号（VIN）的意义和作用是什么？

1-6　中国汽车识别代号和国际车辆识别代号的区别是什么？

1-7　汽车识别代号（JT1GK12E7S9092125）的意义是什么？

第二章　内燃机特性

学习目标

【能力目标】

1）能分析汽油机的负荷特性、柴油机的负荷特性，能解释负荷特性曲线形状对柴油机性能的影响。

2）能分析汽油机速度特性、柴油机的速度特性，能解释汽油机速度特性曲线和柴油机速度特性曲线的异同点。

3）能分析柴油机的调速特性，能解释柴油机为什么要安装调速器。

4）能绘制内燃机万有特性曲线，能解释内燃机万有特性曲线形状、位置对内燃机性能的影响。

【知识目标】

1）理解汽油机的负荷特性、柴油机的负荷特性的含义，了解负荷特性曲线形状对柴油机性能的影响。

2）理解汽油机速度特性、柴油机的速度特性，了解汽油机速度特性曲线和柴油机速度特性曲线的异同点。

3）了解柴油机的调速特性。

4）了解内燃机万有特性曲线，了解内燃机万有特性曲线形状、位置对内燃机性能的影响。

车辆运行时，由于行驶速度与阻力不断变化，则内燃机的转速和负荷亦相应变化，以适应车辆的需要。随着转速和负荷的改变，内燃机工作过程也会发生变化。因此，内燃机在不同使用条件下具有不同的动力性与经济性。

内燃机性能指标随调整运转工况而变化的关系称为内燃机特性。其中，性能指标随调整情况变化的关系称调整特性；性能指标随运转工况变化的关系称性能特性。内燃机特性用曲线表示称为特性曲线。通过特性曲线可以分析在不同使用工况下，内燃机特性变化的规律及影响因素，评价内燃机性能，从而提出改善内燃机性能的途径。

第一节　内燃机负荷特性

负荷特性表示内燃机在某一转速下，燃油经济性指标及其他参数随负荷变化的关系。

一、汽油机负荷特性

点火提前角最佳、燃油喷射系统及进气系统工作正常或化油器调整完好情况下，保持汽油机转速一定，每小时燃油消耗量 B、燃油消耗率（简称耗油率）b 随负荷（有效功率 P_e、有效转矩 T_{tq}或平均有效压力 P_{me}）而变化的关系，称为汽油机负荷特性。

汽油机的负荷调节方法称为“量调节”。即化油器式发动机通过改变节气门开度，改变进入气缸的混合气数量来适应负荷变化。汽油喷射式发动机所形成的混合气的混合比，按不同工况的空气量来计量喷油量，而进气管中的空气流量由节气门来控制，仍属于量调节。

图 2-1 所示为某汽油机负荷特性曲线。下面对负荷特性曲线进行分析。

1. 每小时燃油消耗量曲线

汽油机转速一定时，每小时燃油消耗量 B 主要取决于节气门开度和混合气成分。由于汽油机的量调节方式，负荷变化时，节气门开度改变，又影响到混合气量的变化。汽油机除怠速工况外，从小负荷到中等负荷，随节气门开度变大，B 曲线呈线性变化，燃油消耗量逐渐增加；当节气门开度至加浓装置参加工作后，B 曲线变陡，燃油消耗量上升较快。

2. 有效燃油消耗率曲线

燃油消耗率 $b=k_3/\eta_i\eta_m$，燃油消耗率 b 随指示热效率 η_i、机械效率 η_m 的变化而变化，η_i、η_m 随负荷的变化而变化的关系如图 2-2 所示。

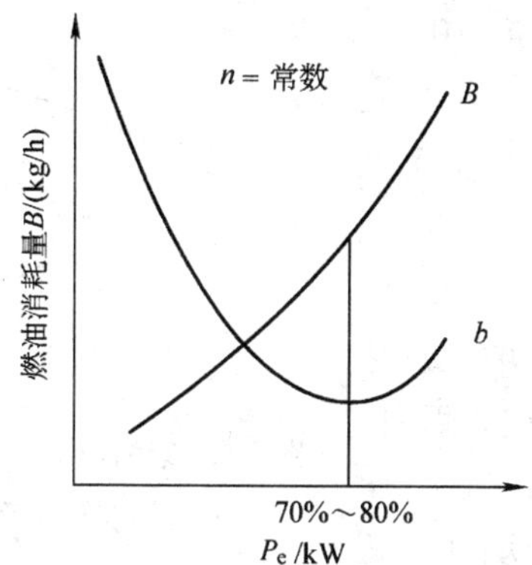

图 2-1 汽油机负荷特性曲线

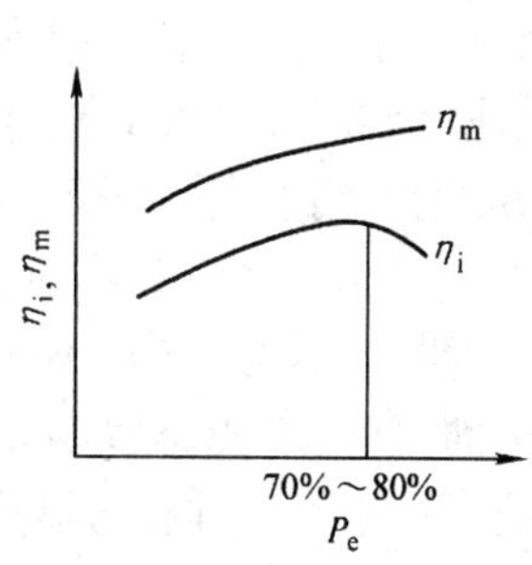

图 2-2 汽油机 η_i、η_m 随负荷的变化而变化的关系

当转速一定，随负荷增加，节气门开度加大，残余废气相对减少，热负荷增加，从而改善了燃油雾化、混合条件，使燃烧速度加快，散热损失相对减少，η_i 增加。负荷增至大负荷，加浓装置工作，η_i 下降。当转速一定而负荷增加时，机械损失功率 P_m 变化不大，指示功率 P_i 成正比增加，$\eta_m=(1-P_m/P_i)$，因此，η_m 随负荷的增加而迅速增加。

当发动机空转($P_e=0$)时，指示功率完全用于克服机械损失，即 $P_i=P_m$，则 $\eta_m=0$，所以耗油率 b 为无穷大。随负荷（节气门开度）增大，由于 η_i、η_m 同时上升，使耗油率曲线迅速下降。当 η_i、η_m 达到最大值，出现最低耗油率 b_{min}后，随节气门逐渐增至全开，化油器加浓装置参加工作，供给最大功率混合气，燃烧不完全现象增加 η_i 下降，使耗油率又有所增加。

二、柴油机负荷特性

柴油机转速一定，每小时耗油量 B、有效燃料消耗率 b 随负荷(P_e、T_{tq}或 P_{me})而变化的关系称柴油机负荷特性。

转速一定时，进入气缸的空气量不变，改变负荷相应改变的是每循环供油量 Δq，使混合气成分变化。因此，柴油机是通过改变混合气的过量空气系数来适应负荷的变化的，其负荷调节方法称为“质调节”。图 2-3 所示为某柴油机的负荷特性曲线。

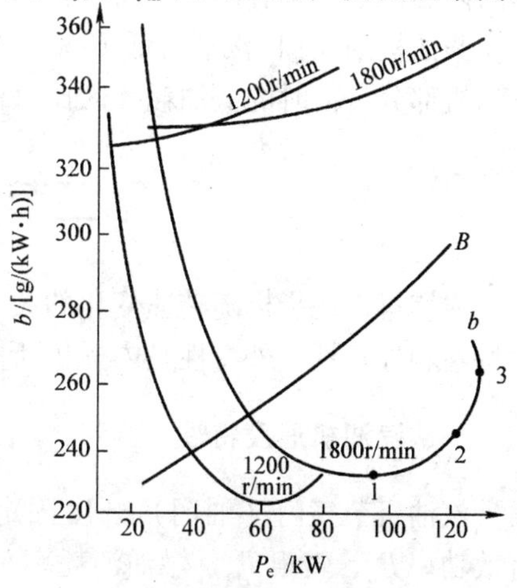

图 2-3 柴油机负荷特性曲线

1—耗油率最低点 2—冒烟界限点 3—极限功率点

1. 每小时燃油消耗量曲线

转速一定时，柴油机的每小时耗油量 B，主要决定于每循环供油量 Δq。随负荷增加，Δq 增加，B 随之增加。当负荷接近冒烟界限点 2 后，由于燃烧恶化，B 上升得更快一些，如图 2-3 所示。

2. 有效燃油消耗率曲线

根据公式 $b=k_3/\eta_i\eta_m$，柴油机有效燃油消耗率 b 随负荷的变化取决于 η_i 和 η_m。η_i、η_m 随负荷的变化如图 2-4 所示。与汽油机不同，随负荷增加，每循环供油量 Δq 增加，过量空气系数 ϕ_{at} 减小，燃烧不完全程度增大，使 η_i 减小。大负荷时，混合气过浓，燃烧恶化，不完全燃烧及补燃增多，使 η_i 下降更快。η_m 随负荷增加而上升。

当 $P_e=0$，$\eta_m=0$ 时，耗油率 b 趋于无穷大。随负荷增加，由于 η_m 迅速增加，且远大于 η_i 的减少，使 b 下降很快。当每循环供油量 Δq 增加到 1 点（图 2-3）位置时，b 最小。此后再增加负荷，由于 η_i 下降较 η_m 上升的多，使 b 又有所增加。当 Δq 增加到 2 点位置时，不完全燃烧现象显著增加，烟度急剧增大，达到国标规定的限值。2 点称冒烟界限。当循环供油量超过 2 点时，不仅燃料消耗量增大，排放污染严重，甚至影响发动机寿命。所以，柴油机的最大循环供油量应在标定转速下调整，使烟度不超过允许值。

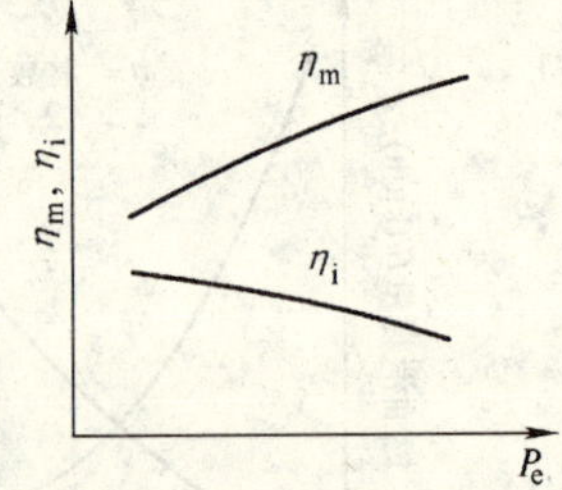

图 2-4 柴油机 η_i、η_m 随负荷的变化关系

三、负荷特性曲线特点

负荷特性是内燃机的基本特性，常用它来评价内燃机工作的经济性。根据需要可测定内燃机不同转速下的负荷特性。转速变化时，各条负荷特性曲线的变化趋势相同，只是各条曲线的路径不同。每条曲线的最右端点表示全负荷转速下的功率及燃油消耗率。

由负荷特性曲线可以看出，低负荷时，有效燃油消耗率很高，经济性差。因此，应注意提高内燃机的功率利用率。同一转速下，最低油耗率 b_{min} 愈小，曲线变化愈平坦，经济性愈好。柴油机的 b_{min} 比汽油机低 10%～30%；而且有效燃油消耗率曲线比较平坦。相比之下，柴油机部分负荷时的低油耗率区比汽油机的宽，因而柴油机比汽油机省油。

第二节 内燃机速度特性

内燃机性能指标随转速变化的关系，称为内燃机的速度特性。速度特性包括部分负荷速度特性和外特性。外特性是内燃机所能达到的最高性能。

一、汽油机速度特性

汽油机节气门（油门）开度固定不动，点火提前角最佳及化油器调整完好的情况下，有效功率 P_e、转矩 T_{tq}、燃油消耗率 b、每小时耗油量 B、排气温度 t_r、空气消耗量 A_a、进气管真空度 ΔP、充量系数 φ_c、点火提前角 θ_{ig} 等随转速 n 变化的特性，称为汽油机的速度特性。节气门全开时的速度特性，称为外特性。节气门部分打开时的速度特性，称为部分负荷速度特性。图 2-5 所示为汽油机外特性曲线。

1. 转矩曲线

随着转速 n 的增加，转矩 T_{tq} 逐渐增大；但出现最大转矩 T_{tqmax} 后，转速增加，转矩逐渐下降，且下降程度愈来愈大，转矩曲线呈上凸形状。

转矩 T_{tq} 随转速 n 的变化，取决于指示热效率 η_i、机械效率 η_m、充量系数 φ_c 与过量空气系数 ϕ_{at} 比值随 n 的变化。在节气门开度一定时，过量空气系数 ϕ_{at} 可视为常数。汽油机 φ_c、η_i、η_m 和 Δq 随 n 的变化关系如图 2-6 所示。充量系数 φ_c 在某一中间转速时数值最大。

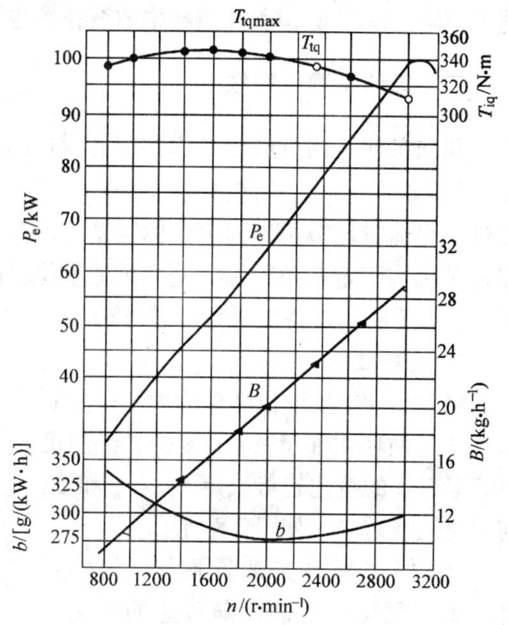

图 2-5　汽油机外特性曲线

因为一定的配气相位仅对应一种转速最合适，所以，在此转速下能最好地利用气流惯性；其余转速时也均降低，充量系数曲线为上凸形。指示热效率 η_i 随转速 n 的变化也是在某一中间转速时较高，但变化比较平稳。转速低时，进气流速低，紊流减弱，使雾化、混合状态较差，火焰传播速度降低，散热及漏气损失增加，η_i 较低。转速高时，燃烧过程所占曲轴转角较大，燃烧在较大容积下进行，η_i 也较低。转速增加，消耗于机械损失功增加，因此，随转速升高，机械效率 η_m 明显下降。

当转速 n 由低开始上升时，φ_c、η_i 同时增加的影响大于 η_m 下降的影响，使 T_{tq} 增加。在 T_{tq} 达到最大值后，随转速增加，由于 η_i、η_m 和 φ_c 均下降，故 T_{tq} 曲线逐渐下降，且下降程度逐渐加大。

2. 功率曲线

有效功率 P_e 与转矩 T_{tq} 和转速 n 的乘积成正比，即 $P_e = T_{tq}n/9550$。当转速由低逐渐升高时，由于 T_{tq} 和 n 同时增加，P_e 增加很快。在达到最大转矩转速 n_{tq} 后，再提高转速，由于 $T_{tq}n$ 有所下降，使 P_e 上升缓慢。某一转速时，$T_{tq}n$ 达到最大值。此后，再增加转速，由于转矩下降超过转速上升的影响，P_e 反而下降。

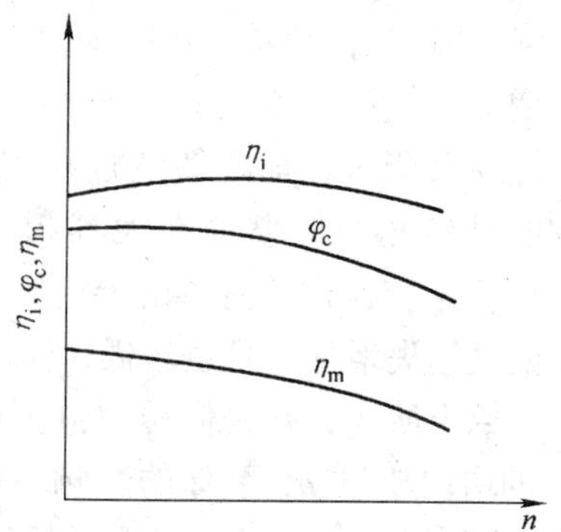

图 2-6　汽油机 φ_c、η_i、η_m、Δq 随 n 的变化关系

3. 燃油消耗率曲线

燃油消耗率 b 随转速 n 的变化趋势，取决于 η_i 和 η_m 随 n 变化的趋势。b 在某一中间转速，当 η_i 和 η_m 达到最大值时出现最低值。当转速较低时，由于 η_i 低，使 b 增加。转速较高时，由于 η_i 和 η_m 均较低，b 也增加。

内燃机的部分负荷速度特性是在节气门部分开度、节流损失增大，充量系数减小的情况下，使部分负荷速度特性的 P_e、T_{tq} 低于外特性值。且转速越高，充量系数减小得越多。因此，节气门开度越小，随转速增加，转矩、功率曲线下降越快，并使最大转矩及最大功率点向低转速方向移动。

当节气门开度为75%左右时，燃油消耗率曲线最低。超过75%开度，混合气较浓，存在燃烧不完全现象，燃油耗率曲线位置较高。低于75%开度时，残余废气相对增多，燃烧速度下降，η_i 降低，燃油消耗率曲线位置也高，且开度越小，燃油消耗率曲线位置超高。

二、柴油机速度特性

喷油泵油量调节机构（供油拉杆或齿条）位置不动，柴油机性能指标（P_e、T_{tq}、b、B、t_T、排气烟度 R、涡轮前排气温度 t_T、爆发压力 p_z 等）随转速变化的关系，称为柴油机速度特性。当油量调节机构固定在标定循环供油量位置时的速度特性，称为柴油机外特性。当油量调节机构固定在小于标定循环供油量位置时的速度特性，称为柴油机部分负荷速度特性。利用图 2-7 所示外特性进行特性分析。

1. 转矩曲线

各种转速下柴油机转矩的大小，主要取决于每循环供油量 Δq 的多少。柴油机转矩随转速的变化趋势决定 η_i、η_m 和 Δq 随 n 的变化趋势，如图 2-8 所示。

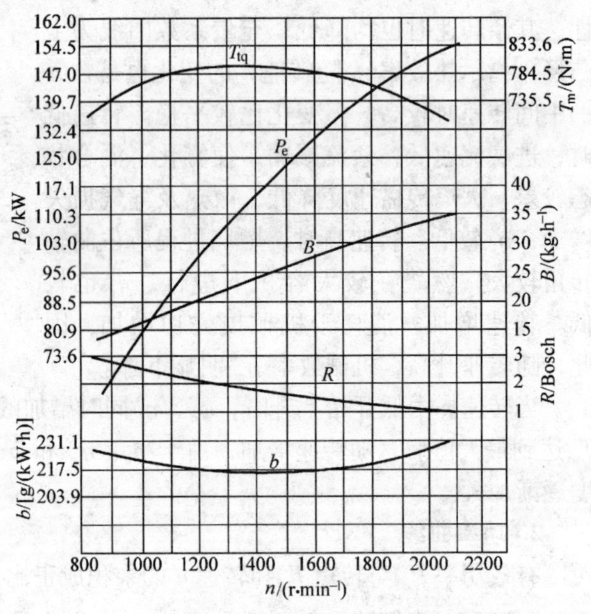

图 2-7　柴油机外特性

当柱塞式喷油泵油量调节机构位置不变时，每循环供油量随转速的变化关系，即为喷油泵的速度特性。由于油孔的节流作用，随转速 n 的提高，每循环供油量 Δq 呈线性增加，φ_c 在某一中间转速出现最高值。指示热效率在某一中间转速稍高，转速过高、过低时，η_i 都下降。因为当转速较高时，φ_c 减小和 Δq 的增加，使过量空气系数减小，不完全燃烧现象严重，加之燃烧过程占用较大的曲轴转角，使燃烧在大容积下进行，η_i 较低。转速过低时，由于空气涡流减弱，燃烧不良及燃气与缸壁接触时间加长，使散热及漏气损失增加。且也较低，但 η_i 曲线较汽油机变化平坦；η_m 随 n 的增加也呈下降趋势。

综上所述，在较低转速范围内，随 n 的增加，由于 Δq 和 η_i 的增加超过 η_m 下降的影响，使 T_{tq} 增加，在较高转速范围内，随 n 增加，η_i 和 η_m 下降超过 Δq 增加的影响，使 T_{tq} 有所下降，但比汽油机 T_{tq} 曲线平坦。

2. 功率曲线

由于转矩 T_{tq} 曲线变化平坦，在一定转速范围内，有效功率 P_e 几乎与转速 n 成正比增加。

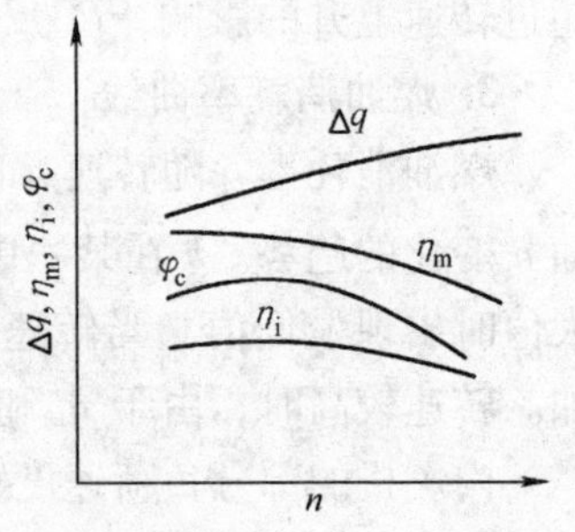

图 2-8　柴油机 φ_c、n_i、η_m、Δq 随 n 的变化关系

3. 燃油消耗率曲线

与汽油机燃油消耗率曲线类似，柴油机的燃油耗率曲线也是一凹形线。由于柴油机压缩比高，η_i 较高，曲线比汽油机的

平坦，最低耗油率值比汽油机相应值低。当 η_i 和 η_m 达到最大值时，出现最低燃油消耗率 b_{min} 值。

部分负荷速度特性随油量调节机构位置向减小供油量方向移动时，循环供油量减小，使部分负荷速度特性的 P_e、T_{tq} 值低于外特性。但随着负荷减小，循环供油量随转速的变化趋势基本不变，使部分负荷速度特性的变化趋势同外特性相似。所以，柴油机的部分负荷速度性的 P_e、T_{tq} 曲线是随负荷的减小，大致平行下移。

燃油消耗率曲线的变化趋势基本同外特性的。当负荷为 75% 左右时，曲线位置最低。

第三节 柴油机的调速特性

调速器起作用时，柴油机性能指标（P_e、T_{tq}、b、B）随转速或负荷变化的关系，称为柴油机调速特性。

柴油机可根据需要装用两级调速器和全程调速器。

一、调速器与调速特性

1. 两级调速器及调速特性

车用柴油机一般采用两级调速器，以稳定怠速和限制最高速，防止飞车。调速器在怠速和标定转速附近起作用，中间转速不起作用，由驾驶员通过加速踏板控制供油量。

图 2-9 所示为两级调速器工作原理图。发动机怠速运转时，调速器的飞球 5 的离心力，与软的怠速弹簧 10 的推力相平衡。当偶然原因使 n 高于或低于怠速转速时，调速器起作用。由于飞球的离心力增大或减小，使调节推杆 6 带动调节杠杆 8，以 A 为支点右移或左移，减少或增加循环供油量，使转速不至于增加或降低得过多，从而保持了怠速运转的稳定。

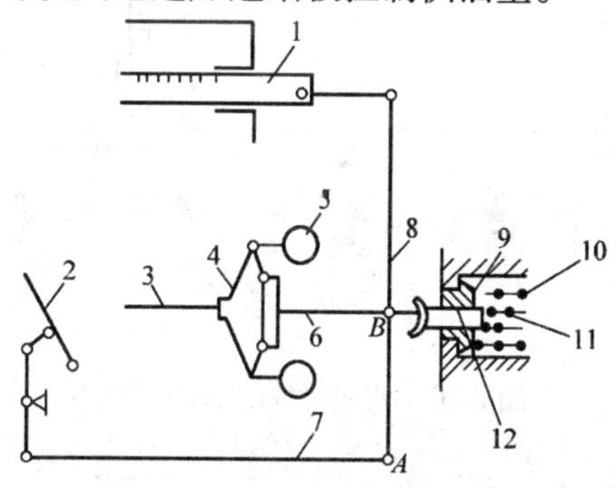

图 2-9 两级调速器工作原理图

1—油量调节齿条 2—油门踏板 3—调节轴 4—支撑架 5—飞球 6—调节推杆 7—拉杆 8—调节杠杆 9—弹簧滑座 10—怠速弹簧 11—高速弹簧 12—滑块

当油量调节机构处于某一位置时，柴油机在某一转速下工作，如图 2-10 所示的 n_1 转速，此时阻力 T_1 与柴油机发出的转矩平衡于 a 点，飞球离心力与弹簧张力平衡。当阻力矩从 M_1 减至 M_2，则柴油机转速增加，离心力克服弹簧力使调节推杆 6（图 2-9）右移，调节杠杆 8 作顺时针摆动，带动油量调节齿条向右移动，减少供油量。柴油机转矩下降至图 2-10 的 b 点，与阻力矩 M_2 相平衡，重新稳定在 n_2 下工作。当阻力矩全部卸掉时，曲轴转速迅速上升，离心力使油量调节齿条 1 右移至最小供油量，转速稳定在 n_3。反之，当阻力矩增加时，柴油机的转速降低，弹簧力大于离心力的轴向分力，调节推杆 6 左移，使油量调节齿条 1 向增加供油量方向运动，柴油机转矩也相应增加，直到与阻力矩相平衡时为止。

两级调速器只在怠速和标定转速时起作用。当转速高于怠速，低于标定转速时，由于软的怠速弹簧10已被压缩到使滑块12抵在弹簧座9上，这时硬的高速弹簧11不能被压缩，则油量调节齿条不能被飞球带动，此时由驾驶员通过油门踏板2，直接带动杠杆8绕B点摆动，以控制供油量。

当发动机转速达到标定转速时，若外界阻力矩下降，使n超过标定转速时，飞球5产生足够的离心力，使油量调节齿条1右移，减少了循环供油量，使柴油机的转矩和转速迅速下降，避免“飞车”。

图2-11所示为装用两级调速器的柴油机的调速特性。由于调速器的作用，使速度特性的两端得到调整。转速变化时，转矩曲线急剧变化，中间部分按速度特性变化。

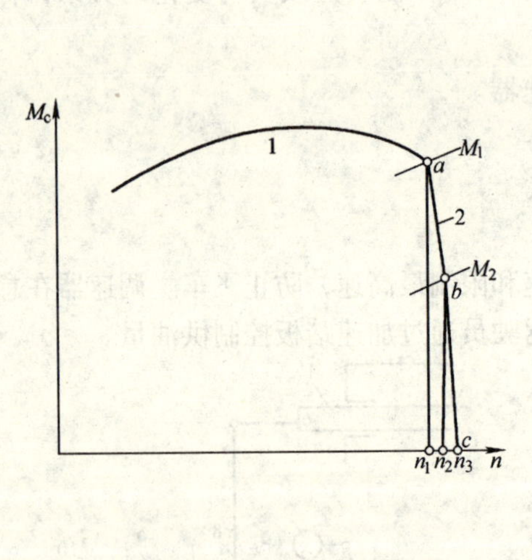

图2-10 调速特性示意图

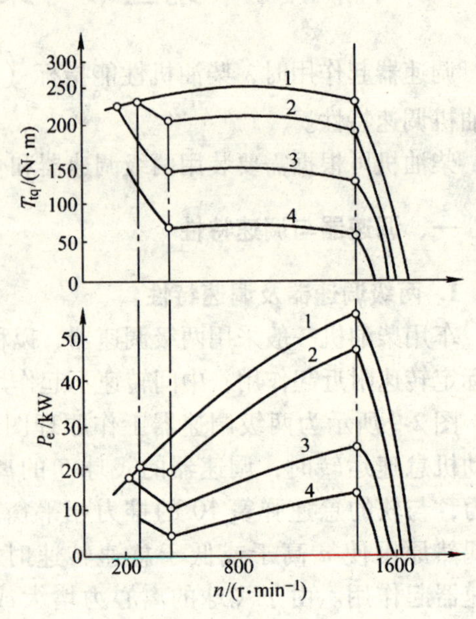

图2-11 两级调速器式柴油机调速特性示意图

2. 全程调速器及调速特性

工程机械、矿山机械等用柴油机一般装用全程式调速器。柴油机由最低转速到最高转速的宽广范围内，调速器都起作用。图2-12所示为全程式调速器工作原理。调速器工作时，调速弹簧5的预紧力可由驾驶员通过油门踏板控制。当控制发动机在某一转速下工作时，飞块4的离心力与调速弹簧5的预紧力相平衡，使发动机稳定运转。当偶然原因使外界阻力变化时，转速增加或降低，飞块4的离心力增大或减小，带动供油拉杆8向减小或增加供油量的方向移动，直到重新达到平衡。因此实际工作中，发动机可以在选定的某种转速下，以近似不变的转速稳定工作。要想改变转速，只要改变油门踏板位置，相应改变调速弹簧起作用的预紧力即可，这时又可沿另一调速特性工作。

图2-13所示为装用全程调速器的柴油机调速特性。由于调速器的作用，转矩特性得到改善。当外界阻力急剧变化时，转矩可由最大到零或由零到最大，转速却变化很小。它不仅能限制超速和保持怠速稳定，而且能自动保持在选定的任何速度下稳定工作。

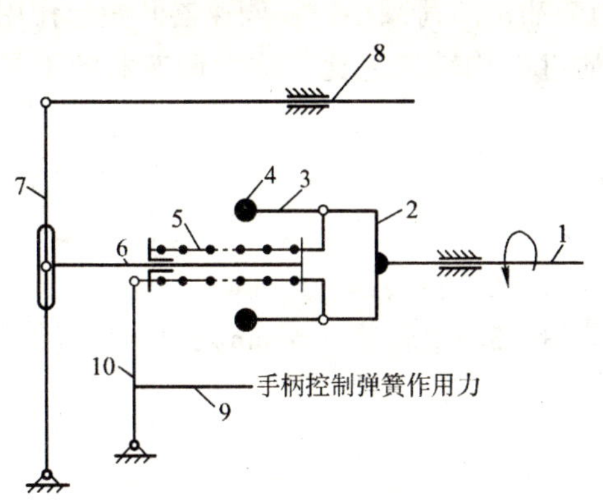

图 2-12 全程调速器的工作原理

1—喷油泵凸轮轴 2—支撑架 3—角形杠杆 4—飞块 5—调速弹簧 6—调节推杆 7—调速杠杆 8—供油拉杆图 9—操纵杆 10—传动杆

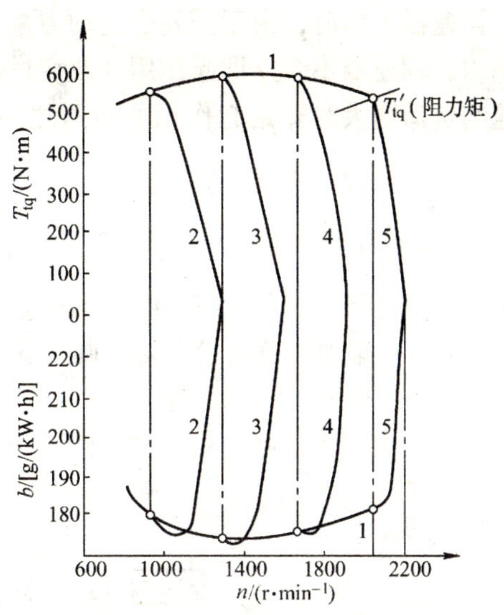

图 2-13 全程调速器式柴油机调速特性

1—外特性 2~5—调速特性（部分特性）

二、调速器工作指标

1. 调速率

调速率是用来评价调速器工作的好坏的，分为稳定调速率和瞬时调速率两种。

（1）稳定调速率 δ_1 当柴油机在标定工况下，突然卸去全部负荷，突变负荷前后转速稳定情况如下，即

$$\delta_1 = \frac{n_1 - n_2}{n}$$

式中 n_1——突变负荷前柴油机的转速（r/min）；

n_2——突变负荷后柴油机的稳定转速（r/min）；

n——柴油机标定转速（r/min）。

一般车用柴油机 $\delta_1 < 10\%$，稳定调速率值过大，工作稳定性差。

（2）瞬时调速率 δ_2 当柴油机在负荷突变时，转速经过数次波动直到稳定，在此期间转速波动的瞬时变化百分率，是评定调速器过渡过程的指标，即

$$\delta_2 = \frac{n_3 - n_1}{n}$$

式中 n_3——负荷突变时柴油机的最大（或最小）瞬时转速（r/min）；

n_1——突变负荷前的柴油机稳定转速（r/min）；

n——柴油机的标定转速（r/min）。

一般 $\delta_2 < 12\%$。δ_2 太大，则瞬时波动过大，转速稳定时间长，过渡过程不好，严重时能发生转速忽高忽低并伴有响声，称为“游车”。调速器一旦发生游车，工作就会失灵。

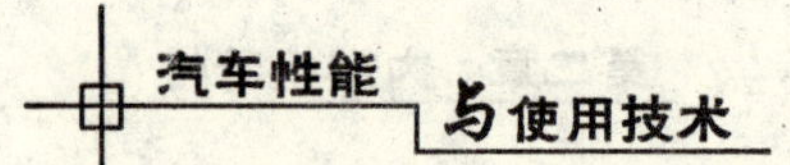

2. 不灵敏度

调速器工作时，由于需要一定的力来克服调速系统的摩擦阻力，所以，在一定转速变化范围内，调速器不会立即起作用来改变供油量。当柴油机负荷减小时，调速器开始起作用的转速与负荷增大时开始起作用的转速之差，与柴油机平均转速之比，称为调速器的不灵敏度，即

$$\varepsilon = \frac{n_2' - n_1'}{n}$$

式中 n_2'——柴油机负荷减小时，调速器开始起作用的柴油机转速（r/min）；

n_1'——柴油机负荷增大时，调速器开始起作用的柴油机转速（r/min）；

n——柴油机的平均转速（r/min）。

若灵敏度过大，则会引起柴油机运转不稳，严重时会导致调速器工作失灵，产生飞车。

第四节　内燃机的万有特性

车用内燃机工作转速和负荷变化范围很广，要全面评价内燃机的性能，用速度特性和负荷特性很不方便。通常根据负荷特性曲线簇经过转换，画出多参数特性，即万有特性。通过万有特性可以方便查出内燃机各种工况下的性能指标。

以转速 n 为横坐标，以转矩 T_{tq} 或平均有效压力 P_{me} 为纵坐标，在图上画出许多等燃油消耗率曲线和等功率曲线，构成万有特性。图 2-14 所示为 CA6102 汽油机万有特性。图 2-15 所示为 EQ6102—1 型柴油机万有特性。

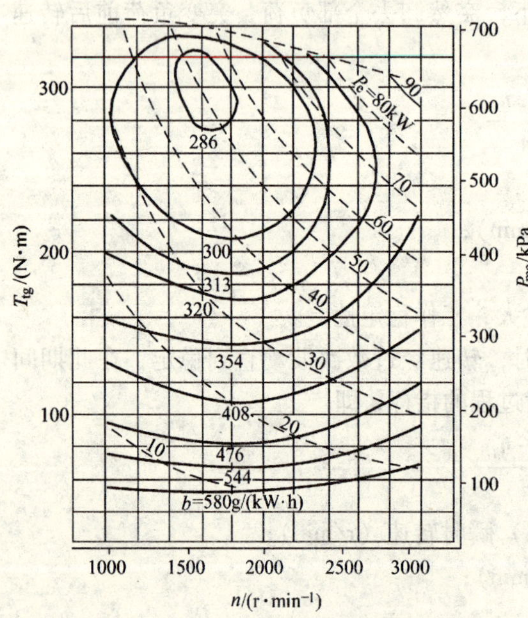

图 2-14　CA6102 汽油机万有特性

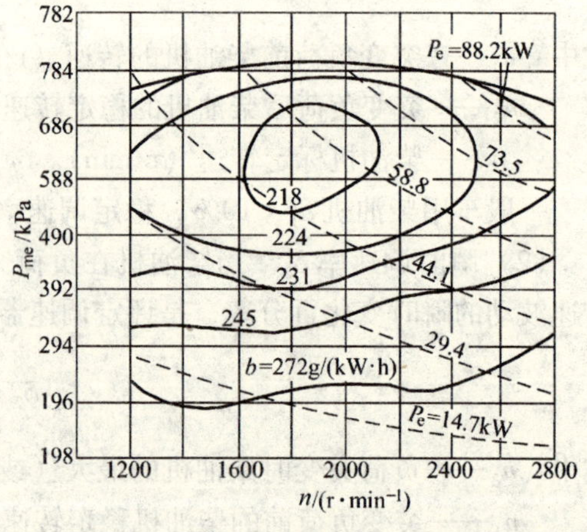

图 2-15　EQ6102—1 型柴油机万有特性

一、汽油机与柴油机万有特性的比较

汽油机万有特性与柴油机相比有如下特征：最低油耗偏高，经济区偏小；等燃油消耗线在低速区向大负荷收敛，说明汽油机低速、低负荷工作时，燃油消耗率较高；等功率曲线随转速升高而斜穿等燃油消耗线，故当 P_e 一定时，转速愈高愈费油；汽油机（n 一定）的 $\Delta b/\Delta T_{tq}$ 或 $\Delta b/\Delta P_{me}$ 比柴油机大，说明汽油机变工况工作时平均油耗偏高。

柴油机万有特性与汽油机相比：最低燃油消耗偏低，经济区较宽；等耗油率线在高低速均不收敛，变化比较平坦；等功率线向高速延伸时，耗油率变化不大。

二、万有特性的制取

根据各种转速下的负荷特性曲线，用作图法可以得到万有特性。具体作法如图 2-16 所示。

1. 等燃油消耗率曲线

1）将不同转速的负荷特性转换为以平均有效压力 P_{me} 或转矩 T_{tq} 为横坐标、燃油消耗率 b 为纵坐标的负荷特性。

2）从负荷特性曲线的某一油耗处（如图 2-16 中 $b=230\text{g}/(\text{kW}\cdot\text{h})$ 处引一垂线，与各种转速的 b 曲线有两个（或一个）交点。再从交点处引水平线，与从万有特性横坐标相应转速处引出的垂线相交，将交点连成圆滑的曲线，即得到一定燃油消耗率时的等燃油消耗率曲线。其余 b 曲线的等燃油消耗率曲线作法相同。

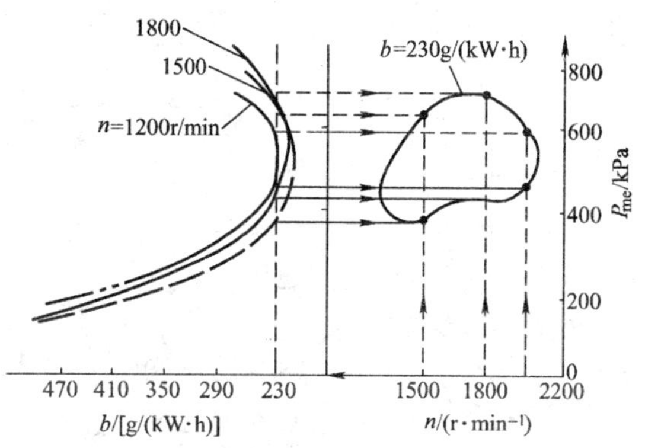

图 2-16 作图法得到的万有特性

2. 等功率曲线

根据公式 $P_m = T_{tq}n/9550 = kP_{me}n$，可画出等功率曲线是一组双曲线。

三、万有特性的应用

1）可用万有特性评价内燃机排放污染情况。如图 2-17 所示为柴油机有害排放物的万有特性，将内燃机有害排放物随负荷和转速变化的关系画在万有特性上，可以反映内燃机在某一工况下的燃烧与混合气形成情况。

2）由万有特性可以方便地查到内燃机在任何点（T_{tq}，n）工作时的 P_e、b、P_{me}，内燃机在任何点（P_e，n）工作时的 T_{tq}、b、P_{me}，以及发动机最经济负荷和转速。

3）等燃油消耗率曲线的形状及分布情况，对内燃机使用经济性有很大影响。等燃油消耗率曲线最内层为最经济区，曲线愈向外，经济性愈差。如果等燃油消耗率曲线横向较长，表示内燃机在负荷变化不大而转速变化较大的情况下油耗较小。如果等燃油消耗率曲线纵向较长，则发动机负荷变化较大而转速变化较小情况下的燃油消耗较少。对于常用中等负荷、中等转速工况的车用内燃机，希望其最经济区处于万有特性中部，等燃油消耗率曲线横向较长。对于转速变化范围较小而负荷变化范围较大的工程机械用内燃机，希望最经济区在标定转速附近，等燃油消耗率曲线纵向较长些。

4）某些改进与研究性试验时，为保证内燃机与传动系的匹配，将常用排挡下常用阻力曲线（折算成P_{me}值）绘于万有特性上，可以一目了然地看出汽车的常用工作区，是否与发动机的经济油耗区接近，以判断改进效果。

5）可以结合传动系参数绘制整车万有特性。由此可以确定各排挡、各种坡度、不同车速下的经济性和动力性。

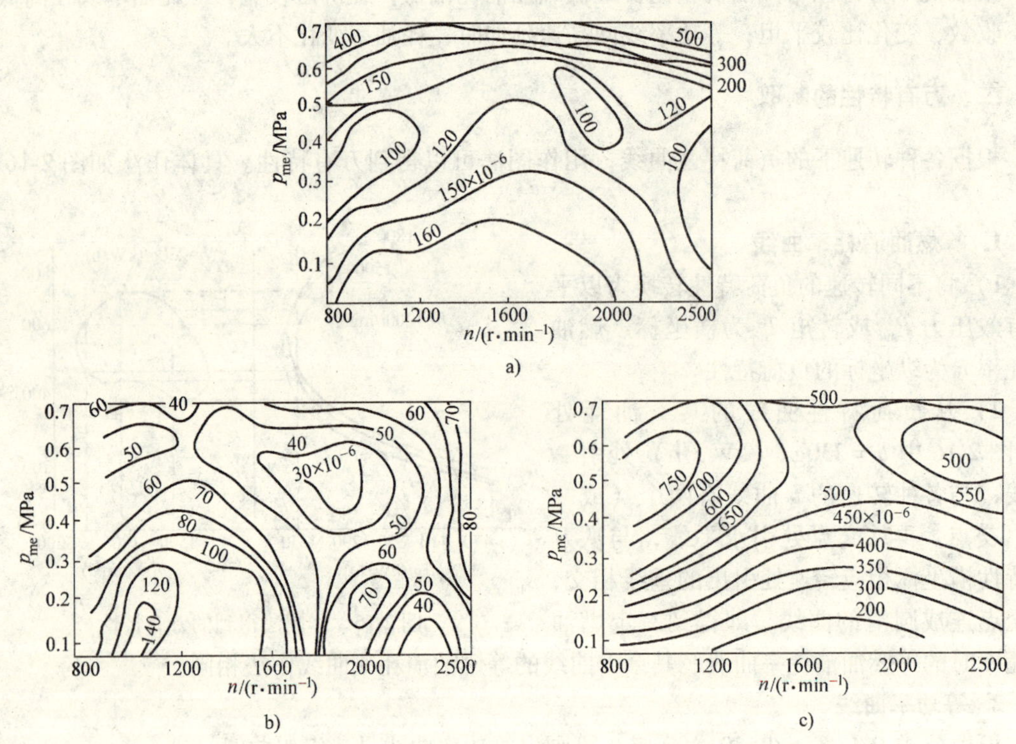

图 2-17　柴油机有害排放物的万有特性

a）CO 排放　b）HC 排放　c）NO_x 排放

本章小结

1）内燃机的负荷特性表示内燃机在某一转速下，燃油经济性指标及其他参数随负荷变化的关系。

2）内燃机性能指标随转速变化的关系，称为内燃机的速度特性。速度特性包括部分负荷速度特性和外特性。

3）调速器起作用时，柴油机性能指标随转速或负荷变化的关系，称为柴油机调速特性。

4）根据负荷特性曲线簇经过转换，画出多参数特性，即万有特性。通过万有特性可以方便地查出内燃机各种工况下的性能指标。

复习思考题

2-1　什么是内燃机的负荷特性？试分析汽油机、柴油机负荷特性曲线的变化趋势。

2-2　负荷特性曲线形状对柴油机性能有什么影响？

2-3　什么是内燃机的速度特性？试分析汽油机、柴油机速度特性曲线。

2-4　汽油机速度特性曲线和柴油机速度特性曲线有什么异同点？为什么？

2-5　发动机负荷特性和速度特性能否相互转化？为什么？

2-6　什么是发动机万有特性？如何获得万有特性？

2-7　内燃机万有特性曲线形状、位置对内燃机性能有何影响？

2-8　柴油机为什么要安装调速器？什么是柴油机调速特性？

2-9　两级式调速器和全程调速器对柴油机性能有何影响？两者的调速特性有什么特点？

第三章　汽车的动力性

学习目标

【能力目标】

1）能解释汽车行驶的基本原理，能够利用汽车行驶的基本原理解释汽车的加速、减速、匀速运动现象。

2）能解释汽车动力性评价指标，能够利用该理论指导实际。

【知识目标】

1）掌握汽车行驶的原理，了解汽车行驶的各种阻力的产生机理和计算方法。

2）理解最高车速、加速性能、爬坡性能等动力性评价指标的确切含义。

汽车的动力性是指汽车在良好路面上直线行驶时，由汽车受到的纵向外力决定的、所能达到的平均行驶速度。汽车是一种高效率的运输工具，运输效率的高低，在很大程度上取决于汽车的动力性。所以，动力性是汽车各种性能中最重要的性能。

第一节　驱动力与行驶阻力

一、汽车的驱动力

在汽车行驶中，发动机发出的有效转矩 T_{tq}，经变速器、传动轴、主减速器等，由半轴传给驱动车轮。如果变速器传动比为 i_g、主减速比为 i_0、传动系的机械效率为 η_T，则传到驱动轮上的转矩 T_t，即驱动力矩为

$$T_t = T_{tq} i_g i_0 \eta_T$$

如图 3-1 所示，此时作用于驱动轮上的转矩 T_t 产生对地面的圆周力 F_0，则地面对驱动轮的反作用力 F_t 为汽车的驱动力。如果驱动车轮的滚动半径为 r，则有 $F_t = T_t/r$，因而，汽车驱动力为

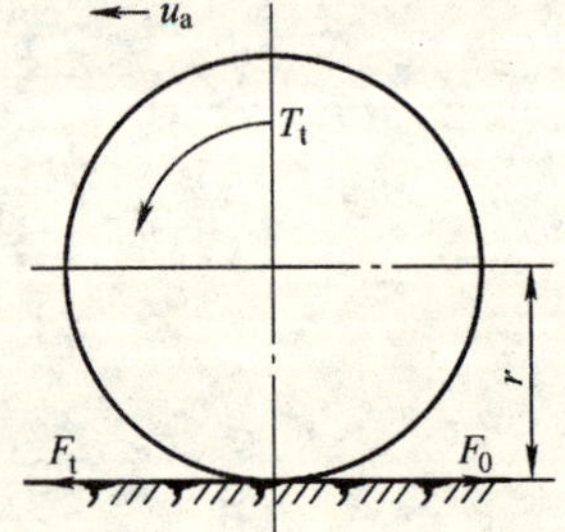

图 3-1　汽车的驱动力

$$F_t = \frac{T_{tq} i_g i_0 \eta_T}{r} \tag{3-1}$$

二、汽车的行驶阻力

汽车的行驶阻力有滚动阻力（F_f）、空气阻力（F_w）、上坡阻力（F_i）和加速阻力（F_j）。

1. 滚动阻力

汽车行驶时，车轮与地面在接触区域的径向、切向和侧向均产生相互作用力，轮胎与地面亦存在相应的变形。无论是轮胎还是地面，其变形过程必伴随着一定的能量损失，这些能量损失是使车轮转动时产生滚动阻力的根本原因。

2. 空气阻力

汽车直线行驶时所受空气的作用力，在行驶方向上的分力，称为空气阻力，它分为形状阻力、干扰阻力、内循环阻力、诱导阻力和摩擦阻力五部分。形状阻力与车身主体形状有关，流线形越好，形状阻力越小；干扰阻力是车身表面突起物，如后视镜、门把手、车灯等引起的阻力；发动机冷却系、车内通风等空气流经车体内部时构成的阻力，为内循环阻力。

诱导阻力是空气升力在行驶方向上的分力。对于一般轿车，这几部分阻力的比例大致为：形状阻力占58%，干扰阻力占14%，内循环阻力占12%，诱导阻力占7%，摩擦阻力占9%。空气阻力中，形状阻力占的比重最大，所以，改善车身流线形状是减小空气阻力的关键。

3. 上坡阻力

当汽车上坡行驶时，其重力沿坡道斜面的分力又表现为对汽车行驶的一种阻力，称上坡阻力。上坡阻力 F_i 按下式计算，即

$$F_i = G\sin\alpha \tag{3-2}$$

式中 α——道路坡度角（°）。

坡道的表示方法是用坡度 i，即用坡高 h 与底长 s 之比表示，即

$$i = \frac{h}{s} \times 100\% = \tan\alpha$$

当坡道角 $\alpha < 10° \sim 15°$时，$\sin\alpha \approx \tan\alpha = I$，则

$$F_i = G\sin\alpha = G\tan\alpha = G\ I \tag{3-3}$$

由于上坡阻力 F_i 与滚动阻力 F_f（汽车在坡道上的滚动阻力 $F_f = fG\cos\alpha$）均属于与道路有关的汽车行驶阻力，故常把这两种阻力之和称为道路阻力 F_ψ（N），即

$$F_\psi = F_f + F_i = G\cos\alpha + G\sin\alpha \tag{3-4}$$

4. 加速阻力

汽车加速行驶时，需克服其质量的惯性，称加速阻力 F_j。汽车质量分为平移质量和旋转质量（飞轮、车轮等）两部分。加速时平移质量要产生惯性力，旋转质量主要与飞轮、车轮的转动惯量，以及传动系的传动比有关。旋转质量要产生惯性力偶矩，一般把旋转质量的惯性力偶矩，转化为平移质量的惯性力。

三、汽车行驶的驱动条件

驱动力必须大于滚动阻力、上坡阻力和空气阻力后，才能加速行驶。若驱动力小于这三个阻力之和，则汽车无法开动，正在行驶中的汽车，也将减速直至停车。因此，汽车行驶的第一个条件为

$$F_t \geqslant F_f + F_w + F_i \tag{3-5}$$

此条件为汽车行驶的驱动条件，但它并不是汽车行驶的充分条件。实际上，驱动力是受附着力限制的。增加发动机转矩及增大传动比，可以增大驱动力。但驱动力达到路面可能给

出的最大切向力，即附着力时，驱动轮会出现滑转现象，汽车不能前进。

驱动轮地面法向反作用力与汽车的总体布置、行驶状况及道路的坡度有关。附着系数与路面的种类和状况、车轮运动状况、胎压及花纹有关，行驶车速对附着系数也有影响。在一般动力性分析中只取附着系数的平均值，见表3-1。

表3-1　轮胎与路面间的附着系数

路　面	普通轮胎	高压轮胎	路　面	普通轮胎	高压轮胎
干燥的沥青或混凝土路面	0.70～0.80	0.50～0.70	土路(湿)	0.30～0.40	0.20～0.40
潮湿的混凝土路面	0.50	0.40	土路(松软)	0.15～0.25	0.15～0.25
潮湿的沥青路面	0.45～0.60	0.35	雪路(松软)	0.20～0.35	0.20～0.35
碎石路面(干)	0.60～0.70	0.50～0.60	雪路(压实)	0.20～0.35	0.12～0.20
碎石路面(潮湿)	0.40～0.50	0.30～0.40	冰路面	0.10～0.20	0.08～0.15
土路(干)	0.50～0.60	0.40～0.50			

硬路面的接触强度大，地面的坚硬及微小的凸起物和轮胎表面的机械咬合作用等，使轮胎与地面之间产生较大的附着力，故附着系数较大。潮湿的路面和微观凸凹，以及被污秽、灰尘所填塞的路面，附着系数下降。

轮胎气压对附着系数有较大的影响，在干燥的硬路面上，降低轮胎的气压，轮胎与路面微观不平处的啮合面积增大，使附着系数加大。在潮湿的硬路面上，适当提高轮胎气压，可以提高对路面的单位压力，有利于挤出接触处的水分，附着系数提高。此外，在硬路面上行驶的汽车，胎面花纹做成浅而细的形状，可以增强胎面与路面上微观突起物间的咬合作用，有利于提高附着系数。在软路面上行驶的汽车，胎面花纹做成粗而深的花纹，可增大嵌入轮胎花纹内的土壤的剪切断面，达到提高附着系数的目的。轮胎花纹做成具有良好的排水功能的形状，提高汽车在潮湿路面上的附着系数。

行驶车速对附着系数也有影响。在硬路面上，车速增加时，轮胎来不及与路面微小凸起部分很好咬合，附着系数下降。雨天在硬路面上行驶，车速提高时，轮胎与路面间的水不易被挤出，使附着系数显著下降。在松软路面上行驶的汽车，由于汽车车速的提高，车轮的作用力很容易破坏土壤的结构、附着系数也下降。

第二节　汽车动力性的评价

从获得尽可能高的平均行驶速度的观点出发，汽车的动力性主要有以下三个评价指标。

一、最高车速

最高车速是指在水平良好的路面（混凝土或沥青）上，汽车能达到的最高行驶车速。

二、加速性能

加速时间表示汽车的加速能力，它对平均行驶车速有很大影响。常用原地起步加速时间与超车加速时间来表明汽车的加速能力。

1. 起步加速时间

指汽车由Ⅰ挡或Ⅱ挡起步，并以最大的加速强度（包括选择恰当的换挡时机）逐步换至最高挡后，到某一预定的距离或车速所需要的时间。

2. 超车加速时间

指用最高挡或次高挡由某一较低车速全力加速至某一高速所需的时间。由于超车时两车辆并行，容易发生安全事故，所以超车加速能力强，并行行程短，行驶就安全。一般常用0→400m或0→100km/h所需的时间来表明汽车原地起步的加速能力。

目前，对超车加速能力还没有一个统一的规定，采用较多的是用最高挡或次高挡，由某一中等车速全力加速行驶至某一高速所需的时间。轿车对加速时间尤为重视。

三、爬坡性能

汽车满载时在良好路面上的最大爬坡度，表示汽车的爬坡能力。显然，汽车的最大爬坡度是指Ⅰ挡时的最大爬坡度。轿车最高车速大，加速时间短，经常在较好的道路上行驶，一般不强调它的爬坡能力；货车在各种地区的各种道路上行驶，所以必须具有足够的爬坡能力。汽车的极限爬坡能力 i_{max}，应超出实际行驶中遇到的道路最大爬坡度。一般货车的 i_{max} 在30%，即16.7°左右；越野汽车在坏路或无路条件下行驶，爬坡能力是一个很重要的指标，它的最大爬坡度可达60%，即31°左右。

三个指标的测定，均应在无风的条件下进行。

确定汽车的动力性，就是确定汽车沿行驶方向的运动状态。因此，需要掌握沿汽车行驶方向作用于汽车上的各种外力，即驱动力与行驶阻力。根据这些力的平衡关系，建立汽车行驶方程式，就可以估算汽车的最高车速、加速度和最大爬坡度。

本章小结

1）在汽车行驶中，发动机发出的有效转矩，经变速器、传动轴、主减速器等后，由半轴传给驱动车轮产生驱动力（矩）。

2）汽车的行驶阻力有滚动阻力 F_f、空气阻力 F_w、上坡阻力 F_i 和加速阻力 F_j。

3）汽车行驶的条件为 $F_t \geqslant F_f + F_w + F_i$，同时，驱动力小于道路附着力。

4）汽车的动力性主要有三个评价指标：最高车速、加速性能、爬坡性能。

复习思考题

3-1 什么是汽车的动力性？汽车的动力性的评价指标是什么？

3-2 汽车行驶中滚动阻力是怎样形成的？

3-3 什么是滚动阻力系数？

3-4 什么是附着力？什么是附着系数？附着系数的影响因素有哪些？

第四章 汽车的经济性

学习目标

【能力目标】

1）能解释汽车的评价指标的含义。

2）能够利用所学知识解释城市工况和公路工况汽车百公里油耗为什么不同。

3）能够利用所学知识解释为什么大排量的汽车比小排量的汽车耗油量大。

4）能够利用所学知识解释为什么柴油发动机汽车比汽油发动机汽车经济性好。

【知识目标】

1）掌握汽车燃料经济性的评价指标，了解其计算方法。

2）了解影响汽车燃油经济性的汽车结构方面的因素，掌握影响汽车燃油经济性的汽车使用方面的因素。

石油是现代工业和交通运输的重要能源，汽车的燃料在当前和今后相当长的一段时间仍然是石油产品。随着工业的发展，车辆的增多，使用石油产品越来越多。现在各国都把节约汽车用油作为汽车制造业和汽车运输业中的一个重大问题。

第一节 汽车的燃料经济性

一、汽车燃料经济性的评价

1. 单位行驶里程的燃油消耗量

当燃油按质量计算时，用符号 Q_m 表示燃油消耗量，其单位为 kg/100km。当燃油按容积计算时，用符号 Q_v 表示燃料消耗量，其单位为 L/100km。

单位行驶里程的燃油消耗量只考虑了行驶里程，没有考虑车型与载重量的差别，所以只能用于比较同类型汽车或同一辆汽车的燃料经济性，也可用于分析不同部件（如发动机、传动系等）装在同一汽车上，对燃料经济性的影响。

2. 单位运输工作量的燃油消耗量

若燃油以质量计算时，载重汽车单位为 kg/(100t · km)，客车为 kg/(1000 人 · km)。若燃油以容积计算时，其单位为 L/100t · km，客车为 L/(1000 人 · km)。不同类型、不同装载质量汽车的燃料经济性，可以用不同的指标来比较。

3. 消耗单位燃油所行驶的里程

消耗单位燃油所行驶的里程的评价方法，主要是美国采用的，其单位是 MPG 或 mile/USgal，指的是每消耗 1 加仑燃油能行驶的英里数（lmile = 1. 61km，英国 1UKgal = 4. 546L，美国 1USgal = 3. 785L）。其数值越大，汽车燃油经济性越好。

二、汽车燃油经济性的计算

在汽车设计时，常需要在实际的试验样车制成之前，先根据所选用的发动机台架试验得到的油耗曲线与汽车功率平衡图，对汽车进行燃油经济性的估算，其中包括汽车等速百公里油耗的计算，等速、加速、减速和停车整个行驶过程的油耗的计算。

1. 汽车等速百公里油耗的计算

汽车以等速 v_a 在路上行驶时，发动机相应工况的有效燃油消耗率为 b[g/(kW·h)]，而此时汽车行驶100km所消耗的功率为 p'（kW），则等速百公里油耗 Q_V（L/100km）为

$$Q_V = \frac{P'b}{7.26rv_a}$$

式中　r——燃料的重度（N/L），汽油取6.96～7.15N/L，柴油取7.94～8.13N/L；

b——有效油耗率[g/(kW·h)]。

有效油耗率 b 与发动机的负荷率 U 有关。所谓负荷率，是指在某一转速下，节流阀部分打开时，所发出的功率与该转速下节流阀全开时最大功率之比。有效油耗率 b 与负荷率 U 的关系曲线，即为负荷特性曲线。发动机负荷特性是从台架试验上获得的，因此，由功率平衡图与负荷特性，可找出行驶时发动机的油耗。

2. 汽车等加速行驶油耗的计算方法

在分析汽车燃油经济性时，除等速百公里油耗曲线外，还常用计算法确定按某试验循环行驶时的总平均百公里耗油量。为此必须进行加速、减速及停车怠速的耗油量计算。减速及停车怠速时的油耗量，可根据试验得到的怠速油耗量来估算。下面具体介绍一种确定加速时油耗的近似计算法。

由前面讨论知道汽车行驶的油耗 Q_V(L/100km)为

$$Q_V = \frac{P_e b}{1.02rv_a}$$

第二节　汽车燃油经济性的影响因素

汽车的燃油经济性主要受汽车行驶时遇到的阻力 F、发动机有效燃油消耗率 b 和机械效率的影响。它们又分别取决于汽车结构和汽车使用条件。下面分别从汽车结构和使用两个方面，讨论影响燃油经济性的因素，从而可以看出提高燃油经济性的一些途径。

一、汽车结构方面

设计与制造出性能良好，燃油消耗低的汽车是很重要的。通过对汽车各个主要部件的改进，可以大大节约汽车用油。下面介绍发动机、传动系、汽车外形等方面与燃料经济性的关系。

1. 发动机方面

（1）发动机类型　为了节省能源，控制排气污染，充分发挥燃料的热效率，近年来对发动机进行了多方面的研究。目前来看，比较成熟的技术有汽油喷射发动机。

汽油喷射发动机可以精确地控制混合气的浓度，保证各缸供应混合气的均匀性。由于汽

油是以一定压力喷入进气管中，所以雾化效果较好，燃油利用率高。

柴油机的压缩比较汽油机的大，所以热效率高，特别是在部分负荷时，柴油机的有效燃油消耗率 b 较低。柴油机的燃油消耗（按容量计算）比汽油机要节省20%～40%，而且柴油价格较汽油低。但是，柴油机排量大，重量大，噪声、振动较大，因此，柴油机的性能不断改善之后，扩大柴油机的使用范围是当前的发展趋势。

（2）发动机的压缩比　发动机的压缩比提高时，热效率增加，使发动机动力性、经济性得以改善，发动机油耗率有所降低。

汽油机压缩比提高到一定程度后，会产生爆燃，并且会增加 NO_x 的排放量。所以压缩比的提高是有一定的限度，提高汽油机压缩比的措施主要有：

1）改进燃烧室和进气系统，提高发动机结构的爆燃极限。

2）使用爆燃传感器，自动延迟产生爆燃时的点火提前角。

3）喷水抗爆。

4）开发高辛烷值汽油。

（3）选用小排量发动机、提高发动机的负荷率　由发动机的负荷特性可知，在转速一定的条件下，负荷率在80%～90%时，有效耗油率最低。发动机在中等转速、较高负荷率下工作时，其燃料经济性较好。一般汽车在水平良好路面上，以常用速度行驶时，只利用到相应转速下发动机最大功率的20%左右。由此可见，在汽车大部分使用中，发动机的负荷率都是较低的，因此，在保证动力性足够的前提下，汽车上不宜装用大功率的发动机，以提高发动机的功率利用率，降低汽车的耗油量。

2. 变速器挡数的影响

在一定的行驶条件下，变速器应尽量用较高挡位，这样发动机的负荷率较高，有效燃料消耗率较低，所以汽车燃油消耗量较低。

变速器挡位增多以后，选择恰当的挡位机会增多，这样使汽车处于燃油消耗量较低的机会增多。但挡数太多，会使结构复杂，操作不便。

3. 汽车质量

汽车质量影响到滚动阻力、上坡阻力和加速阻力，因此影响燃油经济性。减小汽车质量是降低油耗最有效的措施之一。

减小汽车质量采取的主要措施有：采用高强度轻材料，如高强度低合金钢、铝合金、塑料和各种纤维强化材料等制造汽车零件；改进汽车结构，如采用前轮驱动、承载式车身等，以及各种零件的薄壁化和小型化。

4. 汽车外形与轮胎

改善汽车外形，减小空气阻力系数，可以减少中高速行驶的空气阻力，有显著的节油效果。某轿车空气阻力系数由0.5下降到0.3，可使油耗降低22%。

汽车轮胎的选用主要影响动力性和经济性。公认子午线轮胎综合性能好，尤其滚动阻力小，与一般斜交轮胎相比可节油6%～8%。

二、汽车使用因素的影响

1. 发动机的起动升温

油路、电路、怠速和点火提前角的正确调整及发动机预热，是顺利起动的前提。常温起动发动机时，要首先检查化油器油面高度，关闭百叶窗，完全开启阻风门，轻踏加速踏板，尽量一次起动成功。再次起动时间不得超过5s，两次起动间隔不得超过10s。三次起动不成功时，必须进行检查，排除故障。起动后应迅速转入怠速。起动时应忌重踏和反复踏加速踏板。

冬季在室外停放的车辆冷起动前，应注意发动机的充分预热。关闭百叶窗，根据温度适当关闭阻风门，轻踏几次加速踏板，起动发动机。起动后，以稍高的转速运转一二分钟后，逐渐推开阻风门，抬起离合器踏板，继续运转1min左右，再缓慢减速到怠速运转升温。

汽车行驶过程中，经常遇到停车熄火后重新起动（热起动）的情况。此时，发动机的温度较高，起动时轻踏加速踏板，然后马上转入怠速运转。

2. 汽车起步加速

试验表明，发动机水温上升到40°C以上起步，具有较好的节油效果。机体温度低时，燃料雾化不良，燃烧不完全；另外机油粘度大，摩擦损失功率增加，因而费油。冬季汽车起步后10km以内，车速不要超过30～40km/h，并根据气温适当延长低挡行驶时间，直到水温和各总成温度上升至正常后，再进入正常行驶。

满载车在良好路面上起步时，使用二挡，阻力较大时或拖带挂车及半挂车时，用一挡起步。

汽车坡道起步时，加速踏板、离合器、驻车制动器的操作配合应协调，不使车辆倒退、熄火，达到平稳地顺利起步。

3. 挡位的选择和变换

汽车在良好路面上行驶，在一定的行驶状态下，即可使用次高挡，也可用最高挡，但用最高挡时比较节约燃料。为了节约燃料，在节气门开度不超过90%的条件下，应尽可能使用最高挡。

汽车上坡行驶时，应及时减挡。减挡过早，不能充分利用汽车惯性爬坡；减挡过晚，车速降低过多，常需要多换一次挡，增加油耗。

4. 汽车行驶速度

汽车满载在良好路面上行驶时，存在一个等速燃料消耗最小的车速，即技术经济车速。车速高于或低于经济车速，汽车等速油耗均上升。不同车型的经济车速可通过试验得到。

5. 离合器的运用

两脚离合器换挡是规范化操作，而经验丰富的驾驶员常采用一脚离合器换挡法。试验表明，良好道路起步连续换挡至40km/h，一脚离合器换挡法可节约燃料0.4mL，时间缩短1s；在坡道减挡，一脚离合器换挡法由五挡到四挡，节约燃料1.65mL，缩短时间0.56s。

6. 加速踏板的使用

汽车行驶时，加速踏板要轻踏，柔和控制，减少加速泵供油的机会。避免空轰加速踏板。某车试验表明，每空轰一次加速踏板，就要耗油3～5mL。节气门开度不宜过大，以避免加浓装置参加工作而增加油耗。

7. 行车温度的控制

汽车行车温度，包括发动机冷却水温度、机油温度、发动机罩内气温、变速器和驱动桥齿轮油温度等。

水温过低，会使燃料不易雾化，各缸进气不均，燃烧室壁散热损失增加，燃烧速度下降，造成发动机功率和转矩下降，油耗增加；另外，机油的流动性和飞溅润滑能力下降，增加了机械损失。

水温过高，会使机体过热，充气量下降，容易出现爆燃、早燃等异常燃烧现象；供油系容易发生气阻，造成功率下降，油耗增加，且在高温下机油压力和粘度下降；加速机油因氧化和热分解而发生的变质，加快发动机的磨损。

正常发动机的水温，有利于燃料的雾化和混合气的分配均匀，使得发动机有良好的燃料经济性和动力性，并保证机油的粘度和润滑能力，减少发动机的磨损。

8. 合理利用滑行

汽车滑行可分为减速滑行、加速滑行和下坡滑行。

汽车行驶中，当前方遇障碍，以及预见性停车和到达停车场时，预先将变速器置空挡的滑行，称为减速滑行。当车辆接近上述障碍时，车速已降低，可不采取制动而顺利通过或停车，这样就可达到节约燃料和保证安全的目的。

汽车以高挡加速至较高车速后，空挡滑行至较低的车速，然后再挂高挡加速，这种加速和空挡滑行交替进行的方法，称为加速滑行方法。试验结果表明，在平均车速相同的情况下，采用最佳的加速滑行模式与等速相比，满载时的节油率达16.7%～11.8%，空载时的节油率达23.4%～21.3%。

一般加速滑行不适合拖带挂车的汽车列车，因汽车列车的负荷率已较高，采用加速滑行方法加速，负荷率很高，比油耗高，节油效果不明显，甚至油耗增加。此外，加速滑行操作法使驾驶员的劳动强度增加，对安全不利。

汽车加速滑行只能在道路宽直、无视线遮挡、行人和车辆稀少的条件下采用；要求汽车的技术状况良好，滑行距离应达到加速距离的1.5倍以上；加速滑行的最大车速，不应超过经济车速范围的上限；加速时应缓慢踏加速踏板，至全开的80%～90%，以免混合气加浓装置起作用。在高速公路行驶时不能使用加速滑行法。

在坡度小于5%的缓直坡道或陡坡接近坡尾时，可空挡滑行；在路况熟悉的波状起伏微丘地带，可在临近波顶时空挡滑行过坡项，至临近坡尾再挂挡加速冲过第二个坡道，但在这种道路滑行时，发动机不得熄火。

在长而陡的坡道上，严禁熄火空挡滑行。应在高挡不熄火滑行，利用发动机阻力，并施加间歇制动，控制车速。如果熄火空挡滑行，长时间用行车制动器控制车速，制动器容易发热使制动效能下降，甚至失效或烧毁制动摩擦片。

9. 汽车底盘技术状况

通常用滑行性能检查底盘的综合技术状况，它对汽车运行油耗的影响很大。汽车的滑行性能常用滑行距离表示。

某车的试验表明，当底盘调整良好时，速度3km/h时的滑行距离为254m，油耗为15.5L/100km；而当前束不合乎规定、轮毂轴承调整不佳时，滑行距离降低至173m，油耗为19.5L/100km，比底盘调整良好的增加25.8%。

本章小结

1）汽车燃料经济性的评价常采用单位行驶里程的燃油消耗量、单位运输工作量的燃油消耗量、消耗单位燃油所行驶的里程来进行。

2）汽车的燃油经济性主要受汽车行驶时遇到的阻力、发动机有效燃油消耗率和机械效率的影响。它们又分别取决于汽车结构和使用条件。

3）发动机的类型、压缩比、负荷率、变速器挡位数、汽车质量、汽车外形与轮胎、汽车底盘技术状况等结构因素影响汽车的燃油经济性。

4）发动机的起动升温、汽车起步加速、挡位的选择和变换、汽车行驶速度、离合器的运用、加速踏板的运用、行车温度的控制、合理滑行等使用因素也影响汽车的燃油经济性。

复习思考题

4-1 什么是汽车的燃油经济性？评价指标是什么？评价试验方法有哪些？

4-2 什么是等速行驶燃油经济特性？如何利用它分析、比较汽车的经济性？

4-3 汽车运行燃油消耗量计算公式及各符号的意义和单位是什么？

4-4 用最高挡行驶为什么会比用次高挡省油？

4-5 加速滑行为什么可以省油？如何确定加速滑行的最佳模式？

4-6 分析发动机的负荷率对汽车燃油经济性的影响，汽车在使用时如何提高发动机的负荷率？

第五章 汽车的制动性能

学习目标

【能力目标】

1）能解释汽车在冰雪路面上制动为什么容易打滑。

2）能解释汽车下长坡长时间制动制动效能为什么会减退；能解释为什么下雨天制动距离会比晴天制动距离长。

3）能解释装有 ABS、EBD 系统的汽车为什么制动更安全。

【知识目标】

1）理解制动器制动力、地面制动力、附着力的含义以及三者之间的关系。

2）了解滑移率的概念。

3）掌握汽车制动效能评价指标的含义。

4）了解提高制动性能的措施。

为了保障行驶安全和使汽车的动力性得以发挥，汽车必须具有良好的制动性。对于行车制动而言，汽车的制动性能是指汽车行驶时，能在短距离内停车且维持行驶方向稳定，在下长坡时能维持较低车速的能力。它主要用以下三方面指标来评价：

（1）制动效能　包括制动减速度、制动距离、制动时间及制动力等。

（2）制动效能的恒定性　包括抵抗热衰退和水衰退的能力。

（3）制动时的方向稳定性　指制动时汽车按照驾驶员给定方向行驶的能力，即是否会发生制动跑偏、侧滑和失去转向能力等。

第一节 汽车的制动力

一、制动力的产生

1. 制动器制动力

在轮胎周缘克服制动器摩擦力矩 T_μ（N·m）所需的力，称为制动器制动力，用F_μ(N)表示，显然

$$F_\mu = \frac{T_\mu}{r}$$

式中　r——车轮半径（m）。

由此可知，制动器制动力是由制动系的设计参数所决定的，即取决于制动器形式、尺寸、摩擦因数、车轮半径，它是与制动系的油压或气压成正比的。

2. 地面制动力

图 5-1 显示出在良好的硬路面上制动时，车轮的受力情况。图中滚动阻力力偶矩和减速

时的惯性力、惯性力矩均忽略不计。F_{xb}为地面制动力，W为车轮垂直载荷，F_p为车轴对车轮的推力，F_z为地面对车轮的法向反作用力。从力矩平衡得

$$F_{xb}=\frac{T_\mu}{r}=F_p$$

地面制动力是使汽车制动而减速行驶的外力，但是，地面制动力取决于两个摩擦副的摩擦力：一个是制动器摩擦副间的摩擦力；另一个是轮胎与地面间的附着力。

3. 制动器制动力、地面制动力及附着力之间的关系

制动器制动力、地面制动力及附着力三者的关系如图5-2所示。由图可见，制动器制动力可以随制动系油压的增大而增大，而地面制动力F_{xb}在达到附着力F_Ψ的值后，就不再增加了。此时若想提高地面制动力，以使汽车具有更大的制动效能，只有提高附着系数。

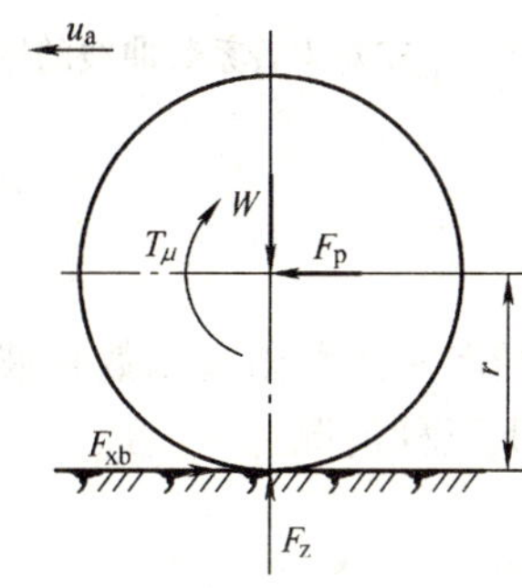

图5-1　车轮在制动时的受力状况

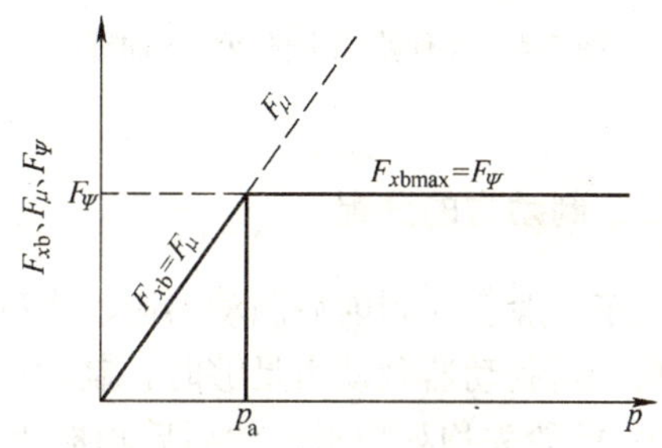

图5-2　制动过程中地面制动力、制动器制动力及附着力的关系

由此可见，汽车的地面制动力，首先取决于制动器制动力，但同时又受到地面附着条件的限制。所以，只有汽车具有足够的制动器制动力，同时，地面又能提供高的附着力时，才能获得足够的地面制动力。

前面曾假设附着系数在制动过程中是常数。但实际上，附着系数与车轮的运动状态，即滑动程度有关。滑动所占的比例为滑移率，用符号S表示，其表达式为

$$S=\frac{u_w-r_o\omega_W}{u_W}\times100\%$$

式中　r_o——自由滑动的车轮动态半径（m）；

u_W——车轮中心的速度（m/s）；

ω_W——车轮的角速度（rad/s）。

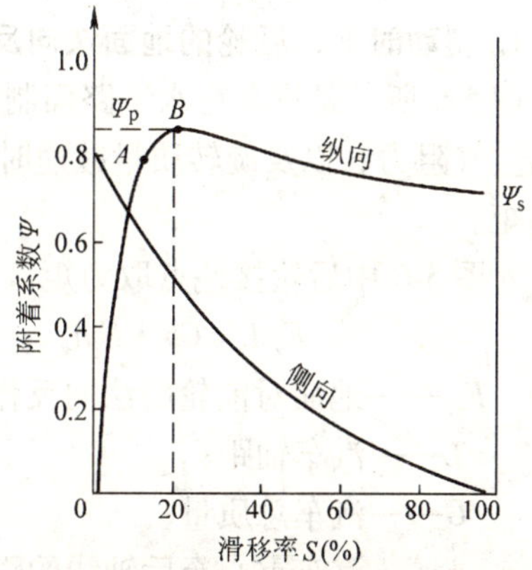

图5-3　Ψ—S曲线

不同滑移率时，附着系数是不一样的。图5-3所示为试验所得的车轮附着系数曲线，即Ψ—S曲线。图上除了纵向附着系数曲线外，还给出了侧向附着系数曲线。侧向附着系数是研究制动时侧向稳定性有关的参数。图5-4和图5-5分别表示了不同路面上和不同行驶车速时滑移率与附着系数的关系。

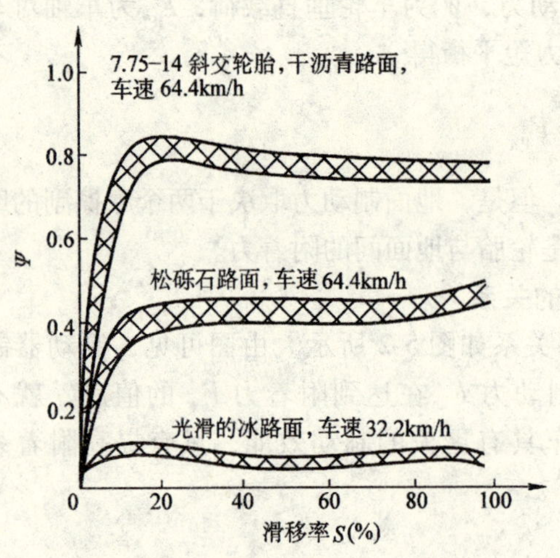

图 5-4　各种路面上的 Ψ—S 曲线

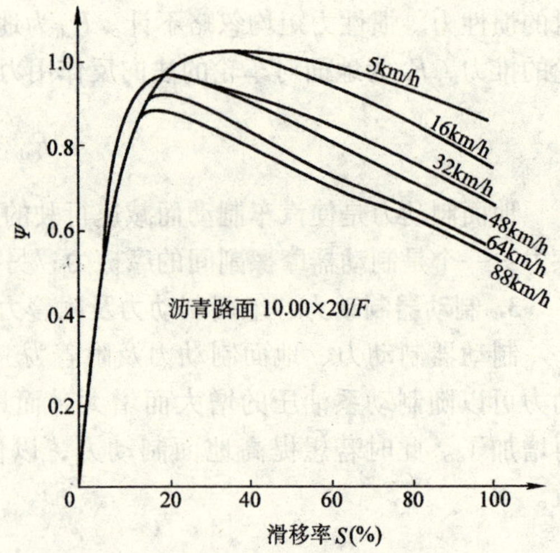

图 5-5　车速对附着系数曲线的影响

二、制动力的分配

汽车一般会受到前后制动器制动力的分配比例、载荷情况及道路附着系数和坡度等因素的影响，当制动器制动力足够时，制动过程中可能出现以下三种情况：

1）前轮先抱死拖滑，然后后轮抱死拖滑。

2）后轮先抱死拖滑，然后前轮抱死拖滑。

3）前、后轮同时抱死拖滑。

由上节分析可知，第一种情况是稳定工况，但在弯道上行驶时，汽车失去转向能力；第二种情况是不稳定工况，使后轮产生侧滑；第三种情况可以避免后轮侧滑，同时前转向轮只有在最大制动强度下，才使汽车丧失转向能力。

所以，前、后制动器制动力的分配比例，将影响到汽车制动时的方向稳定性。

1. 制动时前、后轮的地面法向反作用力

图 5-6 所示是汽车在水平路面制动时的受力情况分析。图中忽略了汽车的滚动阻力力偶矩、空气阻力，以及旋转质量减速时产生的惯性力力偶矩。

图 5-6　制动时汽车受力图

对图 5-6 中后轮接地点取力矩，得

$$F_{z1}L = Gb + F_j h_g$$

式中　F_{z1}——地面对前轮的法向反作用力；

L——汽车轴距；

G——汽车总质量；

b——汽车重心至后轴线的距离；

F_j——汽车的惯性力；

h_g——汽车重心高度。

$$F_{xb} = F_{xb1} + F_{xb2}$$

且

$$F_{xb} = F_j$$

故
$$\begin{cases} F_{xb}=\dfrac{G_b+F_{xb}h_g}{L} \\ F_{x2}=\dfrac{G_a-E_{xb}h_g}{L} \end{cases}$$

式中　F_{xb}——地面总制动力；

F_{xb1}——前轮地面制动力；

F_{xb2}——后轮地面制动力。

a——重心至前轴线的距离（见图 5-6）；

F_{z2}——地面对后轮的法向反作用力（见图 5-6）。

在任意附着系数的路面上，前、后车轮同时抱死的条件是：前、后车轮制动器制动力之和等于附着力，并且前、后车轮制动器制动力分别等于各自的附着力。

2. 附着系数的选择

轿车的行驶车速较高，高速下后轴侧滑是十分危险的。因此，一般采用较高的附着系数。

对货车而言，由于车速较低，制动时后轴侧滑的危险性较少，但在较滑的路面上制动时，汽车可能丧失转向能力。由于道路条件的改善和汽车行驶速度的提高，货车附着系数呈现提高的趋势。

使用条件也影响选择。在多雨的山区，坡路弯道多，下急弯坡制动时，如果汽车失去转向能力，将是十分危险的。因此，经常在山区使用的车辆，同步附着系数应取低值。

轻型越野汽车常选择较高的同步附着系数。这样，即使在很低的附着系数路面上制动，也不会发生后轴侧滑。但是，在多数路面上制动时，前轮先抱死可能失去转向能力。

第二节　汽车制动性能的评价

一、制动效能及其恒定性

前述制动效能指标，是在冷制动下，即制动器温度在 100℃以下讨论的。汽车下长坡制动及汽车高速制动的情况下，制动器的工作温度常在 300°C 以上，有时竟高达 600～700°C，这使制动器的摩擦力矩显著下降，汽车的制动效能会显著降低，这种现象称为制动效能的热衰退现象。

抵抗热衰退的能力，常用一系列连续制动后，制动效能较冷制动时下降的程度来表示。制动器的热衰退与制动器摩擦副材料以及制动器结构有关。

一般制动器是以铸铁作制动鼓，石棉摩擦材料作摩擦片组成的。制动鼓的合金成分、金相组织、硬度、工艺等要求合格的条件下，摩擦片对摩擦性能起决定作用。在一般情况下制动时，石棉摩擦片与制动鼓的摩擦因数约为 0. 3～0. 4。此时，摩擦因数是稳定的。在连续强烈制动及高速制动的情况下，摩擦片温度过高，其内含的有机物发生分解，产生了一些气体和液体。它们在两接触面间形成有润滑作用的薄膜，使摩擦因数下降，而出现了热衰退现象。

制动器的结构形式对抗热衰退的能力有较大的影响。常用制动器效能因数与摩擦因数的关系曲线来说明各种制动器的效能及其稳定程度。制动器效能 K_{ef}；是单位制动泵推力 F_p。所产生的制动器摩擦力 F_μ，即

$$K_{ef}=\frac{F_\mu}{F_p}$$

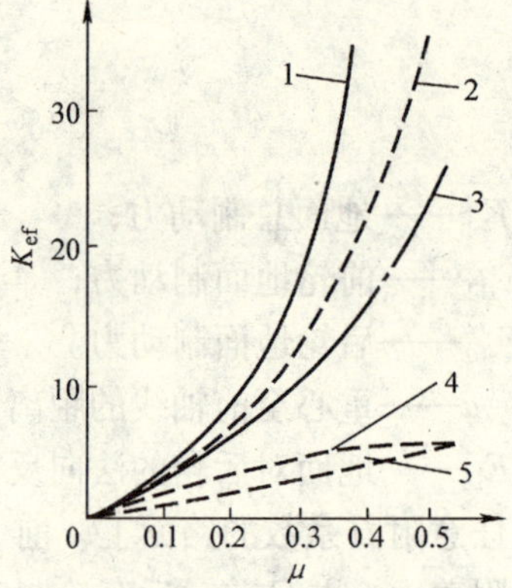

图 5-7 制动效能因数曲线

1—双向自动增力蹄式制动器

2—双增力蹄式制动器 3—增、减力蹄式制动器

4—双减力蹄式制动器 5—盘式制动器

图 5-7 所示是具有典型尺寸的各种形式制动器制动效能因数与摩擦因数的关系曲线。由图可知，双向自动增力和双增力蹄式制动器，由于结构上的几何力学关系产生增力作用，具有较大的制动效能因数。摩擦因数变大时，制动效能按非线性关系迅速增加。故摩擦因数的微小变化，能引起制动效能的大幅度改变，即制动器工作的稳定性差。双减力蹄式制动器因为有减力作用，制动效能因数低，但制动效能因数随摩擦因数变化而改变的量很小，即稳定性较好。增减力蹄式制动器介于两者之间。这里特别要指出的是盘式制动器。盘式制动器的制动效能没有鼓式制动器的大，但其稳定性最好。

高强度制动时摩擦因数虽因热衰退而有所下降，但对制动效能的影响却不大。

汽车涉水后，由于制动器被水浸湿，制动效能也会降低，这种现象称为制动效能的水衰退现象。为缓解这种现象，汽车涉水后，应踩几脚制动踏板，使制动蹄与制动鼓间因摩擦产生热量，使制动器迅速干燥，制动效能恢复正常。

二、制动时汽车的方向稳定性

制动过程中有时会出现制动跑偏、侧滑，使汽车失去控制而离开规定的行驶方向。汽车在制动过程中维持直线行驶能力或按预定弯道行驶的能力，称为制动时汽车的方向稳定性。

制动时原期望汽车按直线方向减速停车，但有时汽车却自动向左或向右偏驶，这种现象称为“制动跑偏”。跑偏现象多数是由于技术状况不正常造成的，经过维修调整是可以消除的。产生制动跑偏的主要原因是在制动过程中，左、右轮地面制动力增大的快慢不一致，左、右轮地面制动力不等。特别是前轴左、右轮制动力不等，是产生制动跑偏的主要原因，如图 5-8 所示。

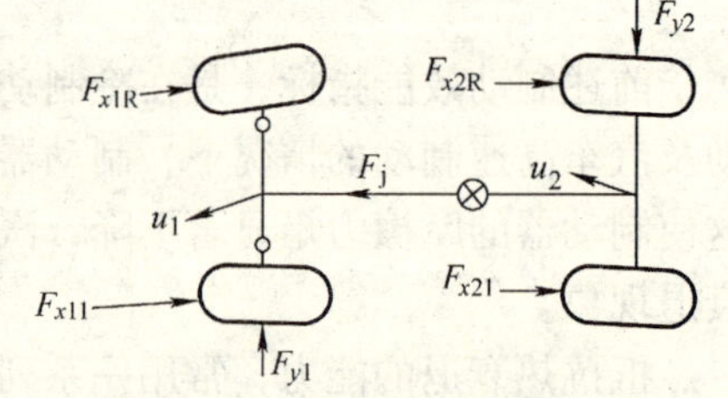

图 5-8 制动跑偏时受力图

侧滑是指汽车制动时，某一轴的车轮或两轴的车轮发生横向滑动的现象。最危险的情况是在高速制动时，后轴发生侧滑，这时汽车常发生不规则的急剧回转运动，使之部分地或完全失去操纵。

侧滑产生的原因，是在制动过程中地面制动力达到附着极限后，继续增加制动力，车轮将处于抱死拖滑状态，此时，侧向附着系数为零，即该轮抵抗侧向干扰的能力为零，这时，即使车轮受到任何一点侧向力，都会引起沿侧向力方向的滑动。

在紧急制动过程中，常出现一根轴的侧滑。实践证明，后轴侧滑具有很大的危险性，可以使汽车掉头；前轴侧滑对汽车行驶方向改变不大，但是已不能用转向盘来控制汽车的行驶

方向。

下面从受力情况分析汽车前轮抱死拖滑和后轮抱死拖滑两种运动情况。

图 5-9a 所示是前轮抱死拖滑而后轮滚动，并使转向盘固定不动的情况。前轴如受侧向力作用将发生侧滑，因此，前轴中点 A 的前进速度 u_A 与汽车纵轴线的夹角为 α；u_B 为后轴的前进速度，因后轴未发生侧滑而仍沿汽车纵轴线方向前行。此时，汽车将发生类似转弯的运动，其瞬时回转中心速度为 u_A、u_B 两垂线的交点 O。汽车做圆周运动时，产生了作用于重心 C 的惯性力 F_j。显然，F_j 的方向与前轴侧滑的方向相反，就是说 F_j 能起减少或阻止前轴侧滑的作用，因此，汽车处于一种稳定状态。

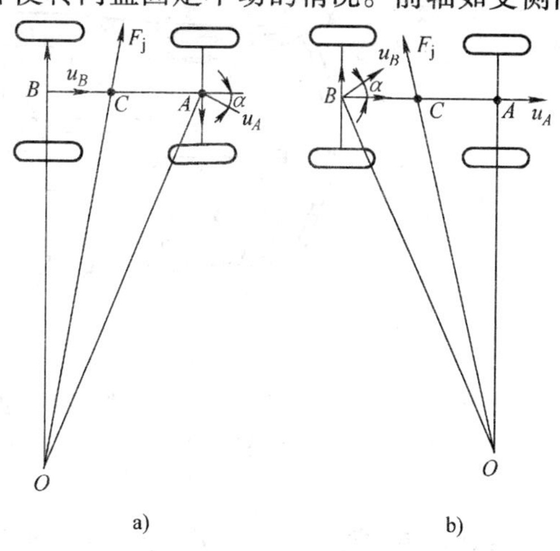

图 5-9　汽车侧滑时的运动状况
a）前轴侧滑　b）后轴侧滑

图 5-9b 所示是前轴滚动、后轴制动到抱死拖滑的情况。如有侧向力作用，后轴将发生侧滑，u_B 与汽车纵轴线夹角为 α，u_A 的方向仍按汽车纵轴线方向前行。此时，汽车也发生回转运动，作用于重心 C 的圆周运动惯性力 F_j，此时却与后轴侧滑方向一致。惯性力 F_j 加剧后轴侧滑；后轴侧滑又加剧惯性力 F_j，汽车将急剧转动。因此，后轴侧滑是一种不稳定状态。

如何更有效地利用汽车前后轴制动器制动力，即提高汽车制动系的制动效率，以及如何保证汽车制动时有较好的方向稳定性，这是涉及到总制动器制动力在前后轴间的分配的一个问题。

第三节　提高制动性的措施

一、制动力的调节

为了防止后轮抱死而发生危险的侧滑，也为了减少前轮失去转向能力的机会，汽车制动系中装有各种压力调节装置，以改变后轮制动油压，从而控制后轮制动器制动力来达到这个目的。

常用的压力调节装置有限压阀、比例阀、载荷控制比例阀、载荷控制限压阀。

二、车轮的防抱死

前轮在制动过程中仍将抱死而使汽车失去转向能力。为提高汽车抗侧滑的方向稳定性，轿车和部分客车采用了制动防抱系统（ABS）。

制动防抱系统（ABS）由三部分组成：传感器、电子控制单元和制动压力调节器。图 5-10 为某防抱制动系统简图。

正常制动时，调压活塞被一个较大的弹簧力推至左端，活塞顶端有一推杆顶开单向阀，使制动主缸与制动轮缸之间的管路接通。此时，系统处于常规制动状态，主缸直接控制制动器制动压力的增减。制动过程中，控制器不断分析传感器测出的车轮运动参数。

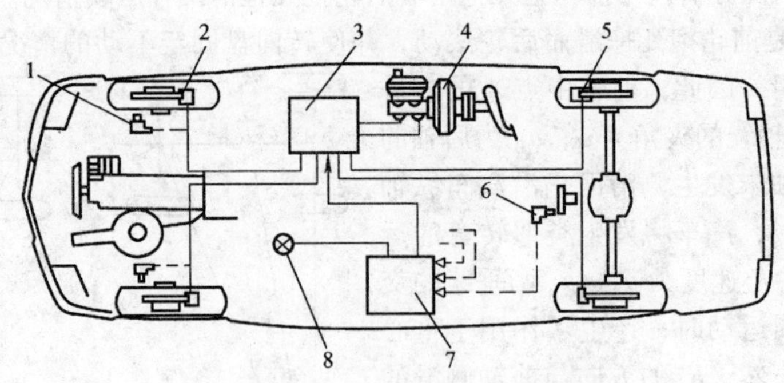

图 5-10 防抱制动系统简图

1、6—轮速传感器 2、5—轮缸 3—液压调节器 4—制动主缸 7—ECU 8—警告灯

若判断出车轮即将出现抱死时，立即给制动压力调节器发出减低分泵油压信号，以减少制动器制动力。由控制器发出的电脉冲信号，使电磁线圈产生吸力，电磁阀内的柱塞移到右边，蓄能器中储存的高压液体，通过管路作用在调压活塞的左侧，产生一个与弹簧力方向相反的作用力，使调压活塞右移，单向阀关闭，主缸和轮缸间通路被切断。因调压活塞右移而使轮缸侧容积增加，制动压力减小。制动解除后，车轮转速增加，控制器又下令再制动，柱塞回到最左端位置，作用在调压活塞左侧的高压被解除，调压活塞左移，调压活塞左侧制动液进入储液器，同时制动主缸和制动轮缸的管路相通。轮缸侧容积增加量在此期间减小，制动压力增加至初始值，重新制动。这种压力升降循环的频率应足够高，以适应路面不断的变化，每秒可达 10 ~ 12 次。

本 章 小 结

1）制动器制动力是由制动系的设计参数所决定的。即取决于制动器形式、尺寸、摩擦因数、车轮半径。它是与制动系的油压或气压成正比的。地面制动力取决于两个摩擦副的摩擦力，一个是制动器摩擦副间的摩擦力，另一个是轮胎与地面间的附着力。

2）汽车的地面制动力，首先取决于制动器制动力，但同时又受到地面附着条件的限制。所以，只有汽车具有足够的制动器制动力，同时，地面又能提供高的附着力时，才能获得足够的地面制动力。

3）制动过程中，前轮先抱死拖滑是稳定工况，但在弯道上行驶时，汽车失去转向能力；后轮先抱死拖滑是不稳定工况，使后轮产生侧滑；前、后轮同时抱死拖滑可以避免后轮侧滑，同时前转向轮只有在最大制动强度下，才使汽车丧失转向能力。

4）汽车制动性能的评价指标是制动效能及其恒定性、制动时汽车的方向稳定性。

5）常用的制动力压力调节装置有限压阀、比例阀、载荷控制比例阀、载荷控制限压阀，用以提高制动器制动性。

6）制动防抱系统（ABS）由三部分组成：传感器、电子控制单元和制动压力调节器。

复习思考题

5-1　什么是汽车的制动性能？简要说明制动性能的评价指标是什么？

5-2　什么是制动器制动力、地面制动力和附着力？它们三者之间有什么关系？

5-3　什么是滑移率？

5-4　什么是制动距离？影响制动距离的因素有哪些？

5-5　什么是制动效能的恒定性？产生制动效能热衰退的原因是什么？

5-6　什么是制动时的方向稳定性？制动时的方向稳定性差有什么危害？

5-7　什么是制动时的跑偏和侧滑？造成跑偏和侧滑的原因是什么？

第六章 汽车的操纵稳定性

学 习 目 标

【能力目标】

1）能解释在修筑公路时常将弯道处筑有一定的坡度。

2）能解释汽车在冰雪路面上高速转弯时为什么容易横向滑动。

3）能解释车轮不平衡影响乘坐舒适性、影响汽车使用寿命的原因。

4）能解释车轮定位不准影响操纵稳定性和轮胎使用寿命的原因。

5）能够对车轮进行动平衡，能够对四个车轮进行定位参数检测和调整。

【知识目标】

1）理解汽车绕左侧车轮侧翻的条件。

2）了解轮胎的侧偏特性；了解瞬态响应及其评价指标的概念。

3）掌握车轮平衡的概念，了解四轮定位参数的概念。

汽车在行驶过程中，会遇到各种复杂的情况，还要承受来自地面不平、坡道、大风等各种外部因素的干扰。一辆操纵性能良好的汽车必须具备以下的能力：

1）根据道路、地形和交通情况的限制，汽车能够正确地遵循驾驶员通过操纵机构所给定的方向行驶的能力，即汽车的操纵性。

2）汽车在行驶过程中具有抵抗力图改变其行驶方向的各种干扰，并保持稳定行驶的能力，即汽车的稳定性。

操纵性和稳定性有紧密的关系。操纵性差，导致汽车侧滑、倾覆，汽车的稳定性就破坏了。如稳定性差，则会失去操纵性。因此，通常统称为汽车的操纵稳定性。

汽车的操纵稳定性，是汽车的主要使用性能之一。随着汽车速度的提高，操纵稳定性越来越显得重要，它不仅影响着汽车的行驶安全，而且与运输生产率及驾驶员的疲劳强度有关。

第一节 汽车的操纵稳定性

汽车横向稳定性的丧失，表现为汽车的侧翻或横向滑移。由于侧向力作用而发生的横向稳定性破坏的可能性较多，也较危险。

图 6-1 所示是汽车在横向坡路上作等速弯道行驶时的受力图。随着行驶车速的提高，在离心力 F_c 的作用下，汽车可能以左侧车轮为支点向外侧翻。当右侧车轮法向反力 $F_{zR}=0$ 时，开始侧翻。因此，汽车绕左侧车轮侧翻的条件为

$$F_c\cos\beta\frac{B}{2}\geqslant F_c\sin\beta+G\cos\beta\frac{B}{2}+G\sin\beta h_g \tag{6-1}$$

如汽车转弯半径为 R，行驶速度为 u，则

$$F_c = \frac{Gu^2}{gR} \qquad (g\text{ 为常量})$$

将 F_c 代入式（6-1），可求出在横向坡道上不发生向外侧翻的极限车速为

$$u_{max} = \sqrt{\frac{gR(B + 2h_g \tan\beta)}{2h_g - B\tan\beta}} \tag{6-2}$$

由式（6-2）可见，当横向坡度值 $\tan\beta = \frac{2h_g}{B}$ 时，式中分母为零，$u_{max} = \infty$，说明汽车在此坡度弯道行驶时，任意速度也不会使汽车绕外侧车轮侧翻。因此，在公路建设上常将弯道处筑有一定的坡度，以提高汽车的横向稳定性。

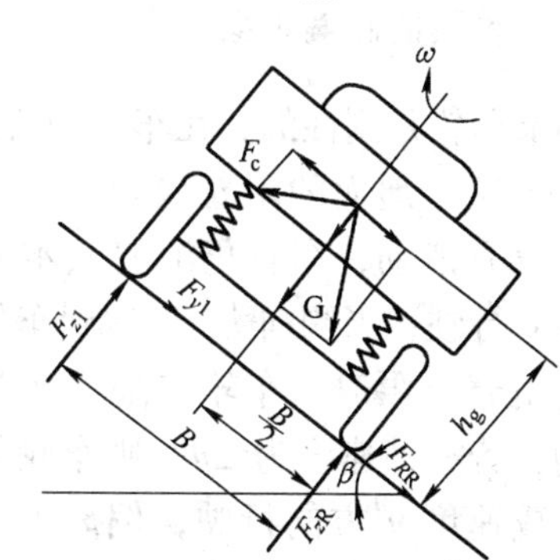

图 6-1　汽车在横向坡道上转向时的受力图

若在水平路面上（$\beta = 0$），汽车转弯行驶不发生侧翻的极限车速为

$$u_{max} = \sqrt{\frac{gRB}{2h_g}} \tag{6-3}$$

比较式（6-2）和式（6-3），式（6-2）的 u_{max} 显然比式（6-3）的大。

汽车在横向坡道上行驶发生侧滑的临界条件为

$$F_c\cos\beta - G\sin\beta = (F\sin\beta + G\cos\beta)\psi$$

式中　ψ——附着系数。

第二节　汽车转向的稳定性

一、轮胎的侧偏特性

轮胎的侧偏特性是研究汽车操纵稳定性理论的出发点。

1. 轮胎的坐标系与术语

图 6-2 所示为车轮的坐标系，其中车轮前进方向为 z 轴的正方向，向上为 z 轴的正方向，在 z 轴的正方向的右侧为 y 轴的正方向。

（1）车轮平面　垂直于车轮旋转轴线的轮胎中分平面。

（2）车轮中心　车轮旋转轴线与车轮平面的交点。

（3）轮胎接地中心　车轮旋转轴线在地平面（xOy 平面）上的投影（y 轴），与车轮平面的交点，也就是坐标原点。

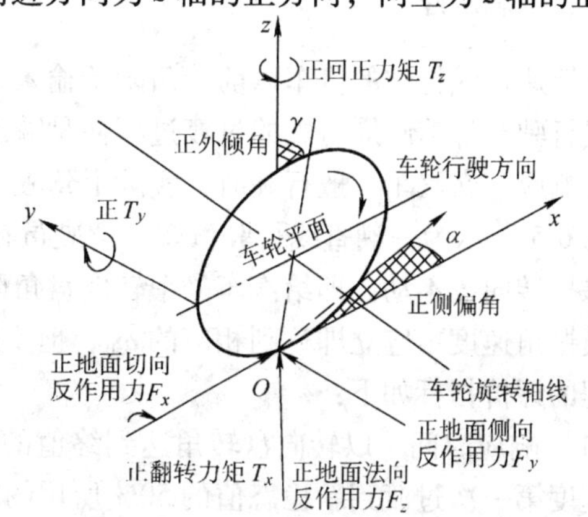

图 6-2　车轮坐标系图

（4）翻转力距 T_x　地面作用于轮胎上的力，绕 x 轴的力矩。图示方向为正。

（5）滚动阻力矩 T_y　地面作用于轮胎上的力，绕 y 轴的力矩。图示方向为正。

（6）回正力矩 T_z　地面作用于轮胎上的力，绕 z 轴的力矩。图示方向为正。

（7）侧偏角 α　轮胎接地中心位移方向（车轮行驶方向）与 z 轴的夹角。图示方向为正。

（8）外倾角 γ　xOz 平面与车轮平面的夹角。图示方向为正。

二、轮胎的侧偏现象

如果车轮是刚性的，在车轮中心垂直于车轮平面的方向上作用有侧向力矩。当侧向力矩不超过车轮与地面的附着极限时，车轮与地面没有滑动，车轮仍沿着其本身行驶的方向行驶；当侧向力 F_y 达到车轮与地面间附着极限时，车轮与地面产生横向滑动，若滑动速度为 Δu，则车轮便沿某一合成速度 u' 方向行驶，偏离了原行驶方向，如图 6-3 所示。

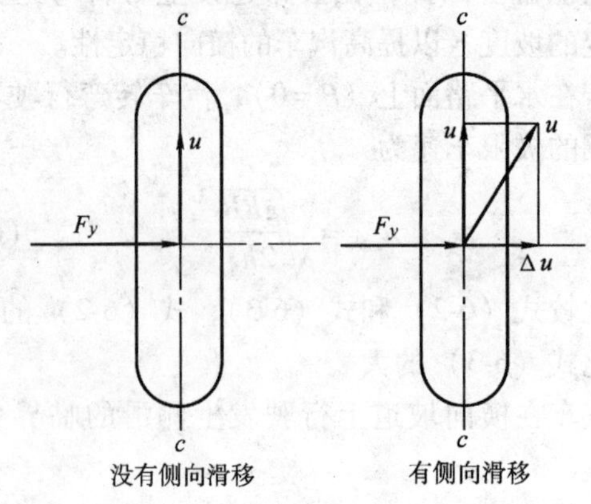

图 6-3　有侧向力作用时刚性车轮的滚动

当车轮有侧向弹性时，即使还没有达到附着极限，车轮行驶方向亦将偏离车轮平面的方向，这就是轮胎的侧偏现象。下面讨论具有侧向弹性车轮，在垂直载荷为 W 的条件下，受到侧向力矩作用后的两种情况：

1）车轮静止不动时由于车轮有侧向弹性，轮胎发生侧向变形，轮胎与地面接触印迹长轴线 aa 与车轮平面 cc 不重合，错开 Δh，但 aa 仍平行于 cc，如图 6-4a 所示。

2）车轮滚动时接触印迹的长轴线 aa，不只是和车轮平面错开一定距离，而且不再与车轮平面 cc 平行。图 6-4b 示出车轮的滚动过程中，车轮平面上点 A_1、A_2、A_3、……落在地面上，依次形成点 A_1'、A_2'、A_3'、……，点 A_1'、A_2'、A_3'的连线 aa 与其夹角 α 即为侧偏角。车轮就是沿着 aa 方向滚动的。显然，侧偏角 α 的数值是与侧向力 F_y 有关的。

三、瞬态响应

给等速直线行驶的汽车以前轮角阶跃输入，经过短暂时间后，将进入等速圆周行驶。等速直线行驶与等速圆周行驶的过渡过程便是瞬态，相应的响应称为前轮角阶跃输入引起的汽车瞬态响应。在汽车一般行驶时，实际上驾驶员不断接触到的是汽车的瞬态响应。

图 6-5 所示为一辆直线行驶汽车，驾驶员在 $t=0$ 处突然猛打转向盘，转过某一角度 δ_{swo} 后，保持转向盘不动，即给汽车一个转向盘角阶跃输入后的瞬态响应曲线。当车速不变时，汽车横摆角速度本应立即达到相应的 ω_0，但实际上汽车横摆角速度的变化为 $\omega(t)$。作为这一过程的评价指标如下：

（1）响应时间　以转向盘转角达到终值的 50% 的时刻，作为时间坐标原点，到所测横摆角速度第一次过渡到新稳态值的 50% 所用的时间，称为响应时间。这段时间应尽量短些，响应时间太长，驾驶员将感到汽车转向反应迟钝。

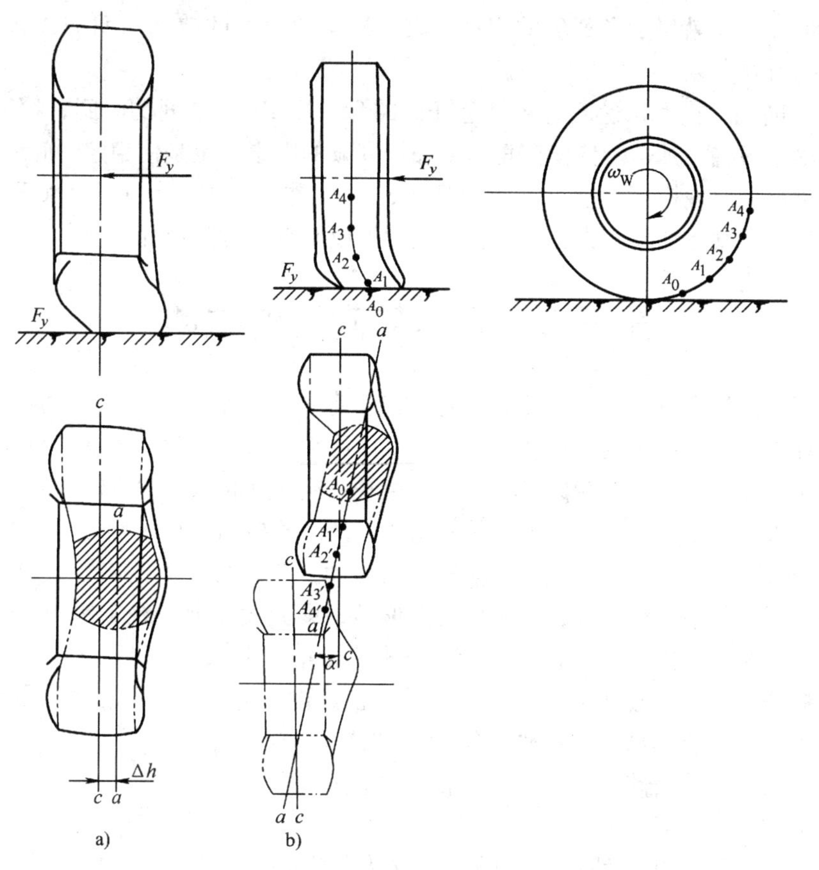

图 6-4　轮胎的测滑现象

a）静止　b）滚动

（2）峰值响应时间　从时间坐标原点开始，到所测横摆角速度响应达到第一个峰值止，这段时间称为峰值响应时间。由于打转向盘的起始时间难以准确确定，而且开始转动及停止转动转向盘前，转向盘转角变化速率较大，所以响应时间与峰值响应时间只是一个相互比较的参考性数据。

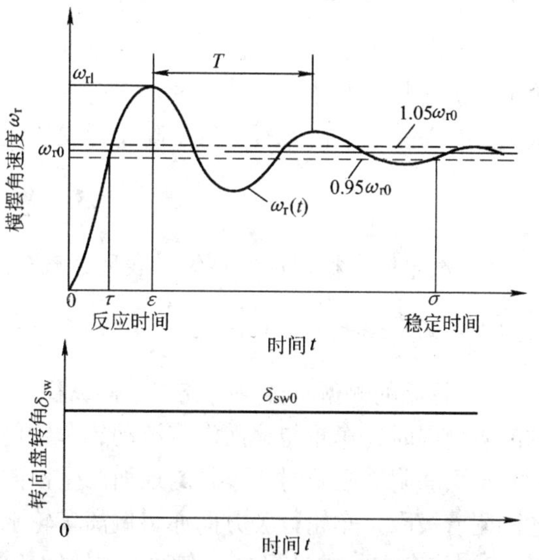

图 6-5　转向盘角阶跃输入时的汽车瞬态响应

（3）横摆角速度超调量　在 $t=\varepsilon$ 时，横摆角速度达到的最大值 ω_1、ω_2 往往大于 ω_0，ω_1/ω_0 的百分数称为超调量。超调量表明瞬态响应中执行指令误差的大小。超调量越小越好。减小超调量可使横摆角速度波动较快衰减。

（4）横摆角速度的波动量　在瞬态响应中，横摆角速度值 ω 在 ω_0 值上、下波动。车速一定时，ω 值的波动表现在转向半

径 R 的时大时小，这就增加了驾驶的困难。汽车横摆角速度的波动周期 T 或频率，也是评价瞬态响应的重要参数。

（5）稳定时间　横摆角速度达到稳定值 ω 的95% ~105%之间的时间，称为稳定时间。这段时间应尽量短些，凡是能使横摆角速度加快衰减的因素，也是使稳定时间缩短的因素。

个别汽车可能出现横摆角速度不收敛情况，即 ω 越来越大，若车速不变即转向半径 R 越来越小，就会急剧增加离心力，汽车将发生侧滑或侧翻等危险情况。

第三节　汽车转向轮的振动

汽车在行驶过程中，有时出现转向轮的左右摆动和上下跳动。转向轮的振动使轮胎磨损急剧增加，并增加了转向机构的动载荷，降低零件使用寿命，同时也严重影响行驶安全。

汽车的转向轮通过悬架及转向机构与车架相联，这些互相联系的机件，组成了弹性振动系统。一是前轴绕纵轴的角振动，另一是前轮绕主销的角振动。直线行驶的汽车，当车轮越过单个凸起或凹坑时，前轮产生绕汽车纵轴的角振动，前轮将绕主销偏转，如果左轮升高，车轮将向右偏转；如果左轮下降，车轮将向左偏转，即激发了前轮绕主销的角振动。同时，由于陀螺效应，车轮绕主销的角振动，会反过来加剧前轴绕汽车纵轴的角振动，严重地破坏了汽车直线行驶的稳定性。为了避免这种现象，要求减小悬架下前轴系统的转动惯量，提高角振动的固有频率；改善公路状况，提高路面平整度；适当降低轮胎气压，增加轮胎吸振能力。

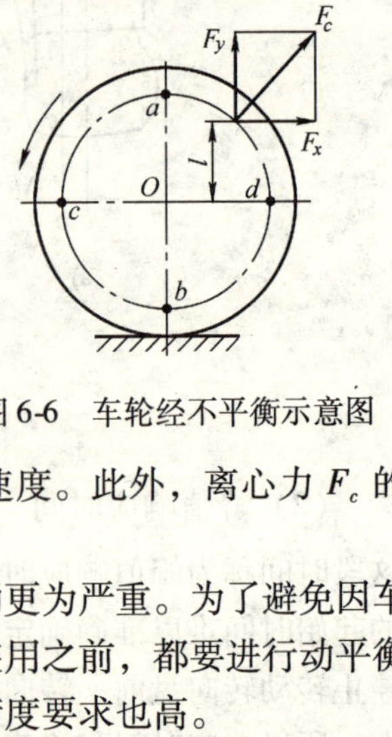

车轮的不平衡可引起周期性的激励，造成转向轮的振动。如图6-6所示。车轮转动时，其不平衡质量所引起的离心力 F_c 的水平分力 F_x，与力臂 L 形成力矩。此力矩直接使车轮偏转，其数值按正弦关系作周期性变化，变化的频率决定于汽车的行驶速度。此外，离心力 F_c 的垂直分力 F_y，则引起车轮的上下跳动，其特性与上述相同。

图6-6　车轮经不平衡示意图

当左右车轮都不平衡，且不平衡质量处于对称位置时，则振动更为严重。为了避免因车轮不平衡引起的振动，要求无论是新轮胎或经翻修过的轮胎，在装用之前，都要进行动平衡试验，并消除不平衡因素。对于高速行驶的汽车，对车轮的不平衡度要求也高。

本章小结

1）汽车横向稳定性的丧失，表现为汽车的侧翻或横向滑移。汽车绕左侧车轮侧翻的条件为 $F_c\cos\beta\dfrac{B}{2}\geqslant F_c\sin\beta+G\cos\beta\dfrac{B}{2}+G\sin\beta h_g$。

2）轮胎的侧偏特性是研究汽车操纵稳定性理论的出发点。当侧向力不超过车轮与地面的附着极限时，车轮与地面没有滑动，车轮仍沿着其本身行驶的方向行驶；当侧向力达到车轮与地面间附着极限时，车轮与地面产生横向滑动；当车轮有侧向弹性时，即使侧向力没有达到附着极限，车轮行驶方向亦将偏离车轮平面的方向，这就是轮胎的侧偏现象。

3）汽车在行驶过程中，有时出现转向轮的左右摆动和上下跳动。转向轮的振动使轮胎磨损急剧增加，并增加了转向机构的动载荷，降低零件使用寿命，同时也严重影响行驶安全。车轮的不平衡可引起周期性的激励，造成转向轮的振动。为了避免因车轮不平衡引起的振动，要求无论是新轮胎或经翻修过的轮胎，在装用之前，都要进行动平衡试验，并消除不平衡因素。

复习思考题

6-1　什么是汽车的操纵稳定性？它包含哪些内容？

6-2　什么是汽车的稳态响应和瞬态响应？

6-3　在什么情况下会产生汽车的侧翻？使用中应如何避免？

6-4　汽车的稳态转向特性有几种？

6-5　一般汽车应具有哪些的转向特性？为什么？

6-6　汽车的稳态性系数是什么？

6-7　汽车转向时瞬态响应好坏评价指标是什么？

6-8　汽车左、右轮垂直载荷重新分配，对汽车转向特性有什么影响？为什么？

6-9　汽车行驶跑偏的原因有哪些？

第七章　汽车的通过性和行驶平顺性

学 习 目 标

【能力目标】

1）能解释汽车通过性的概念。

2）能解释汽车行驶平顺性的概念。

3）能解释越野汽车和普通轿车通过性和平顺行的差别。

【知识目标】

1）理解汽车轮廓通过性和牵引支承通过性的概念；了解什么叫顶起失效、触头失效或托尾失效。

2）理解汽车行驶平顺性的概念；了解什么是暴露极限。疲劳—降低工作效率界限和舒适降低界限。

3）掌握影响汽车行驶平顺性的因素。

第一节　汽车的通过性

汽车的通过性是指汽车在一定载重下，能以足够高的平均车速，通过各种坏路和无路地带（如松软的土壤、沙漠、雪地、沼泽及坎坷不平地段），以及克服各种障碍（陡坡、侧坡、台阶、壕沟等）的能力。

汽车的通过性可分为轮廓通过性和牵引支承通过性。前者是表征车辆通过坎坷不平路段和障碍的能力；后者是指车辆顺利通过松软土壤、沙漠、雪地、冰面、沼泽等地面的能力。

山区、矿区、建设工地等使用的车辆和军用车辆，经常行驶在坏路和无路地面上。因此，要求这些汽车应具有良好的通过性。

一、轮廓通过性

在越野行驶时，由于汽车与不规则地面的间隙不足，可能出现汽车被托住而无法通过的现象，称为间隙失效。间隙失效主要有顶起失效、触头失效（或托尾失效）两种形式。顶起失效是车辆中间底部的零件碰到地面，而被顶住的间隙失效。触头失效（或托尾失效）是汽车前端（或车尾）触及地面的间隙失效。

汽车通过性的几何参数如图 7-1 所示，这是与防止间隙失效有关的汽车本身的几何参数，主要包括最小离地间隙、接近角、离去角、纵向通过角。

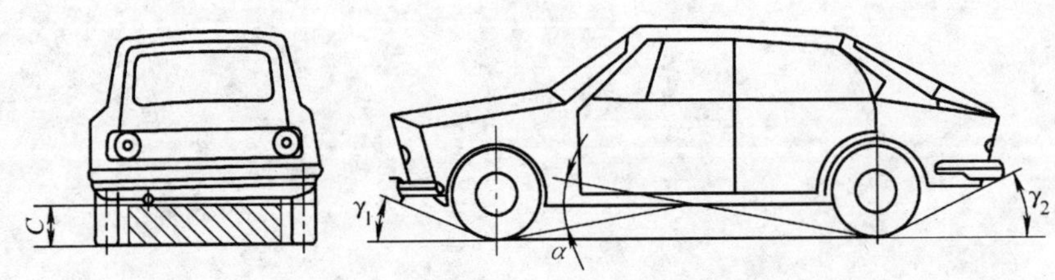

图 7-1　汽车通过性的几何参数

另外，汽车的最小转弯直径、最大通道宽度等，也是汽车通过性的重要轮廓参数。

1. 最小离地间隙 C

最小离地间隙 C 是汽车除车轮外的最低点与路面间的距离。它表征汽车无碰撞地越过石块、树桩等障碍物的能力。汽车的前桥、飞轮壳、变速器壳、消声器和主减速器外壳等，通常有较小的离地间隙。在设计越野汽车时，应保证有较大的最小离地间隙。

2. 接近角 γ_1 与离去角 γ_2

接近角 γ_1 和离去角 γ_2 是指自车身前、后突出点，向前、后车轮引切线时，切线与路面之间的夹角。它表征了汽车接近或离开障碍物时，不发生碰撞的能力。接近角和离去角越大，则汽车的通过性越好。

3. 纵向通过角 α

当分别切于静载车轮前、后轮胎外线，且垂直于汽车纵向对称平面的两平面，交于车体下部较低部位时，车轮外线两切面之间所夹的最小锐角，为车辆可以超越的最大角度。它表征汽车可无碰撞地通过小丘、拱桥等障碍物的轮廓尺寸。纵向通过角越大，汽车的通过性越好。

4. 最小转弯直径和最大通道宽度

汽车前轮处于最大转角状态行驶时，汽车前轴离转向中心最远车轮胎面中心，在地面上形成的轨迹圆直径，表征车辆在最小面积内的回转能力和通过狭窄弯曲地带或绕过障碍物的能力。

最大通道宽度是指汽车最远点最小转弯直径与最近点最小转弯直径之差的 50%。车辆所需的通道宽度越窄，通过性越好。

二、汽车的倾覆失效

越野汽车在通过障碍时，如图 7-2 所示的大的侧坡或纵坡，可能导致汽车的倾覆失效。

在侧坡上直线行驶时，当坡度大到重力通过一侧车轮中心，而另一侧车轮的地面法向反作用力等于零时，车辆将发生侧翻。此时

$$\tan\beta = \frac{B}{2h_g}$$

式中　β——汽车不发生倒翻的极限角。

为了防止侧翻，汽车的质心应尽量降低，轮距应尽量宽。

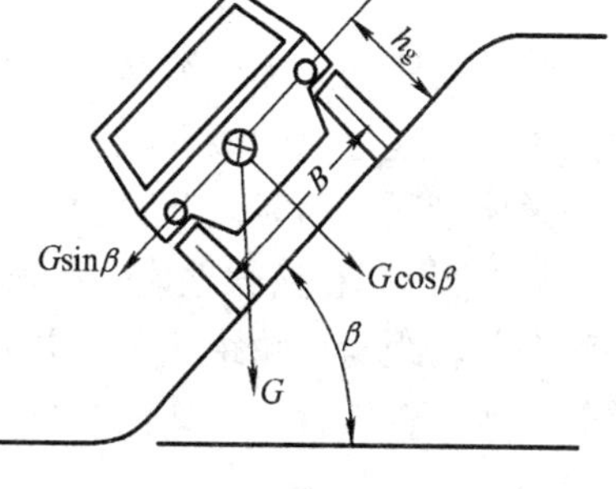

图 7-2　汽车的倾覆

三、通过性的影响因素

1. 行驶速度

当汽车的行驶速度降低时，土壤的剪切和车轮滑转的倾向减少。因此，用低速行驶克服困难地段，也可以改善汽车的通过性，为此，越野汽车传动系最大总传动比一般都较大。越野汽车最低稳定车速可按表 7-1 选取，其值随汽车总质量而定。

2. 汽车车轮

车轮对汽车通过性有着决定性的影响。为了提高汽车的通过性，必须正确选择轮胎的花

纹尺寸、结构参数、气压等，使汽车行驶滚动阻力较小，附着能力较大。

表 7-1 越野汽车的最低稳定车速

汽车总质量/kg	最低稳定车速/(km/h)	汽车总质量/kg	最低稳定车速/(km/h)
<2000	≤5	<8000	≤1.5~2.5
<6500	≤2~3	>8000	≤0.5~1

1）轮胎花纹对附着系数有很大影响。正确地选择轮胎花纹，对提高汽车在一定类型地面上的通过性有很大作用。越野汽车的轮胎具有宽而深的花纹；当汽车在湿路面上行驶时，由于只有花纹的凸起部分与地面接触，使轮胎对地面有较高的单位压力，足以挤出水层；而在松软地面上行驶时，轮胎下陷，嵌入土壤的花纹凸起的数目增加，与地面接触面积及土壤剪切面积都迅速增加，因而，同样能保证有较好的附着性能。

在表面滑溜泥泞而底层坚实的道路上，提高通过性的最简单办法，是在轮胎上套防滑链（或使用带防滑钉的轮胎），它相当于在轮胎上增加了一层高而稀的花纹。这时，防滑链能挤出表面的水层，直接与地面接触，有的还会增加土壤剪切面积，从而提高附着能力。

2）增大轮胎直径和宽度，都能降低轮胎的接地比压。用增加车轮直径的方法来减小接地比压，增加接触面积以减少土壤阻力和减少滑转，要比增加宽度更为有效。但增大轮胎直径会使惯性增大，汽车质心升高，轮胎成本增加，并要采用大传动比的传动系统。因此，大直径轮胎的推广使用受到了限制。

加大轮胎宽度不仅直接降低了轮胎的接地比压，而且轮胎较宽，允许胎体有较大的变形，而不降低其使用寿命，因而可使轮胎气压取得低些，使汽车在沙漠、雪地、沼泽地面上行驶时，具有良好的通过性。但这种专用于松软地面的特种轮胎，由于花纹较大，气压过低，不应在硬路面上工作，否则将过早损坏和迅速磨损。

3）在松软地面上行驶的汽车，应相应降低轮胎的气压，以增大轮胎与地面的接触面积，降低接地比压，提高土壤推力。轮胎气压降低时，虽然土壤的压实阻力随着减小，但轮胎本身的迟滞损失却逐渐增加。为了提高越野汽车通过松软地面的能力，且在硬路面上行驶时又不致引起过大的滚动阻力和影响轮胎寿命，可装用轮胎的中央充气系统，使驾驶员能够根据道路情况，随时调节轮胎气压。

4）当汽车在松软地面上行驶时，各车轮都需要克服形成轮辙的阻力（滚动阻力）。如果汽车前轮距与后轮距相等，并有相同的轮胎宽度，则前轮辙与后轮辙重合，后轮就可沿被前轮压实的轮辙行驶，使汽车总滚动阻力减少，提高汽车通过性。所以，多数越野汽车的前轮距与后轮距相等。

5）试验证明，前轮距与后轮距相等的汽车行驶于松软地面时，当前轮对地面的单位压力，比后轮的小20%~30%时，汽车滚动阻力最小。为此，除在设计汽车时，可将负荷按此要求分配于前、后轴，也可以使前、后轮的轮胎气压不同，以产生不同的接地比压。

3. 差速器

为了保证各驱动车轮能以不同的角度旋转，在传动系统装有差速器。但普通的齿轮差速器，由于它有使驱动车轮之间转矩平均分配的特性，当某一驱动车轮陷入泥泞或冰雪路面上时，得到较小的附着力，则与之对应的另一驱动车轮，也只能以同样小的附着力限制其驱动力。为了避免这种情况的发生，某些越野汽车上装有差速锁，以便必要时能锁止差速器。

可见，由于差速器的内摩擦，使汽车的驱动力增加了。但是，一般齿轮式差速器的内摩擦不大，为了增加差速器的内摩擦，越野汽车常采用高摩擦式差速器，提高了汽车通过性。

4. 驾驶方法

驾驶方法对提高汽车通过性有很大影响。在通过沙地、泥泞、雪地等松软地面时，应该用低速挡，以保证车辆有较大的驱动力和较低的行驶速度。在行驶中应避免换档和加速，并保持直线行驶，因为转弯时将引起前后轮辙不重合，增加滚动阻力。

后轮是双胎的汽车，常会在两胎间夹杂泥石或使车轮表面粘附一层很厚的泥，因而使附着系数降低，增加车轮滑转趋势。遇到这种情况，驾驶员应适当提高车速，将车轮上的泥甩掉。当汽车传动系统装有差速锁时，驾驶员应该在估计有可能进入使车轮滑转的地区前，就将差速器锁住。因为车轮一旦滑移后，土壤表面就会被破坏，附着系数下降，再锁住差速锁不会起显著作用。

此外，为了提高越野汽车的涉水能力，应注意发动机的分电器总成、火花塞、曲轴箱通气口等的密封问题，并提高空气滤清器的位置，不得浸入水中。普通汽车一般能通过深度为0.5~0.6m的硬底浅水滩。

第二节 汽车的行驶平顺性

汽车行驶平顺性，是指汽车在一般行驶速度范围内行驶时，避免因汽车在行驶过程中所产生的振动和冲击，使人感到不舒服、疲劳，甚至损害健康，或者使货物损坏的性能。由于行驶平顺性主要是根据乘员的舒适程度来评价，所以又称为乘坐舒适性。

汽车是一个复杂的多质量振动系统，其车身通过悬架的弹性元件与车桥连接，而车桥又通过弹性轮胎与道路接触，其他如发动机、驾驶室等，也是以橡皮垫固定于车架的。在激振力作用下，如道路不平而引起的冲击和加速、减速时的惯性力，以及发动机与传动轴振动等，系统将发生复杂的振动，对乘员的生理反应和所运货物的完整性，均会产生不利的影响。在坏路上，汽车的允许行驶速度受动力性的影响不大，主要取决于行驶平顺性，而被迫降低行车速度，因而使汽车的平均技术速度减低，运输生产率下降。其次，振动产生的动载荷，加速了零件的磨损，乃至引起损坏，降低了汽车的使用寿命。此外，振动还引起能量的消耗，使燃料经济性变坏。因此，减少汽车本身的振动，不仅关系到乘坐的舒适和所运货物的完整，而且关系到汽车的运输生产率、燃料经济性、使用寿命和工作可靠性等。

一、汽车行驶平顺性的评价指标

汽车行驶平顺性的评价方法，通常是根据人体对振动的生理反应，及对保持货物完整性的影响制定的，并用振动的物理量，如频率、振幅、加速度等作为行驶平顺性的评价指标。

目前，常用汽车车身振动的固有频率和振动加速度均方根值评价汽车的行驶平顺性。试验表明，为了保持汽车具有良好的行驶平顺性，车身振动的固有频率应为人体所习惯的步行时，身体上、下运动的频率［它约为60~80次/min（1~1.6Hz）］，振动加速度的极限值为0.2~0.3g。为了保证运输货物的完整性，车身振动加速度也不宜过大。如果车身加速度达到1g，未经固定的货物，就有可能离开车厢底板，所以，车身振动加速度的极限值应低于0.6~0.7g。

ISO2631—1978E《人体承受全身振动的评价指南》，用加速度的均方根值，给出了在1~80Hz振动频率范围内，人体对振动反应的三个不同的感觉界限，它们分别是暴露极限，疲劳—降低工作效率界限和舒适降低界限。

1. 暴露极限

当人体承受的振动强度在这个极限之内，将保持健康或安全。通常把暴露极限作为人体可以承受振动量的上限。

2. 疲劳—降低工作效率界限

这个界限与保持工作效率有关。当驾驶员承受的振动在此界限内时，能保持正常地进行驾驶。

3. 舒适降低界限

此界限与保持舒适度有关，它影响人在车上进行吃、读、写等动作。

这三个界限只是容许的振动加速度值不同，暴露极限的值为疲劳—降低效率界限的2倍，舒适降低界限为疲劳—降低工作效率界限的1/3.15。各界限容许的加速度值，随频率的变化趋势完全一样。

二、影响汽车行驶平顺性的因素

汽车是由多质量组成的复杂振动系统。为了便于分析，需要进行简化。在研究振动时，常将汽车视为由彼此相联系的悬挂质量与非悬挂质量所组成。

汽车的悬挂质量由车身、车架及其上的总成所构成。该质量由减振器和悬架弹簧与车轴、车轮相连。车轮、车轴构成非悬挂质量，车轮再经过具有一定弹性和阻尼的轮胎支承路面上。

悬架结构、轮胎、悬挂质量和非悬挂质量是影响汽车平顺性的重要因素。

1. 悬架结构

悬架结构主要指弹性元件、导向装置与减振装置，其中弹性元件与悬架系统中阻尼对平顺性影响较大。

（1）弹性元件　将汽车车身看成一个在弹性悬架上作单自由度振动的质量时，减少悬架刚度，可降低车身的固有频率，提高汽车行驶的平顺性。但是，如果增加高频的非悬挂质量的振动位移，大幅度的车轮振动，有时会使车轮离开地面，在紧急制动时，会产生严重的汽车“点头”现象。为解决这一问题，可采取一些相应措施，如采用具有非线性特性的变刚度悬架，即悬架的刚度随载荷而变，这样可以使得在载荷变化时，保持车身振动的固有频率不变，从而获得良好的平顺性。悬挂的非线性弹性特性，可以通过下述办法来实现。

1）在线性悬架中，加入辅助弹簧、复合弹簧，采用适当的导向机构，以及与车架的支承方式等。

2）选用具有非线性特性的弹性元件，如空气弹簧、油气弹簧、橡胶弹簧和硅油弹簧。

（2）阻尼系统　阻尼系统的阻尼为了衰减车身自由振动和抑制车身、车轮的共振，以减小车身的垂直振动加速度和车轮的振幅，悬架系统中应具有适当的阻尼。

在悬架系统中，引起振动衰减的阻尼来源很多。如轮胎变形时，橡胶分子间产生摩擦。系统中的减振器、钢板弹簧片间的摩擦等。

减振器的阻尼效果最好，可提高汽车行驶平顺性，改善车轮与道路的接触条件，防止车轮离开路面，因而可改善汽车的稳定性，提高汽车的行驶安全性。改进减振器的性能，对提高汽车在不平道路上的行驶速度有很大的作用。

2. 轮胎

轮胎由于本身的弹性，在很大程度上吸收了因路面不平所产生的振动，因此它和悬架共同保证了汽车的平顺性。

轮胎性能的好坏，是用轮胎在标准气压和载荷下，压缩系数的大小（轮胎被压下的高度与充气断面高度的百分率）来表示的。在最大允许负荷作用下，普通轮胎的压缩系数为10%～12%，为了乘坐舒适，客车轮胎的压缩系数稍大些，为12%～14%。

近几年来，随着车速的提高，希望轮胎的缓冲性能越来越好。目前，提高轮胎缓冲性能的方法如下：

1）增大轮胎断面、轮胎宽度和空气容量，并相应降低轮胎气压。

2）改变轮胎结构形式，如采用子午线轮胎。它因轮胎径向弹性大，可以缓和不平路面的冲击，并吸收大部分冲击能量，使汽车平顺性得到改善。

3）提高帘线和橡胶的弹性，要用较柔软的胎冠。

车轮旋转质量的不平衡，对汽车的行驶平顺性和稳定性都有影响。为了避免因转向轮不平衡而引起振动，必须对每一车轮进行静平衡和动平衡。越是车速高的轿车，对平衡的要求就越高。

3. 悬挂质量

悬挂质量分配是评价汽车平顺性极其重要的参数。它取决于悬挂质量的分布情况。悬挂质量的布置应使前、后悬挂质量的振动彼此互不影响。

三、非悬挂质量

减少非悬挂质量，可以减少传给车身上的冲击力。非悬挂质量的振动，对悬挂质量振动加速度有较显著的影响，会使其数据值加大。因此，为了提高汽车的平顺性，采用非悬挂质量较小的独立悬挂更为有利。

非悬挂质量对行驶平顺性的影响，常用非悬挂质量与悬挂质量之比 m/M 进行评价。比值越小则行驶平顺性越好。

总之，影响汽车行驶平顺性的结构参数有很多，并且彼此间的关系较复杂，必须对这些参数进行综合分析，以便正确地选择参数，提高汽车行驶的平顺性。

本 章 小 结

1）汽车的通过性是指汽车在一定载重下，能以足够高的平均车速，通过各种坏路和无路地带，以及克服各种障碍的能力。

2）汽车的通过性可分为轮廓通过性和牵引支承通过性。轮廓通过性是表征车辆通过坎坷不平路段和障碍的能力；牵引支承通过性是指车辆顺利通过松软土壤、沙漠、雪地、冰面、沼泽等地面的能力。

3）最小离地间隙是汽车除车轮外的最低点与路面间的距离。接近角和离去角是指自车身前、后突出点，向前、后车轮引切线时，切线与路面之间的夹角。纵向通过角：当分别切于静载车轮前、后轮胎外线，且垂直于汽车纵向对称平面的两平面，交于车体下部较低部位时，车轮外线两切面之间所夹的最小锐角。最小转弯直径：汽车前轮处于最大转角状态行驶时，汽车前轴离转向中心最远车轮胎面中心，在地面上形成的轨迹圆直径。最大通道宽度是指汽车最远点最小转弯直径，与最近点最小转弯直径之差的一半。

4）通过性的影响因素：行驶速度、汽车车轮、差速器、驾驶方法。

5）汽车行驶平顺性，是指汽车在一般行驶速度范围内行驶时，避免因汽车在行驶过程中所产生的振动和冲击，使人感到不舒服、疲劳，甚至损害健康，或者使货物损坏的性能。又称为乘坐舒适性；悬架结构、轮胎、悬挂质量和非悬挂质量是影响汽车平倾性的重要因素。

复习思考题

7-1　评价汽车通过性的几何参数有哪些？

7-2　影响汽车通过性的因素有哪些？在使用中应注意哪些问题？

7-3　为什么越野汽车一般都采用全轮驱动？

7-4　评价汽车行驶平顺性的方法有哪些？

7-5　在什么情况下宜于采用变刚度悬架？为什么？

7-6　人对振动的三种不同的感觉界限是如何划分的？

第八章　汽车使用寿命

学 习 目 标

【能力目标】

1）能解释为什么政策规定出租车的强制报废年限是8年，而家用轿车的使用年限在15年以上。

2）能解释汽车使用寿命的概念和分类。

3）能解释有形磨损和无形磨损的概念。

【知识目标】

1）理解汽车使用寿命的概念。了解汽车物理寿命、汽车技术使用寿命、汽车折旧寿命、汽车经济使用寿命等概念。

2）理解有形磨损和无形磨损的概念。

第一节　汽车使用寿命概述

汽车从开始使用到不能使用的整个时期，称为汽车的使用寿命。

汽车使用寿命的实质，是指从技术和经济上达到汽车使用极限。汽车使用寿命可以用累计使用年数或累计行驶里程数表示。

一、研究汽车使用寿命的意义

汽车在正常使用过程中，其性能将随着使用年限（或行驶里程）的增加而逐渐下降，过早地报废汽车和无限制地延长汽车使用寿命，都将给汽车的使用带来严重的问题。

国际范围内汽车产量逐年增长，汽车作为一种重要的商品，需要更大的市场，多数国家采用缩短汽车使用年限的方法，刺激汽车销售，无形中造成过早地报废汽车。这样一方面大量资源被浪费，另一方面报废汽车的再处理，会产生大量有害物质。

如果无限制地延长汽车的使用寿命，车辆老旧，其动力性、经济性及行驶安全性大幅度下降，直接地造成燃料消耗增加和维修频繁。维修费用剧增，间接地造成严重的汽车公害和车辆平均技术速度下降，运输效率下降，运输成本增高等。

研究汽车使用寿命的意义，在于合理地确定汽车使用寿命，确保在用车辆具有良好的使用性能，减少公害，节约能源，充分地提高车辆的社会效益和经济效益。

二、汽车终止使用原则和汽车使用寿命分类

根据汽车终止使用原则的不同，汽车使用寿命可分为物理寿命、技术使用寿命、折旧寿命及经济使用寿命。

（1）汽车物理寿命　又称自然寿命，指汽车从全新状态投入使用开始，经过有形磨损，直到在技术上不能按原有用途继续使用为止的时间。它与各总成的设计水平、制造质量和使用维修等因素有关。通过恢复性修理，可延长车辆设备的物理寿命。

(2) 汽车技术使用寿命　指汽车从全新状态投入使用后，由于新技术的出现，使原有设备丧失其使用价值所经历的时间。技术进步越快，技术寿命就越短。

(3) 汽车折旧寿命　指按国家规定的折旧率，把汽车总值扣除残值后的余额，折旧到接近于零所经历的时间或里程。汽车的折旧寿命一般介于技术使用寿命与物理寿命之间。

(4) 汽车经济使用寿命　是指汽车从全新状态投入使用开始，到年平均总费用最低的使用年限。

年平均费用是车辆所使用年限内，每年平均折旧费用与该车的经营费用之和。汽车使用时间越长，每年分摊的折旧费越少。同时，由于汽车有形磨损增加，汽车的技术性能逐渐下降，使汽车运行所需要的经营费用（材料费用、工时费用和维修费用）随之增加。延长汽车使用年限使折旧费用的下降，会被经营费用的增加逐渐抵消，虽然汽车在技术上仍可以继续使用，但年平均总费用上升，在经济上不宜继续使用。

汽车使用寿命的确定，应以汽车经济使用寿命为基础，从国家经济发展的实际情况出发，随着国家经济的发展和汽车技术的进步，合理的汽车使用寿命趋近于汽车经济使用寿命。

第二节　汽车的磨损

设备更新问题，普遍划分为效率不变型设备的更新和效率递减型设备的更新两大类。汽车属于效率递减型设备，在整个寿命期内，其使用性能及经济指标均有明显下降，这种现象可称为“劣化”。从汽车经济使用寿命的劣化过程来看，主要是车辆有形磨损和无形磨损的结果。

一、有形磨损

汽车设备的有形磨损，是指汽车在使用（或闲置）过程中发生的实体磨损，这种磨损又称为物质磨损。有形磨损导致产生汽车故障和汽车性能下降，如汽车动力下降，油耗增加，振动加大等，都是有形磨损的表现。

汽车的有形磨损主要发生在使用过程中，称为第一种磨损。产生原因主要是机械磨损、零件变形、疲劳破坏等。有形磨损发展到一定程度就会呈现故障，使汽车经营费用增高，运输效率降低，其变化一般与使用时间和使用强度成正比。

有形磨损发生在汽车闲置过程中，称为第二种磨损。汽车长期闲置不用或管理不善，造成部分零部件老化、破损，是这类磨损产生的主要原因。如金属部件锈蚀、非金属部件老化变性等。第二种磨损一定程度上与闲置时间成正比。

有形磨损达到车辆的技术状况变坏，而不能继续作为运输工具使用时，可以认为车辆已到了完全磨损的程度，这就要用同样用途的新车来替代。

车辆的有形磨损发展到完全磨损的期限，受到很多因素影响：一方面，技术进步可大大推迟有形磨损的期限。这是因为材料的抗磨性、零部件加工精度的提高和表面粗糙度值的降低，以及结构可行性的改善，可使汽车的耐久性得到提高，同时采用正确的预防维护与计划修理，可避免零件出现过度磨损。另一方面，与现代科学技术有关的一系列措施，又会加快有形磨损的速度，提早发展到完全磨损的期限。这是因为采用车辆高度的自动化管理系统，机械化装卸设备，都将大大减少车辆的停歇时间，提高行程利用率，因而在提高车辆使用效率的同时，加太了车辆的使用强度，促使车辆的有形磨损加快。

二、无形磨损

汽车设备的无形磨损，是指车辆在使用（或闲置）过程中，由于其再生产的必要劳动时间的减少，或者新技术的出现而引起汽车设备价值的损失。

车辆价值并不取决于最初的生产耗费，而是取决于再生产所用的生产耗费，在技术进步的同时，这种耗费也是不断下降的。因此，无形磨损又可分为两种形式：第一种无形磨损和第二种无形磨损。

因相同结构（同车型）车辆再生产价值的降低，而产生现有车辆价值的贬值，称为第一种无形磨损。发生第一种无形磨损时，车辆的各项技术性能不受影响，但技术进步，使生产该车辆的社会必要劳动耗费降低，相应地就使车辆原始价值发生贬值。虽然车辆遭到第一种无形磨损时，汽车的使用寿命没有受到实质性影响，但技术进步既影响生产部门，也影响修理部门，而且对这两个部门的影响往往前者大于后者。实际运用过程中，车辆本身价值降低的速度，比修理价值降低速度快，可能出现修理费用超过合理限度的情况，这样从修理角度分析，有可能使车辆的使用寿命缩短。

因不断出现更完善、效率更高的车辆（新车型），使现有车辆贬值，称为第二种无形磨损。新车型的出现，相对地使旧车型运输生产的经济效果下降，发生第二种无形磨损时，往往在完全磨损之前，就有必要用新车型更新。这种更新的合理性，取决于现有车型的贬值程度和社会及国民经济发展的实际需求。

汽车的更新是有形磨损与无形磨损共同作用的结果。完全的有形磨损往往表现为汽车的大修或报废。完全的无形磨损发生时，与汽车的技术状况无关。汽车更新取决于有形磨损与无形磨损的长短及其相互关系，这存在着三种情况。

一是汽车设备的有形磨损期与无形磨损或相互接近。当车辆达到应该大修的时刻，也同时达到了应该更换的时刻，而这时正好出现效率更高的新设备，无需对车辆进行大修，可用新车型更换旧车。这种理想方案称为“无维修设计”。由于存在技术上的问题，实际上难以做到。

二是车辆已遭到完全有形磨损，而它的无形磨损期未到来，此时只需研究对该车进行大修是否合理，否则可进行同车型更换新车。

三是无形磨损期早于有形磨损期，应根据经济效益和可能性进行分析比较，或是继续使用原有车辆，或是用更先进的新型车更新未折旧完的在用车辆。科技越进步，完全的有形磨损期就越长，而完全的无形磨损期就越短，随着科技水平的不断提高，无形磨损对于汽车更新起到的作用将会更加明显。

本章小结

1）汽车从开始使用到不能使用的整个时期，称为汽车的使用寿命。汽车使用寿命的实质，是指从技术和经济上达到汽车使用极限。汽车使用寿命可以用累计使用年数或累计行驶里程数表示。

2）根据汽车终止使用的原则不同，汽车使用寿命可分为物理寿命、技术使用寿命、折旧寿命及经济使用寿命。

3）车辆磨损分有形磨损和无形磨损；有形磨损，是指汽车在使用（或闲置）过程中发生的实体磨损，这种磨损又称为物质磨损。无形磨损，是指车辆在使用（或闲置）过程中，由于其再生产的必要劳动时间的减少，或者新技术的出现而引起汽车设备价值的损失。

复习思考题

8-1 什么是汽车的使用寿命？研究汽车使用寿命有何意义？

8-2 汽车使用寿命如何分类？

8-3 什么是有形磨损？什么是无形磨损？

8-4 汽车的更新与有形磨损和无形磨损有何关系？

8-5 汽车经济使用寿命的计算方法有几种？各有何特点？

第九章　内燃机排放污染与噪声

学 习 目 标

【能力目标】

1）能解释汽油机排放污染物产生的机理和危害。

2）能解释柴油机排放污染物产生的机理和危害。

3）能解释柴油机噪声比汽油机噪声大的原因；能解释汽油机排放污染物与柴油机排放污染物成分不同的原因。

【知识目标】

1）了解汽油机排放污染物的成分、产生机理和危害。

2）了解柴油机排放污染物的成分、产生机理和危害。

3）了解柴油机噪声的产生的主要原因及危害。

第一节　汽油机的排气污染

汽油机的排放污染源主要有汽油机排出的废气、燃油箱及化油器漏出的燃油蒸汽及曲轴箱排出的气体等，本书只介绍汽油机的主要排放污染源——排气污染。汽油机排出废气中的污染物种类和数量与其所用燃料及燃烧过程有关。

汽油机排放出的废气中，有害人体健康、污染大气的污染物包括 CO、HC、NO_x、SO_2、CO_2 和碳烟，其中 CO、HC 和 NO_x 是最主要的污染物，已被列为各国法规限制的对象。

1. 一氧化碳（CO）

CO 是一种无色无味的气体，能与红血球中的血红蛋白（Hb）结合，其结合力约比 O_2 强 300 倍，从而阻碍了 Hb 在体内运送 O_2 的能力，致使体内组织细胞因缺 O_2 而产生中毒症状。空气中 CO 的体积含量及其危害见表 9-1。

CO 是汽油机排气中含量较大、危害也较大的有害物质，它主要是由于燃烧时氧气相对不足（混合气的过量空气系数 $\varphi_{at} \leqslant 1$），烃燃料中的碳不能完全燃烧而生成的中间产物。

2. 碳氢化合物（HC）

HC 是燃料燃烧的中间产物，在汽油机排出的有害物质中，含量仅次于 CO 的有毒气体。HC 有刺激性气味，对人的鼻、眼和呼吸道粘膜有刺激作用，可引起炎症。已证明，HC 在动物身上有致癌作用。此外，HC 还能形成光化学烟雾。

排气中的 HC 主要是燃料不完全燃烧的产物。燃料在燃烧过程中，由于缸壁激冷作用或混合气过浓、过稀、混合不均匀等，造成部分混合气未燃烧就随废气排出。此外，雾化不良或废气再循环量过多，也会引起燃烧不良，使 HC 的排放量增加。

3. 氮氧化合物（NO_x）

NO_x 是发动机排出的氮的化合物的总称，主要有 NO 和 NO_2。其中，NO 是无色无味的气体，与血红蛋白（Hb）的亲和性极强（是 O_2 与血红蛋白亲合性的 30 万倍），生成亚硝基血红蛋白（NO-Nb），阻碍血红蛋白的携氧作用。NO_2 有直接使血红蛋白变为高铁血红蛋白的作用。空气中的 NO 和 NO_2 在肺组织中被过多地吸收，到达肺泡后进入血中，使血液中毒。NO_2 还刺激支气管，引起支气管炎和肺泡的肿胀。肿胀的扩散可引起肺纤维化。此外，在 NO_x 和 HC 共处时，通过阳光照射形成连锁反应，生成光化学烟雾。

NO_x 是在高温、高压燃烧的状态下，空气中氧和氮反应生成的，其生成量主要随燃烧温度的升高及高温持续时间的延长而增加。

表 9-1　大气中 CO 含量及其危害

CO 体积含量（$\times10^{-6}$）	血液中 CO—Hb（%）	对人体的危害程度	CO 体积含量（$\times10^{-6}$）	血液中 CO—Hb（%）	对人体的危害程度
0~5	0~0.8	无症状	30~40	4.8~6.4	危险
5~10	0.8~1.6	无症状	40~50	6.4~8.0	较危险
10~20	1.6~3.2	尚可	50~60	8.0~9.6	很危险
20~30	3.2~4.8	注意	>60	>9.6	极危险

4. 二氧化碳（CO_2）

CO_2 是无色无味的气体，呈弱酸性。低含量的 CO_2 对人体无害，但随着其含量的增加，对人的肌体有影响。当 CO_2 含量很高且有 O_2 存在时，以麻痹作用为主；在缺 O_2 状态下，作为刺激性气体对皮肤和粘膜起作用。CO_2 是烃类燃料燃烧的必然产物。CO_2 对人体的影响见表 9-2。

表 9-2　CO_2 对人体的影响

CO_2 体积含量（%）	对人体的影响
<2.5	维持 1h（小时）无影响
3	呼气深度增加
4	头部重压感、头痛、心悸、血压升高、脉搏迟缓、眩晕、神志恍惚、呕吐等
6	呼吸剧烈增加
8~10	迅速出现意识不清、发汗时出现呼吸停止，导致死亡
20	数秒钟内中枢神经机能丧失
30	立即死亡

5. 二氧化硫（SO_2）

SO_2 是无色气体，有强烈的气味，对咽喉、眼睛和上呼吸道有强烈的刺激作用，对人的健康有害。特别是硫的氧化物及其他酸性气体溶于雨中，会形成酸雨，使湖泊水酸化、土壤酸化，大片森林和植物枯死。

燃料中含硫的氧化物，在燃烧后几乎全部转化为 SO_2，其中一部分氧化成 SO_3，并与水反应形成硫酸，再转化为硫酸盐。

6. 碳烟

碳烟中存在着碳和有机物的悬浮微粒，吸入肺泡后，引起肺功能或支气管的变化、肺水肿等。

碳烟是燃油没有完全燃烧时裂解形成的产物。当排气中碳的悬浮颗粒浓度达 0.15g/m^3 时，就会形成可见的黑烟。

第二节　柴油机的排气污染与噪声

一、柴油机排气污染

碳烟和噪声是柴油机燃烧过程存在的主要问题。柴油机与汽油机相比，排气污染物的种类和污染物的产生原因基本相同，但各种污染物的排放量差别很大，见表9-3。

表9-3　柴油机与汽油机排气污染比较

有害成分	单　位	汽　油　机	柴　油　机	
			直接喷射式燃烧室	分隔式燃烧室
CO	%	0.6~5	0.05~0.5	0.05~0.5
HC	ppm	2000	500~1000	200~300
NO_x	ppm	4000	1500~2000	700~1000
碳烟	g/m^3	0.005	0.2~0.3	0.1~0.15

比较表中数据不难看出，柴油机排气中的CO、HC和NO_x含量比汽油机低，但碳烟排量是汽油机的20~60倍，其主要原因主要有以下两方面：

（1）柴油机的压缩比高　柴油机的压缩比一般为14~22，汽油机的压缩比一般为6~9，较高的压缩比使柴油机压缩和燃烧终了的压力约为汽油机的2倍，加之柴油中所含的重质成分（分子量较大的烃类）较多，所以在缸内高温、高压条件下，柴油的裂解和脱氢比汽油严重，生成的碳烟多。

（2）柴油机混合气的过量空气系数大　汽油机是通过改变供给气缸的混合气数量来调节负荷的，各种工况下的混合气浓度变化不大；而柴油机是通过改变供油量来调节负荷的，各种工况下供往气缸的空气量变化不大，所以柴油机在多数工况下，混合气的过量空气系数都比较大（$\varphi_{at}>1$），燃烧时氧气充足，排气中的CO和HC含量也较少。此外，由于柴油机工作时的混合气较稀，燃烧最高温度也比较低，一般比汽油机低130~330℃，所以排气中的NO_x含量也比汽油机低。

柴油机工作中，随负荷的增大，混合气变浓，排气中的CO、HC和NO_x含量也会随之增加。燃烧室的结构对柴油机的排气污染影响也很大，分隔式燃烧室比直接喷射式燃烧室的面容比（表面积与容积之比）大，容易散热，缸内温度较低；且燃烧时可产生较强的涡流，有利于燃烧充分，所以采用分隔式燃烧室的柴油机排气污染较低。

二、柴油机的燃烧噪声

发动机是汽车的主要噪声源。发动机的噪声主要包括燃烧爆发力产生噪声、运动件产生的机械噪声、风扇和进排气产生的空气动力噪声。不同发动机，各种噪声在总噪声中所占的比例有很大差异，柴油机一般比汽油机的噪声大（约6~8dB），其主要根源是燃烧噪声。燃烧噪声是柴油机燃烧过程存在的主要问题之一。

燃烧噪声是由于燃烧过程中，缸内气体压力急剧变化而产生压力波，这种压力波通过气缸体、气缸盖等向外辐射而引起的。此外，燃烧产生的压力波也会对气缸体、气缸盖、活塞、连杆等产生冲击引起机械振动，从而产生机械噪声。

燃烧噪声的发生机理很复杂，与发动机的燃烧方式和燃烧速度有密切关系。

在柴油机的燃烧过程中，着火延迟期内燃料并未燃烧，气缸内压力变化不大，对燃烧噪声的直接影响很小。但着火延迟期内形成的混合气数量对燃烧过程影响很大，因此对燃烧噪声也会产生间接影响。

速燃期内燃料迅速燃烧，气缸内压力急剧上升，产生强烈的冲击波，对燃烧噪声的直接影响最大。噪声的大小，主要与速燃期压力升高率有关。着火延迟期越长，在此期间喷入气缸的柴油量越多，则速燃期开始时形成的混合气数量也越多，大量混合气一起燃烧的爆发力强，压力升高率高，冲击大，燃烧噪声也就大。

在缓燃期内，尽管燃烧还在进行，但压力升高率低，产生的燃烧噪声也不大。

在补燃期内，由于燃烧速度缓慢，且燃烧过程接近尾声，所以对燃烧噪声影响不大。

由此可见，柴油机的燃烧噪声主要是在速燃期内产生的，其次是缓燃期，着火延迟期和补燃期对燃烧噪声影响甚微。控制柴油机的燃烧噪声，主要应采取两方面措施：一是控制着火延迟期内混合气的形成数量，如适当减小喷油提前角、选用发火性好的柴油、适当提高压缩比等；二是控制燃烧速度，如采用废气再循环等。

本章小结

1）汽油机排放出的废气中，有害人体健康、污染大气的污染物包括 CO、HC、NO_x、SO_2、CO_2 和炭烟，其中 CO、HC 和 NO_x 是最主要的污染物，已被列为各国法规限制的对象。

2）炭烟和噪声是柴油机燃烧过程存在的主要问题。

3）柴油机一般比汽油机的噪声大（约 6 ~ 8dB），其主要根源是燃烧噪声，控制柴油机的燃烧噪声，主要应采取两方面措施：一是控制着火延迟期内混合气的形成数量；二是控制燃烧速度。

复习思考题

9-1　内燃机排放污染物有哪些？对人和环境有哪些影响？

9-2　内燃机排放的各种污染物是怎样产生的？与哪些因素有关？

9-3　如何降低汽油机和柴油机的排放污染物含量？

9-4　内燃机各种噪声产生的原因是什么？与哪些因素有关？

第十章　汽车常用燃料

学 习 目 标

【能力目标】

1）能说出汽车常用燃料的性能和评价指标。

2）能正确合理地选用汽车燃料。

3）能解释汽油机和柴油机为什么采用不同的点火方式。

【知识目标】

1）了解汽油和柴油的来源。

2）掌握汽油的使用性能、评价指标、牌号、规格与选用方法。

3）掌握柴油的使用性能、牌号、规格、选用方法和使用注意事项。

4）了解几种汽车新能源的使用特性。

汽车的常用燃料大都来源于石油。不论是何产地的石油，都是主要含碳、氢、硫、氧和氮等元素。各种元素在石油中并不是以单质的结构存在，而是以相互结合的各种碳氢化合物（烃）的形式存在，这些碳氢分子按性质不同可分为饱和烃和不饱和烃。饱和烃主要包括烷烃、环烷烃和芳香烃，这些成分化学安定性好、热值高，是组成汽油的良好成分，其中芳香烃辛烷值高具有很好的抗爆性。不饱和烃主要是烯烃，它是汽油组成中的不良成分，化学安定性很差，使用不当极易氧化生成胶质。

由于石油中各种碳氢化合物的沸点不同，当对石油逐步加温时，在不同的温度范围内可蒸发出不同的馏分，其主要成分依次为轻馏分（汽油）、中馏分（轻柴油）、重馏分（润滑油的原料）和沥青等不同成分的石油产品。本章重点介绍石油产品中的重要的碳氢化合物——汽油和柴油，它们也是目前最主要的汽车燃料。

第一节　车用汽油的合理使用

汽油是汽车发动机的主要燃料。汽油是密度小、易于挥发的液体燃料，自燃点为415～530℃。按照提炼方法不同，汽油可分为直馏汽油和裂化汽油。

汽油机工作过程中，要求其燃料供给系统在一个极短时间里，将汽油和空气充分混合并配制成适当比例的可燃混合气。保证汽油机能在各种条件下可靠起动、平稳运转、正常燃烧，充分发挥汽油机的使用性能。本节主要介绍汽油的性能、评价指标以及正确合理地选用汽油等方面的内容。

一、汽油的使用性能

汽油的使用性能主要包括：蒸发性、抗爆性、化学安定性、腐蚀性及清洁性。

1. 蒸发性

汽油由液态转化为气态的性质，叫做汽油的蒸发性。

现代汽油机的转速都很高，燃烧过程短。要求燃料供给系统必须在0.02～0.04s时间内形成均匀良好的可燃混合气。若汽油的蒸发性不好，将有部分汽油以液态进入气缸，液态燃油在气缸内不仅不能正常燃烧，还会造成点火不良、破坏润滑、有害排放物增加，使发动机功率下降，耗油增加。

汽油的蒸发性越强，就越容易汽化，与空气混合就越均匀。由于汽化良好，混合均匀的可燃混合气的燃烧速度快，并燃烧完全，因而不仅发动机易起动、加速及时、各工况间转换灵敏柔和，而且能减少机械磨损，降低汽油消耗。但蒸发性过强的汽油在炎热夏季以及在大气压力较低的高原和高山地区使用时，容易使汽油发动机的燃油供给系统产生“气阻”，甚至发生供油中断。另外，在储存、运输过程中，蒸发损失也会增大。

评定汽油蒸发性的指标是馏程和饱和蒸气压。

2. 抗爆性

汽油抗爆性是表示汽油在汽油机燃烧室中燃烧时防止爆燃的能力。

汽油机正常燃烧时，火焰的传播速度大致在30～40m/s。火焰以火花塞为中心，迅速向燃烧室四周传播，使可燃混合气绝大部分燃烧并释放出热能。此时，气缸内的压力升高率每度曲轴转角不大于200kPa，温度上升均匀，汽油机工作柔和平稳，动力性能得到充分发挥。当使用了抗爆性不好的汽油时，就会发生爆燃。爆燃是在正常火焰前锋到达之前，由于火焰前锋的压缩和热辐射作用以及温度的急剧升高所发生的自燃着火。它形成的多个火焰中心，使火焰传播速度高达1500～2500m/s，燃气压力在局部区域内瞬间可达16MPa左右，撞击燃烧室壁、活塞顶和气缸壁产生尖锐的敲击声，并引起发动机振动。发生爆燃时，汽油机功率降低，油耗增加，严重时会使活塞、活塞环、气门等机件烧毁，轴承和其他零件受到损坏。

现代汽油机的压缩比都有不同程度的提高，增加压缩比可以提高汽油机的热效率，但是压缩比越高，压缩终了气缸内可燃混合气的压力和温度越高，越易产生爆燃，因此对汽油的抗爆性提出了很高的要求。

汽油的抗爆性决定于碳氢化合物的结构及其含量，评定汽油抗爆性的指标是辛烷值。

3. 化学安定性

汽油的化学安定性是指汽油在储存、运输、加注和其他作业时，抵抗氧化生胶的能力。

化学安定性不好的汽油在使用过程中，受到空气中的氧、环境温度和光等的作用，会发生氧化缩合而生成胶质，使汽油颜色变黄并产生粘稠沉淀。这些胶状物粘附在滤清器、汽油管道、化油器量孔和喷油器喷口处，不仅会破坏汽油的正常供给，甚至中断供油。还会使化油器量孔和喷口处的有效截面积变小，造成混合气变稀，发动机运转不稳，耗油量增大。胶状物积聚在进气门密封面，会影响气门的正常启闭和进气通道的截面，如果在高温下进一步氧化，将导致气门上的胶质在高温下分解生成积炭，沉积在活塞顶、活塞环槽、燃烧室壁和火花塞上，使气缸散热不良，发动机过热，引起爆燃和加剧磨损。此外随着胶质的增多，会使汽油的辛烷值下降，酸度增加。

评定汽油化学安定性的指标是实际胶质和诱导期。

4. 腐蚀性

汽油对储油容器和机件应无腐蚀。但汽油中所含的有害元素，如硫、活性或非活性硫化物、水溶性酸或碱等超过一定限制时，就会对金属产生直接或间接腐蚀作用。

汽油中含硫在燃烧后生成二氧化硫，遇到冷凝水或水汽时会形成亚硫酸和硫酸，对工作温度较高的气缸、排气管具有强烈的腐蚀作用。同时，硫的含量过高还会降低汽油的辛烷值。因此，要严格控制汽油中硫的含量。

评定汽油腐蚀性的指标是硫含量、酸度、铜片腐蚀试验、水溶性酸或碱。

5. 清洁性

汽油的清洁性用汽油中含有机械杂质和水分的多少表示。

汽油在生产、运输、灌注、储存和使用过程中，受到机械杂质（锈、灰尘、各种氧化物等）和水分的污染。机械杂质会加速化油器量孔和喷油嘴的磨损或堵塞量孔、喷油嘴和汽油滤清器。机械杂质进入燃烧室，又会使燃烧室积炭增多，引起气缸壁、活塞和活塞环的加速磨损。水分在低温下易结冰，会堵塞油路，同时还能加速汽油的氧化，加速腐蚀作用。所以，车用汽油应严格控制机械杂质和水分的混入。

评定汽油清洁性的指标是机械杂质和水分。

二、汽油主要使用性能的评价指标

（一）汽油蒸发性的评定指标

1. 馏程

馏程是指在石油产品馏程测定仪上对100mL油品蒸馏时，从初馏点到终馏点的温度范围。评定汽油的蒸发性能的指标是汽油的初馏点、10%蒸发温度、50%蒸发温度、90%蒸发温度、终馏点和残留量。

（1）初馏点　对100mL汽油在规定条件下蒸馏时，得到第一滴汽油时的温度，叫做初馏点。

（2）10%蒸发温度　对100mL汽油在规定条件下蒸馏时，得到10%汽油馏分的温度，叫做10%蒸发温度。

10%蒸发温度表示汽油中含轻质馏分的多少，对汽油机冬季起动的难易和夏季是否发生“气阻”有很大的影响。10%蒸发温度越低，汽油的蒸发性越好，就能迅速形成可燃混合气。国家有关标准规定各牌号汽油的10%蒸发温度不高于70℃。但10%的蒸发温度也不能过低，否则在夏季将使汽油机燃料供给系统内产生“气阻”的倾向增大。在一般情况下，汽油10%馏出温度不宜低于60~65℃。

（3）50%蒸发温度　对100mL汽油在规定条件下蒸馏时，得到50%汽油馏分的温度，叫做50%蒸发温度。

50%蒸发温度表示汽油的平均蒸发性。其温度低，对汽油机的加速性、工作稳定性及起动后迅速升温（暖车）有利。50%蒸发温度高时，当汽油机由低速骤然变为高速时，节气门突然开大，由于汽油蒸发量少，会使可燃混合气变稀，汽油机不能发出需要的功率，运转不平稳，加速时间长，并在加速时车辆出现抖动现象。所以，国家有关标准中规定各牌号汽油50%蒸发温度不高于120℃。

（4）90%蒸发温度　对100mL汽油在规定条件下蒸馏时，得到90%汽油馏分的温度，叫做90%蒸发温度。当100mL汽油完全蒸馏时的温度称为终馏点。

90%蒸发温度和终馏点表示汽油中含重质成分的多少。其温度越高，汽油的质量越差。因含重质成分过多，汽油在点火爆发前处于未蒸发状态数量多，在沿气缸壁下流的同时，冲洗掉气缸壁上的润滑油膜，稀释润滑油导致气缸、活塞等零件以及其他配合副机械磨损加剧。同时也造成混合气燃烧不完全，尾气排放污染增加，耗油量增加，汽油机工作不稳定。国家标准中规定汽油90%蒸发温度不高于190℃，汽油终馏点不高于205℃。

（5）残留量　对100mL汽油在规定条件下蒸馏时，所得残留物质的体积百分数，叫做残留量。

残留量表示汽油中最不易蒸发的重质成分和储存过程中生成的氧化胶状物的含量。这些物质的含量过高会使燃料燃烧时燃烧室积炭增加从而影响发动机的正常工作。残留量的多少用体积百分数来表示，国家标准规定车用汽油残留量（V/V）应不大于1.5%或2%。

2. 饱和蒸气压

在规定条件下，油品在适当的试验仪器中气液两相达到平衡时，液面蒸气所显示的最大压力，称饱和蒸气压，用kPa表示。

馏程是反映汽油馏分本身的蒸发性，而饱和蒸气压除反映汽油馏分本身的蒸发性外，还考虑到大气压强和环境温度的影响。汽油饱和蒸气压越高，汽油含烃馏分越多，低温下汽油机越容易起动，蒸发性越好。大气压强越低或环境温度越高，汽油饱和蒸气压也随之提高。但饱和蒸气压不能过高，否则易产生“气阻”，影响汽油机的正常工作。

（二）汽油抗爆性的评定指标

1. 辛烷值

辛烷值是表示点燃式发动机燃料抗爆性的一个约定数值。在规定条件下的标准发动机试验中，通过与标准燃料进行比较来测定，采用和被测定燃料具有相同抗爆性的标准燃料中异辛烷的体积百分数表示。辛烷值越高，则抗爆性就越好。

标准燃料是用两种烷烃调配，一种是异辛烷（C_8H_{18}），它的抗爆性很高，定其辛烷值为100；另一种是正庚烷（C_7H_{16}），它的抗爆性很低，定其辛烷值为0；把它们按不同的体积比混合，以得到辛烷值从0~100之间的各号标准燃料。

辛烷值测定方法分研究法和马达法两种。在说明汽油辛烷值的同时，还应明确测定方法。

马达法辛烷值是在苛刻试验条件下所测得的辛烷值，缩写成MON。研究法辛烷值是在缓和条件下测得的辛烷值，缩写成RON。同一种汽油的马达法辛烷值要比研究法辛烷值低约10个百分点。从使用角度可认为，马达法辛烷值表示汽油机在重负荷、高转速运转条件下汽油的抗爆性。研究法辛烷值则表示汽油机在中负荷、低转速运转条件下汽油的抗爆性。

我国原来用马达法辛烷值作为汽油的抗爆性指标，并以此划分汽油牌号，现已改用研究法辛烷值。为反映汽油的灵敏度，汽油规格标准采用了抗爆指数这一新指标。抗爆指数是汽油研究法辛烷值与马达法辛烷值之和的1/2，即

$$抗爆指数=(MON+RON)/2$$

抗爆指数反映一般运行条件下汽油的平均抗爆性。

2. 提高车用汽油抗爆性的方法

目前提高汽油抗爆性的方法主要有两种：采用二次加工的炼制工艺和加入抗爆添加剂。

抗爆添加剂的种类很多，其中最有效的是四乙基铅［$Pb(C_2H_5)_4$］这是过去为了提高汽油的抗爆性所采用的最有效的方法。四乙基铅无色、有毒，密度为1.65g/cm^3，沸点200℃，不溶于水，能溶于各种液体燃料中。在直馏汽油中加入0.13%的四乙基铅，辛烷值可提高20~30个单位。但使用加铅汽油会给人类和环境造成严重危害，同时，含铅汽油还影响装

有电控燃油喷射系统的汽车上的氧传感器和废气排放中的三元催化转换器的正常工作。为了防止铅中毒，往往在含铅汽油中加入少量的染料使其带有一定的颜色,如黄色、红色、蓝色等。

自20世纪70年代以来，随着世界汽车保有量迅猛增加，汽车排出的废气给人类环境带来的危害越来越大，许多国家相继制订了汽车废气排放控制标准和环境保护法规。美国从1992年1月起禁止四乙基铅抗爆剂的使用，我国从1997年开始在北京等大城市禁用加铅汽油。自2000年开始，我国城市汽车全部禁止使用含铅汽油。汽油含铅临界量是0.013g/L，国际间以此数据作为界定无铅汽油的标准。

三、车用汽油牌号及规格

车用汽油牌号中的数字表示辛烷值的高低。牌号的数字越大，其辛烷值越高。汽油的质量水平主要体现在辛烷值、铅含量、硫含量、苯含量、蒸气压及烯烃、芳烃含量等各种指标上。其中采用无铅汽油和严格控制硫及烯烃含量是最重要的指标。

我国最早的无铅汽油标准是石化行业标准“SH 0041—1993”。该标准控制铅含量已达到20世纪90年代国际水平，但硫含量较美、日两国颁布的无铅汽油规格偏高。为适应汽车技术水平的发展和环保标准的要求，1999年7月1日，我国颁布《车用无铅汽油》（GB 17930—1999）（见表10-1）。其中，对含铅量、含硫量及烯烃含量提出了严格的要求，规定每升汽油铅含量不大于0.005g/L、硫含量不大于0.08%（m/m)、烯烃含量不大于35%（V/V)。上述指标要求，从2000年7月1日至2003年在全国范围内，分地区、分阶段地实施。GB 17930—1999规定的我国车用无铅汽油的规格按研究法辛烷值（RON）分为90号、93号和95号三个牌号。考虑到已经实施和将要实施的更加严格的机动车排放法规要求，2006年我国对车用无铅汽油国家标准GB 17930—1999进行了修订，产生了国家标准《车用汽油》（GB 17930—2006)，代替《车用无铅汽油》（GB 17930—1999)；并分为车用汽油Ⅱ和车用汽油Ⅲ两个规格，要求更加严格，具体参见表10-2和表10-3。《车用汽油》（GB 17930—2006）从2006年12月6日发布之日起开始实施，过渡期到2009年12月31日。

表10-1 车用无铅汽油规格（GB 17930—1999）

项目		质量指标			试验方法
		90号	93号	95号	
抗爆性：					GB/T 5487
研究法辛烷值（RON）	不小于	90	93	95	GB/T 503
抗爆指数（RON+MON）/2	不小于	85	88	90	GB/T 5487
铅含量，g/L	不大于	0.005			GB/T 8020
馏程：					GB/T 6536
10%蒸发温度/℃	不高于	70			
50%蒸发温度/℃	不高于	120			
90%蒸发温度/℃	不高于	190			
终馏点/℃	不高于	205			
残留量（%）（体积分数）	不大于	2			
蒸气压/kPa：					GB/T 8017
从9月16日至3月15日	不大于	88			
从3月16日至9月15日	不大于	74			

（续）

项　　目		质量指标			试验方法
		90号	93号	95号	
实际胶质，mg/100mL	不大于		5		GB/T 8019
诱导期/min	不小于		480		GB/T 8018
硫含量（%）（质量分数）	不大于		0.05		GB/T 380
硫醇（需满足下列要求之一）：					
博士试验			通过		SH/T 0174
硫醇硫含量（%）（质量分数）	不大于		0.001		GB/T 1792
铜片腐蚀（50℃，3h）/级	不大于		1		GB/T 5096
水溶性酸或碱			无		GB/T 259
机械杂质及水分			无		目测
苯含量（%）（体积分数）	不大于		2.5		
芳烃含量（%）（体积分数）	不大于		40		GB/T 11132
烯烃含量（%）（体积分数）	不大于		35		GB/T 11132

表10-2　车用汽油（Ⅱ）的技术要求和试验方法（GB 17930—2006）

项　　目		质量指标			试验方法
		90号	93号	97号	
抗爆性：					
研究法辛烷值(RON)	不小于	90	93	97	GB/T 5487
抗爆指数(RON+MON)/2	不小于	85	88	报告	GB/T 503、GB/T 5487
铅含量[a]/(g/L)	不大于		0.005		GB/T 8020
馏程：					GB/T 6536
10%蒸发温度/℃	不高于		70		
50%蒸发温度/℃	不高于		120		
90%蒸发温度/℃	不高于		190		
终留点/℃	不高于		205		
残留量/%(体积分数)	不大于		2		
蒸气压/kPa：					GB/T 8017
11月1日至4月30日	不大于		88		
5月1日至10月31日	不大于		74		
实际胶质/(mg/100mL)	不大于		5		GB/T 8019
诱导期/min	不小于		480		GB/T 8018
硫含量[b](%)(质量分数)	不大于		0.05		GB/T 380、GB/T 11140、GB/T 17040、SH/T 0253、SH/T 0689、SH/T 0742
硫醇(需满足下列要求之一)：					
博士试验			通过		SH/T 0174
硫醇硫含量(%)(质量分数)	不大于		0.001		GB/T 1792
铜片腐蚀(50℃,3h)/级	不大于		1		GB/T 5096
水溶性酸或碱			无		GB/T 259
机械杂质及水分			无		目测[c]
苯含量[d](%)(体积分数)	不大于		2.5		SH/T 6093,SH/T 0713

（续）

项　　目		质量指标			试验方法
		90号	93号	97号	
芳烃含量[e]（%）（体积分数）	不大于	40			GB/T 11132、SH/T 0741
烯烃含量[e]（%）（体积分数）	不大于	35			GB/T 11132、SH/T 0741
氧含量（%）（质量分数）	不大于	2.7			SH/T 0663
甲醇含量[a]（%）（质量分数）	不大于	0.3			SH/T 0663
锰含量[f]/(g/L)	不大于	0.018			SH/T 0711
铁含量[a]/(g/L)	不大于	0.01			SH/T 0712

a. 车用汽油中，不得人为加入甲醇以及含铅或含铁的添加剂。

b. 在有异议时，以 GB/T 380 方法测定结果为准。

c. 将试样注入 100mL 玻璃量筒中观察，应当透明，没有悬浮和沉降的机械杂质和水分。在有异议时，以 GB/T 511 和 GB/T 260 方法测定结果为准。

d. 在有异议时，以 SH/T 0713 方法测定结果为准。

e. 对于 97 号车用汽油，在烯烃、芳烃总含量控制不变的前提下，可允许芳烃的最大值为 42%（体积分数），在含量测定有异议时，以 GB/T 11132 方法测定结果为准。

f. 锰含量是指汽油中以甲基环戊二烯三羰基锰形式存在的总锰含量，不得加入其他类型的含锰添加剂。

表 10-3　车用汽油（Ⅲ）的技术要求和试验方法（GB 17930—2006）

项　　目		质量指标			试验方法
		90	93	97	
抗爆性：					
研究法辛烷值（RON）	不小于	90	93	97	GB/T 5487
抗爆指数（RON+MON）/2	不小于	85	88	报告	GB/T 503、GB/T 5487
铅含量[a]/（g/L）	不大于	0.005			GB/T 8020
馏程：					GB/T 6536
10%蒸发温度/℃	不高于	70			
50%蒸发温度/℃	不高于	120			
90%蒸发温度/℃	不高于	190			
终留点/℃	不高于	205			
残留量（%）（体积分数）	不大于	2			
蒸气压/kPa					GB/T 8017
11月1日至4月30日	不大于	88			
5月1日至10月31日	不大于	72			
实际胶质/（mg/100mL）	不大于	5			GB/T 8019
诱导期/min	不小于	480			GB/T 8018
硫含量[b]（%）（质量分数）	不大于	0.015			GB/T 380、GB/T 11140、SH/T 0253、SH/T 0689、SH/T 0742
硫醇（需要满足下列要求之一）：					
博士试验		通过			SH/T 0174
硫醇硫含量（%）（质量分数）	不大于	0.001			GB/T 1792
铜片腐蚀（50℃，3h）/级	不大于	1			GB/T 5096
水溶性酸或碱		无			GB/T 259
机械杂质及水分		无			目测[c]

（续）

项目		质量指标			试验方法
		90	93	97	
苯含量[d]（%）（体积分数）	不大于	1.0			SH/T 0693，SH/T 0713
芳烃含量[e]（%）（体积分数）	不大于	40			GB/T 11132、SH/T 0741
烯烃含量[e]（%）（体积分数）	不大于	30			GB/T 11132、SH/T 0741
氧含量（%）（质量分数）	不大于	2.7			SH/T 0663
甲醇含量[a]（%）（质量分数）	不大于	0.3			SH/T 0663
锰含量[f]（g/L）	不大于	0.016			SH/T 0711
铁含量[a]（g/L）	不大于	0.01			SH/T 0712

a. 车用汽油中，不得人为加入甲醇以及含铅或含铁的添加剂。

b. 在有异议时，以 SH/T 0689 方法测定结果为准。

c. 将试样注入 100mL 玻璃量筒中观察，应当透明，没有悬浮和沉降的机械杂质和水分。在有异议时，以 GB/T 511 和 GB/T 260 方法测定结果为准。

d. 在有异议时，以 SH/T 0713 方法测定结果为准。

e. 对于 97 号车用汽油，在烯烃、芳烃总含量控制不变的前提下，可允许芳烃的最大值为 42%（体积分数），在含量测定有异议时，以 GB/T 11132 方法测定结果为准。

f. 锰含量是指汽油中以甲基环戊二烯三羰基锰形式存在的总锰含量，不得加入其他类型的含锰添加剂。

四、汽油选用注意事项

1）根据汽车使用说明书的要求，按汽车的压缩比选用汽油牌号，以汽油机在正常条件下运行不发生爆燃为原则。压缩比高的发动机应选择高标号的汽油；压缩比低的发动机应选择低标号的汽油。

2）在汽油的供应上，若一时不能满足需要时，可以用牌号相近的汽油暂时代用，但必须对汽油机进行适当的调整。用辛烷值较低的汽油代替辛烷值较高的汽油时，应适当推迟点火提前角；相反，用辛烷值较高的汽油代替辛烷值较低的汽油时，则应适当提前点火。

3）高原山区条件下使用时，由于大气压力小，空气稀薄，汽油机工作时爆燃倾向减小，可以适当降低汽油的辛烷值。一般海拔每上升 100m，汽油辛烷值可降低约 0.1 个单位。

4）经常在大负荷、高转速下工作的汽油机，应选择较高辛烷值汽油。

5）发动机长期使用，由于燃烧室积炭、水套积垢等会使发动机缸压升高，导致爆燃。因此，这类汽车在维护后应该使用高一级的汽油。

6）汽油的蒸发性受季节温度影响，差异较大，汽油的供应部门应根据季节变化，认真做好汽油供给工作。

五、汽油的清洁化趋势

为了实现车用汽油无铅化，车用汽油中增加了高辛烷值成分，如苯、芳烃、烯烃和含氧化合物，这些成分在提高汽油抗爆性方面发挥了很大的作用，但容易使汽车燃油系统中沉淀物增加，导致汽车排放的劣化和油耗的增加。表 10-4 列出了当前我国与美国、欧洲及世界其他燃油规范中对无铅汽油的清洁化方面的差异。

表 10-4 车用汽油质量标准对比

质量标准		中国	美国	欧洲	世界其他燃油规范		
		GB 17930—2006	(新配方)	(现行)	Ⅱ	Ⅲ	Ⅳ
烯烃/%(体积分数)	≤	35	10	18	20	10	10
芳烃/%(体积分数)	≤	40	40	42	40	35	35
苯/%(体积分数)	≤	2.5	2.5	2.5	2.5	1	1
硫/%(质量分数)	≤	0.05	0.033	0.015	0.02	0.003	无
氧含量/%(体积分数)	≤	2.7	2.7	2.8	2.7	2.7	2.7
锰盐,(MMT)(mg/L)	≤	18	无	无	无	无	无
燃油喷嘴清洁度(%)流量损失			5	5	5	5	5
进气阀清洁度(CEC-F-20-A-98)平均 mg/阀	≤		50	50	50	30	30
燃烧室沉积(CEC-F-20-A-98)mg/单缸	≤		3500	3500	3500	2500	2500

为了进一步降低汽油有害物的排放，节约能源和提高发动机的功率，车用汽油在无铅化的基础上，又在向清洁化方向迈进。目前世界发达国家广泛采用的燃油清洁剂对控制发动机沉积物生成十分有效，它的准确定义是“一种添加到车用无铅汽油中用以抑制或清除发动机进气系统和（或）燃烧室沉积物的物质”，可称之为发动机清道夫。世界汽油清洁剂的用量约为每年 350 万 t，见表 10-5。

表 10-5 世界汽油清洁剂使用统计

国家或地区	汽油/（百万 t）	加剂汽油（%）	1998 年清洁剂估计用量/（万 t）
北美	360	90	250
西欧（不含德国）	93	50～60	45
德国	32	90	24
日本	50	20	15
其他国家	125	10	20
总计	660	—	354

我国规定从 2000 年 7 月 1 日起，在北京、上海和广州销售的车用无铅汽油中必须加入有效的汽油清洁剂，以便对燃油系统的喷油器、进气阀进行保洁和清洗。并将陆续在其他地区推广使用汽油清洁剂。

第二节 车用柴油的合理使用

车用柴油是中馏分的石油产品，又称轻柴油。轻柴油密度较大，易自燃，是柴油机的燃料。车用高速柴油机均使用轻柴油。

一、柴油的使用性能

柴油机可燃混合气在燃烧室内采用压燃的着火方式，可燃混合气的形成与燃烧过程与汽油机不同，最突出的使用性能是低温流动性和燃烧性。

1. 低温流动性

柴油的低温流动性是指柴油在低温条件下具有一定的流动状态的性能。柴油中的烃分子一般含16~23个碳原子，其中一部分为石蜡，通常在柴油中呈溶解状态存在。当温度降低时，石蜡开始结晶析出，形成石蜡结晶网络，这种网络延展到全部柴油中，使液体流动阻力增加，供油减少，严重时（-20~-18℃）甚至失去流动性，中断供油。

评定柴油低温流动性的指标是凝点、浊点和冷滤点等。对于柴油的低温流动性各国采用的指标不同，美国用冷凝点，欧洲用冷滤点，我国则用凝点和冷滤点。

（1）柴油的凝点　是指随温度下降柴油中的石蜡结晶析出，导致失去流动性的温度。我国柴油的牌号就是按凝点来区分的。

（2）柴油的浊点　是指随温度下降柴油中开始析出石蜡晶体，使柴油失去透明时的温度称为柴油的浊点。柴油达到浊点后虽未失去流动性，但在燃料供给系统中容易造成油路堵塞，使供油量减少。但浊点不是柴油使用的最低温度。

（3）柴油的冷滤点　是指在测定条件下，以196kPa压力进行抽吸试油，使其通过一个363目/m^2的滤清器，当试油冷却到通过滤网流量小于20mL/min时的最高温度。由于冷滤点测定的条件近似于使用条件，所以冷滤点与柴油的实际使用最低温度有良好的对应关系，可作为根据气温选用柴油牌号的依据。

改进柴油低温流动性的途径有三条，即脱蜡、向柴油中调入二次加工馏分的煤油和向柴油中加流动性能改进剂。脱蜡工艺复杂，效果不佳；向柴油中加入有较低凝点且十六烷值也不太低的二次加工馏分煤油是一种很简便的方法，但还是对柴油的其他性能（如发火性）有影响；向柴油中加流动性能改进剂是目前国内外常用的方法之一。

2. 雾化和蒸发性

为了保证动力性和燃油经济性的要求，柴油机可燃混合气的形成过程必须在活塞位于压缩行程上止点附近迅速完成。这是因为喷油持续时间极为短促，只有15°~30°的曲轴转角，可燃混合气形成时间只有汽油机的1/10~1/30。在已定的燃烧室和喷油设备条件下，柴油的雾化和蒸发性决定了混合气形成的质量和速度。因此，要求柴油有较强的雾化和蒸发性。

评定柴油雾化和蒸发性的主要指标是馏程、运动粘度、闪点和密度。

1）柴油馏程采用50%蒸发温度、90%蒸发温度和95%蒸发温度。

50%蒸发温度越低，说明柴油轻质馏分多，蒸发速度快，雾化质量好，柴油机就越易起动。柴油50%蒸发温度同起动时间的关系见表10-6。

表10-6　柴油50%蒸发温度与起动时间的关系

柴油50%蒸发温度/℃	柴油机的起动时间/s	柴油50%蒸发温度/℃	柴油机的起动时间/s	柴油50%蒸发温度/℃	柴油机的起动时间/s
200	8	250	27	285	90
225	10	275	60	—	—

90%蒸发温度和95%蒸发温度越低，说明柴油中重质馏分少，混合气雾化状态好，燃烧完全，不仅提高了柴油机的动力性，减少了机械磨损，还避免了柴油机过热，降低油耗。

2）运动粘度是表示液体在重力作用下流动时内摩擦力的量度。其值为相同温度下液体的动力粘度与其密度之比，在国际单位制中以m^2/s为单位。柴油规格中要求测定20℃的运动粘度。

运动粘度不仅影响柴油的流动性，更主要的是影响柴油的雾化质量。柴油通过喷油器的高压喷射，使喷入燃烧室的柴油被粉碎成数以百万计的细小雾粒。运动粘度高会降低雾化的细度，使雾化质量变差；但运动粘度又不宜过小，否则喷入燃烧室内的喷柱射程短，喷柱锥角大，没有足够的贯穿深度。由于局部缺乏氧气，导致燃烧不完全，柴油机功率下降。同时，粘度过小又会影响偶合件的可靠润滑，造成磨损加剧。

3）闪点是石油产品在规定条件下加热，其蒸气与周围空气形成的混合气接触火焰发生瞬间闪火时的最低温度，以℃表示。

闪点低说明柴油中轻质馏分多，蒸发性好；但也不能过低，否则，轻馏分过多，蒸发过快，造成气缸压力突然上升，引起柴油机工作粗暴，在使用中不安全。

闪点根据测定仪器的不同有开口闪点和闭口闪点两种。用规定的闭口杯闪点测定器所测得的闪点，叫做闭口闪点。闭口闪点用于低闪点的油品，如车用轻柴油。用规定的开口杯闪点测定器所测得的闪点，叫做开口闪点。开口闪点用于高闪点的油品，如发动机油、车辆齿轮油。

4）柴油的密度过大将使雾化质量差，不能形成良好的混合气，使燃烧条件变差，排气冒黑烟。柴油密度增大意味着芳香烃含量多，将导致柴油机在工作中产生粗暴现象。

3. 燃烧性

柴油的燃烧性是指其自燃能力。柴油的燃烧性用十六烷值表示（燃料中正十六烷的体积百分数）。

车用柴油的十六烷值越高，燃烧性越好，其自燃点就越低。柴油喷入燃烧室，在高温高压下易于形成高密集的过氧化物，成为着火中心，使着火延迟期短，整个燃烧过程发热均匀，气缸压力升高平缓，最高压力也较低。

柴油的十六烷值应与柴油机的结构相适应。选择柴油十六烷值的主要依据是柴油机转速，转速越高，燃料在气缸中燃烧的时间越短，同时对十六烷值的要求也越高。柴油机转速在1500～3000r/min之间，十六烷值范围最好是45～55单位。

4. 腐蚀性

柴油中含有硫及硫化物、水分及酸性物质即对零件产生腐蚀作用，而且促进柴油机沉积物的生成。

1）柴油中的硫经燃烧后生成硫的氧化物，与水反应生成腐蚀性的酸性物质，在高温的工作条件下，加速了与缸壁、排气管的腐蚀磨损。表10-7为不同硫含量对柴油机磨损的影响。

表10-7　柴油硫含量对发动机磨损影响

试验方法	硫含量（%）（质量分数）	活塞环失重/g	气缸上部磨损/μm
500h台架试验	0.12	0.12	12
	0.34	0.35	19
	0.57	0.66	40
26000km道路试验	0.12	1.37	76
	0.34	1.60	147
	0.57	3.20	343

2）车用柴油酸度太高，会使喷油器结胶，高压油泵柱塞磨损加大，燃烧室积炭增加，发动机功率下降。

柴油的腐蚀性指标包括硫含量、硫醇硫含量、酸度和铜片腐蚀试验等。评定柴油腐蚀性指标的测定标准与汽油相同。

5. 清洁性

柴油机的燃料供给系的精密偶件通过柴油润滑，若柴油中混入坚硬的杂质，就会堵塞油路并使柴油机机件产生磨料磨损。同时，水分的存在加剧硫化物对金属零件的腐蚀作用。评定柴油清洁性的指标是水分、灰分和机械杂质。

6. 安定性

柴油的安定性是指在高温及溶解氧的作用下，柴油发生变质的倾向。

夏季油箱中的温度很高，柴油进入供油系统受柴油机温度影响，温度会进一步提高，加之汽车行驶时，油箱中的柴油不断地振荡，加剧了柴油与空气的混合，使柴油溶解的氧气达到饱和程度。在这种条件下，柴油中的不安定组分就会在金属的催化作用下急剧地氧化，生成氧化缩合物。在喷油器针阀上生成漆状沉积物，造成针阀粘滞，形成积炭，使喷雾恶化，甚至中断供油；而且，这些生成物在喷油嘴上、燃烧室壁、气阀和活塞环处生成积炭，将使柴油机磨损加剧。

影响柴油安定性的主要因素是柴油中所含的不安定组分，主要是二烯烃、烯烃等不饱和烃。柴油的馏分过重，环烷芳烃和胶质含量增加，安定性也会变差。

二、轻柴油的牌号及规格

目前，我国没有车用柴油的标准，车用柴油套用轻柴油国家标准，该标准规定十六烷值不低于45，硫含量优级品控制不大于0.2%，一级品控制不大于0.5%，合格品控制不大于10%；实际胶质不大于70mg/100mL。该标准将柴油按凝点分为10、0、-10、-20、-35和-50六种牌号。1998年，在此标准的基础上进行了修订，不再按硫含量分优级品、一级品和合格品，并要求硫含量控制为不大于0.2%。

2000年，中国石化集团发布了《城市车用柴油技术要求》（Q/SHR 006—2000）（见表10-8），并规定从2000年4月1日起执行。该标准要求硫含量控制为不大于0.05%，氧化安定性总不溶物不大于2.5mg/100mL，十六烷值不低于48。该标准按凝点分为10号，5号、0号、-5号、-10号、-20号六个牌号城市车用柴油。

三、车用柴油使用注意事项

1. 柴油牌号的选用

车用柴油牌号的选用应以使用环境的最低气温高于柴油冷滤点为原则。

环境温度的划分。为保证柴油车的安全使用，我国规定了各地区风险率为10%的最低气温，见表10-9。该表是由我国152个气象台、站，从近20年逐日记录的最低气温并通过分析得出的。某月风险率为10%的最低气温值，表示该月中最低气温低于该值的概率为0.1，或者说该月中最低气温高于该值的概率为0.9。

2. 车用柴油牌号的选用

1）10号柴油适合于有预热设备的高速柴油机上使用。

2）0号柴油适合于风险率为10%的最低气温在4℃以上的地区使用。

3）-10号柴油适合于风险率为10%的最低气温在-5℃以上的地区使用。

4）－20号柴油适合于风险率为10%的最低气温在－14℃以上的地区使用。

5）－35号柴油适合于风险率为10%的最低气温在－29℃以上的地区使用。

6）－50号柴油适合于风险率为10%的最低气温在－44℃以上的地区使用。

表10-8　城市车用柴油的技术要求（Q/SHR 006—2000）

项　　目		质量指标						试验方法
		10号	5号	0号	－5号	－10号	－20号	
色度/号	不大于	3.5						GB/T 6540
氧化安定性/mg·(100mL)$^{-1}$	不大于	2.5						SH/T 0175
硫含量(质量百分数)(%)	不大于	0.05						GB/T 380
酸度/mgKOH·(100mL)$^{-1}$	不大于	7						GB/T 258
10%蒸余物残碳(质量百分数)(%)	不大于	0.3						GB/T 268
灰分量百分数(%)	不大于	0.01						GB/T 506
铜片腐蚀(50℃,3h)/级	不大于	1						GB/T 5096
水分(体积分数)(%)	不大于	痕迹						GB/T 260
机械杂质		无						GB/T 511
运动粘度(20℃)/($mm^2 \cdot s^{-1}$)		3.0～8.0				2.5～8.0		GB/T 265
凝点/℃	不高于	10	5	0	－5	－10	－20	GB/T 510
冷滤点/℃	不高于	12	8	4	－1	－5	－14	SH/T 0248
闪点(闭口)/℃		55						GB/T 261
十六烷值	不小于	48						GB/T 386
馏程								GB/T 6536
50%回收温度/℃	不高于	300						
90%回收温度/℃	不高于	355						
95%回收温度/℃	不高于	365						
密度(20℃)/($kg \cdot m^{-3}$)		实测						GB/T 1884 GB/T 1885

3. 车用柴油的合理使用

1）柴油加入油箱前，要充分沉淀（不少于48h）。

2）不同牌号的车用柴油可以掺兑使用。在寒冷地区，缺乏低凝点柴油时，可以向高凝点轻柴油中掺入10%～40%的灯用煤油，混合均匀可降低凝点。也可以采用适当的预热措施，提高柴油的工作温度。

3）严寒的冬季车辆不能起动时，可以采用起动燃料帮助起动。如乙醚与航空煤油按体积1∶1配制，这种燃料很容易自行着火。但禁止采用向柴油中加入汽油进行起动的做法，因为汽油的自燃点高于柴油，不易于压缩自燃，加入后反而更难起动。

表10-9　部分地区风险率为10%的最低气温　　（单位：℃）

地区	1月	2月	3月	4月	5月	6月	7月	8月	9月	10月	11月	12月
河北省	－14	－13	－5	1	8	14	19	17	9	1	－6	－12
山西省	－17	－16	－8	－1	5	11	15	13	6	－2	－9	－16
内蒙古	－43	－42	－35	－21	－7	－1	1	1	－8	－19	－32	－41

（续）

地区	1月	2月	3月	4月	5月	6月	7月	8月	9月	10月	11月	12月
黑龙江	-44	-42	-35	-20	-6	1	7	1	-6	-20	-35	-43
吉林省	-29	-27	-17	-6	1	8	14	12	2	-6	-17	-26
辽宁省	-23	-21	-12	-1	6	12	18	15	6	2	-12	-20
山东省	-12	-12	-5	2	8	14	19	18	11	4	-4	-10
江苏省	-10	-9	-3	3	11	15	20	20	12	5	-2	-8
安徽省	-7	-7	-1	5	12	18	20	20	14	7	0	-6
浙江省	-4	-3	1	6	13	17	22	21	15	8	2	-3
江西省	-2	-2	3	9	15	20	23	23	18	12	4	0
福建省	-1	-2	3	8	14	18	21	20	15	8	1	-3
台湾省	3	0	2	8	10	16	19	19	13	10	1	2
广东省	1	2	7	12	18	21	23	23	20	13	7	2
广　西	3	3	8	12	18	21	23	23	19	15	9	4
湖南省	-2	-2	3	9	14	18	22	21	16	10	4	-1
湖北省	-6	-4	0	6	12	17	21	20	14	8	1	-4
河南省	-10	-9	-2	4	10	15	20	18	11	4	-3	-8
四川省	-21	-17	-11	-7	-2	1	2	1	0	-7	-14	-19
贵州省	-6	-6	-1	3	7	9	12	11	8	4	-1	-4
云南省	-9	-8	-6	-3	1	5	7	7	5	-1	-5	-8
西　藏	-29	-25	-21	-15	-9	-3	-1	0	-6	-14	-22	-29
新　疆	-40	-38	-28	-12	-5	-2	0	-2	-6	-14	-25	-34
甘肃省	-23	-23	-16	-9	-1	3	5	5	0	-8	-16	-22
青海省	-33	-30	-25	-18	-10	-6	-3	-4	-6	-16	-28	-22
陕西省	-17	-15	-6	-1	5	10	15	12	6	-1	-9	-15
宁　夏	-21	-20	-10	-4	2	6	9	8	3	-4	-12	-19

第三节　其他汽车燃料

目前，世界范围内石油供应日趋紧张，加之人类面临解决生态环保问题的需要，传统的车用燃料（汽油、柴油）在未来的100年内必将退出历史舞台。寻找储量更丰富、更环保的车用新能源是世界各国普遍关注的重要问题。

这里主要介绍几种技术上已经基本成熟，并已经得到一定程度的应用，且试验性能较好的车用新能源，它们主要包括天然气、甲醇（乙醇）、氢气、电能。有关新能源汽车的优缺点和应用情况见表10-10。

表 10-10 新能源汽车的比较

新能源汽车	优 点	缺 点	现状及前景
天然气汽车	（1）天然气资源丰富，在今后相当长的时间内有充足的保障 （2）污染小 （3）天然气辛烷值高 （4）天然气价格低 （5）技术成熟	（1）天然气是非再生能源，不能作为根本性的替代能源 （2）天然气储运不方便 （3）新建加气站网络投资大 （4）气态天然气能量密度小 （5）汽车采用天然气会降低动力性 （6）单烧天然气时须设计专门发动机	在许多国家已获得广泛使用并被大力推广，世界上已有约 150 万辆天然气汽车 在 21 世纪将成为汽车燃料的主流之一
甲醇（乙醇）汽车	（1）甲醇、乙醇可以利用生物、煤炭制取，来源有长期保障 （2）储运方便 （3）辛烷值较高	（1）甲醇毒性较大，而且对金属和橡胶件有腐蚀 （2）污染较大（与汽油相当） （3）成本较高	目前世界上有相当数量的汽车燃烧甲醇（乙醇）和汽油的混合燃料 可以作为能源的补充
氢气汽车	（1）不产生有害气体 （2）氢的热值高	（1）氢气生产成本高 （2）气态氢能量密度小且储运不方便，液态氢技术难度大，成本高 （3）需要开发专门的发动机	仍处于基础研究阶段，但有希望成为未来汽车的重要组成部分，前景难以预测
电动汽车	（1）电能来源方式多 （2）直接污染及噪声小 （3）结构简单，维修方便	（1）蓄电池能量密度小，汽车续驶里程短，动力性差 （2）电池重量大，寿命短，价格高 （3）蓄电池充电时间长 （4）电池制造和处理存在污染	从整体看仍处于试验研究阶段，推广使用还需要一定时间，但有希望成为未来汽车主体

一、天然气

天然气简写为 NG（Natural Gas），它是地表下岩石中自然存在的以轻质碳氢化合物为主体的气体混合物的统称，主要成分是甲烷（CH_4），占 85% ~95%。天然气按其来源有气、油田伴生气和煤成气等。

车用天然气燃料具有以下几个特性：

（1）热值高　天然气的体积和质量的热值都比汽油高。因为密度低，所以，理论混合气热值比汽油低。

（2）抗爆性能好　天然气的主要成分是甲烷，甲烷的研究法辛烷值为 130，具有很强的抗爆性能。研究表明，燃用天然气的专用型发动机应采用的合理压缩比为 12，允许压缩比可达 15。通过提高压缩比，可以大幅度地提高天然气汽车的动力性和燃料经济性。

（3）混合气发火界限高　天然气与空气混合后具有很宽的发火界限。这种性能为发动机稀燃技术提供保证，从而进一步提高燃料经济性，降低排放。

（4）着火温度高　这是不利于发动机的性能，由此需要较高的点火能量。

天然气按其存在形式分为压缩天然气和液化天然气。压缩天然气是将天然气压缩至 20MPa 储存在气瓶中，经减压器减压后供给发动机燃烧；液化天然气是将天然气液化后，储存在高压瓶中。储气瓶的体积比压缩天然气的小，续驶里程长，但技术要求高。目前广泛用于汽车上的是压缩天然气。

二、甲醇（乙醇）等醇类燃料

到1997年底，已有40多个国家和地区利用甲醇或乙醇作为汽车燃料，尤其在盛产甘蔗的巴西，大部分汽车燃用纯乙醇或掺烧约20%的乙醇。醇类燃料对降低汽车排放污染发挥重要作用。

车用醇类燃料的性能特点主要有：

1）辛烷值比汽油高，可采用高压缩比提高热效率。但是醇燃料的抗爆性敏感度大，中、高速时的抗爆性不如低速时好。普通汽油与15%～20%的甲醇混合，辛烷值可以达到优质汽油。

2）蒸发潜热大，这使得醇类燃料低温起动和低温运行性能恶化。此外，甲醇、乙醇的闪点比汽油高，甲醇在5℃以下，乙醇在20℃以下难以在进气系统中形成可燃混合气。如果发动机不加装进气预热系统，燃烧全醇燃料时汽车难以起动。但在汽油中混合低比例的醇，由燃烧室壁供给液体醇以蒸发热，蒸发潜热大这一特点可成为提高发动机热效率和冷却发动机的有利因素。

3）醇类燃料常温下为液体，操作容易，储带方便。

4）可燃界限宽，燃烧速度快，可以实现稀薄燃烧。

5）与传统的发动机技术有继承性，特别是使用汽油—醇类混合燃料时，发动机结构变化不太大。

6）热值低，甲醇的热值只有汽油的48%，乙醇的热值只有汽油的64%。因此，与燃用汽油相比，在同等的热效率下，醇的燃料经济性低。

7）沸点低，蒸气压高，容易产生气阻。

8）甲醇有毒，会刺激眼结膜，也会通过呼吸道、消化道和皮肤进入人体，刺激神经，造成头痛、乏力、气短等症状。

9）腐蚀性大，醇具有较强的化学活性，能腐蚀锌、铝等金属。甲醇混合燃料的腐蚀性随甲醇含量的增加而增加。另外，醇与汽油的混合燃料对橡胶、塑料的溶胀作用比单独的醇或汽油都强，混合20%醇时对橡胶的溶胀最大。

10）醇混合燃料容易发生分层。醇的吸水性强，混合燃料进入水分后易分离为两相。因此，醇混合燃料要加助溶剂。

三、氢气

氢气可以直接作为车用燃料，氢燃烧后生成的物质是水，车用氢气燃料具有无可比拟的环保性。氢气的主要来源是从水中通过裂解制取，因而储量丰富。氢气的主要理化指标见表10-11。

从氢气的理化性能看，车用氢燃料的工作性能主要有：

1）车用氢气燃料的热效率高。氢气的火焰传播速度为4.85m/s，比汽油高；氢气的辛烷值高，自燃温度高，允许汽车用高压缩比发动机。因此，氢气燃料的热效率高，燃油经济性好。

表 10-11　氢气主要理化指标

理化状态	理化指标	理化状态	理化指标
物理状态	气态	自燃点/℃	530～560
车上存储状态	气态或液态	最低点火能量/MJ	0.02
液态的相对密度	0.07（与空气比）	火焰传播速度/（$m \cdot s^{-1}$）	4.85
常压下沸点/℃	-253		

2）氢气能量密度小，在气缸中占据的容积相对较大，因此，它的标态体积热值低，氢气汽车的动力性降低。

3）氢气制取成本高，气态氢气的密度低，储运不便；液态氢技术难度大，成本高。

四、电能

电能是二次能源。原则地讲，它可以来源于任何一种其他能源。以电能为动力的汽车就是电动汽车。电动汽车有蓄电池式、燃料电池式及太阳能电池式三种形式。

1）车用蓄电池主要有铅酸电池、镉镍电池、镍氢电池、锂电池等。目前，铅酸电池是电动汽车使用最广泛的电池，大约有 90% 的电动汽车使用铅酸电池。铅酸电池技术比较成熟，比功率较大，寿命在 800～1000 次，成本较低，在未来几年中仍然是电动汽车的主流电池。铅酸电池的缺点是比能低，快速充电技术还不成熟。

2）车用燃料电池可将氢气、天然气、煤炭、燃油及甲烷的化学能直接转变为电能。应用最多的燃料电池是质子交换膜和磷酸燃料电池。质子交换膜（PEM）燃料电池的电化学反应温度要求低，有利于在环境温度下起动，不会产生 NO_2。如果用甲醇或石油类作为燃料的质子交换膜燃料电池，产生的 HC 和 CO 非常低，可以控制到零，因此具有排放优势；磷酸燃料电池（PAFC）的两极是用贵金属铂（催化剂）制作的，将其插入装有磷酸电解质的碳化硅容器中，供给的燃料一般是甲醇或甲醇的混合物。为了起动磷酸燃料电池，需要用辅助燃烧器加热，使其温度超过 130℃。130℃以下时磷酸燃料电池不发生反应。

燃料电池具有很多优点，各国也在积极进行研究。目前存在的主要问题是成本高、燃料在车上携带不方便（如氢气的安全性）、转换效率不理想等。因此，在解决了成本和使用方便性后才能广泛用于电动汽车上。例如，戴姆勒·克莱斯勒公司与福特公司联合开发出的“NECAR—4”型燃料电池汽车最高车速达 140km/h，补充一次液态氢可以行驶 450km，可以乘坐 5 人。但据美国能源部的测算，该燃料电池生产成本为 500 美元/（kW·h），必须将成本降低到每千瓦时 50 美元/（kW·h）才能普及。

3）太阳能电池能够将太阳的辐射能直接转变为电能。太阳能电池的应用有许多优点：它是由太阳能转变为电能的各种装置中效率最高的，具有易于制造、工作寿命长、功率质量比大等优点。目前太阳能电池的最高效率为 20% 左右。

美国通用汽车公司所研制的太阳能汽车由 7200 个太阳能电池组成供电系统，电池效率实测值为 16.5%。这些电池在汽车表面的覆盖面积为 8.37m^2。在阳光充足的白天，能以 72.4km/h 的速度行驶。制造太阳能电池的材料为单晶硅。目前正在发展中的太阳能电池材料是砷化镓，其效率可达 22%。太阳能电池目前存在的主要问题是效率低及成本过高。

本章小结

1）汽油的使用性能主要包括蒸发性、抗爆性、化学安定性、腐蚀性及清洁性；汽油抗爆性是表示汽油在汽油机燃烧室中燃烧时防止爆燃的能力；汽油的化学安定性是指汽油在储存、运输、加注和其他作业时，抵抗氧化生胶的能力。

2）评定柴油低温流动性的指标是凝点、浊点和冷滤点等；评定柴油雾化和蒸发性的主要指标是馏程、运动粘度、闪点和密度；柴油的燃烧性用十六烷值表示；评定柴油清洁性的指标是水分、灰分和机械杂质；柴油的安定性是指在高温及溶解氧的作用下，柴油发生变质的倾向。

3）车用新能源主要包括天然气、甲醇（乙醇）、氢气、电能等。

复习思考题

10-1 汽油的使用性能有哪些？

10-2 汽油和轻柴油的牌号是按什么划分的？

10-3 如何确定汽油和轻柴油的辛烷值和十六烷值？

10-4 提高车用汽油抗爆性的方法有哪些？

10-5 什么是柴油的低温流动性？其评价指标有哪些？

10-6 评定柴油雾化和蒸发性的主要指标有哪些？

10-7 影响柴油安定性的主要因素有哪些？

10-8 分析汽油发动机性能与汽油性质的主要关系？

10-9 汽车用新能源主要有哪些？

第十一章　汽车常用润滑材料及工作液

学 习 目 标

【能力目标】

1）能解释常用润滑材料的用途和性能。

2）能正确选用润滑材料及工作液。

【知识目标】

1）了解汽车常用润滑材料及工作液的类别。

2）理解各种润滑材料及工作液的使用性能及评价指标。

3）掌握常用润滑材料及工作液正确的选用方法。

汽车常用润滑材料及工作液的性能受车辆运行环境的温度影响变化较大，而且现代汽车向高速、高压缩比的方向发展，车用润滑材料及工作液的工作条件越来越苛刻，品质要求越来越高。了解和掌握汽车常用润滑材料及工作液的基本知识，根据发动机的性能、结构并结合使用条件来正确选用润滑油是非常必要的。

车用润滑材料包括发动机润滑油（发动机油）、汽车齿轮油、汽车用润滑脂；汽车工作液包括制动液、液力传动油、发动机防冻冷却液、减振器油、汽车空调制冷剂等。本章重点介绍汽车常用的润滑材料及工作液的分类、牌号、用途、性能、正确选用方法以及使用注意事项。

第一节　发动机润滑油

发动机润滑油是发动机润滑系的工作液，简称“机油”。它是汽车发动机最重要的运行材料，发动机润滑油具有润滑、冷却、清洗、密封、防腐、降噪、减磨等七大功能。

一、发动机润滑油的使用性能

发动机工作时，润滑油工作温度变化大、活塞速度变化大及工作压力高等原因使润滑油的工作条件非常苛刻，严重影响润滑油的工作性能及其稳定性。根据发动机的工作特点对发动机润滑油提出下列性能要求。

1. 润滑性

润滑油的润滑性是指润滑油吸附在零件工作表面，形成一定强度的油膜，减小摩擦面相对运动的阻力和防止摩擦面金属靠近、接触。润滑油这种在零件工作表面形成吸附油膜的能力，叫做润滑性或油性。润滑性取决于润滑油中活性物质的多少，粘度大的润滑油其油膜强度较好。为改善润滑油的润滑性往往加入一定比例的添加剂，可以提高润滑油在高温、高压及高速等工作环境下的润滑减磨性能。

2. 低温操作性

润滑油具有适宜的粘度和流动性，保证发动机在低温条件下容易起动和可靠供油的性能，叫做发动机润滑油的低温操作性。

随着气温的降低，润滑油的粘度升高、流动性下降。发动机低温起动时，一方面，润滑油的粘滞阻力增大，转动曲轴的阻力矩增加，起动转速下降，造成发动机低温起动困难；另一方面，润滑油的流动性下降，会造成发动机主油路供油不足，总成磨损加剧。因此，改善润滑油的低温操作性有利于提高发动机低温起动性能，降低起动磨损。

3. 粘温性

润滑油粘度随温度变化而改变的性质，叫做粘温性。

发动机工作时的温度范围很宽，自汽车起动温度到零部件摩擦表面的温度，其温差可达200～300℃。若润滑油粘温性不好，就会出现低温时粘度过大，高温时粘度过小，造成机件磨损和损坏。因此，要求润滑油具有良好的粘温性，既要求润滑油在高温工作时能保持一定的粘度，形成足够厚度的润滑油膜，确保润滑效果，又能在低温工作时，粘度又不致于过大，以维持一定的流动性，使发动机低温时容易起动和减小总成磨损。因此，良好的粘温性是指机油的粘度受温度的变化影响小，适应的温度范围宽。

4. 清洁分散性

润滑油能抑制积炭、漆膜和油泥生成或将这些沉积物清除的性能，叫做发动机润滑油的清洁分散性。

清洁分散性良好的润滑油能使各种沉积物悬浮在油中，通过机油滤清器将其滤出，从而减少发动机与缸壁、活塞及活塞环等部件上的沉积物，防止出现由于机件过热烧坏活塞环，引起气缸密封不严，发动机功率下降，油耗增加等异常情况。

5. 抗氧性

在一定的条件下，润滑油抵抗氧化变质的能力，叫做发动机润滑油的抗氧性。

润滑油在使用和储存过程中，一旦与空气接触，在条件适当情况下，会发生化学反应，产生诸如酸类、胶质等氧化物。氧化物聚集在机油中会使其颜色变暗、粘度增加、酸性增大。润滑油抗氧性不好，在使用中容易变质、生成沉积物，对零件造成腐蚀和破坏。

6. 抗腐性

润滑油抵抗腐蚀性物质对金属腐蚀的能力，叫做发动机润滑油的抗腐性。

润滑油在使用过程中不可避免地被氧化而生成各种有机酸，这些有机酸虽属弱酸，但在高温、高压和有水存在的环境下，将对金属产生腐蚀作用。因此，润滑油应具有良好的抗腐性。

7. 抗泡性

润滑油消除泡沫的性质，叫做发动机润滑油的抗泡性。

当润滑油受到激烈搅动，将空气混入油中时，就会产生泡沫。泡沫如果不及时消除，将会产生气阻，导致摩擦表面因供油不足出现干摩擦或半干摩擦等现象。因此，润滑油应具有良好的抗泡性。

二、发动机润滑油的主要性能指标

1. 低温动力粘度

低温动力粘度也称为表观粘度。润滑油的粘度在低温条件下与剪切速率有关，即在同一温度下，剪切速率不同，粘度也不同。低温条件下润滑油的低温动力粘度随剪切速率升高而减小。低温动力粘度是划分冬用发动机润滑油粘度级号的依据之一。

2. 边界泵送温度

能将润滑油连续地、充分地供给发动机油泵入口的最低温度，叫做边界泵送温度。它是衡量在起动阶段发动机油是否易于流到油泵入口并提供足够压力的性能。边界泵送温度也是划分冬用发动机润滑油粘度级号的依据之一。

3. 倾点

润滑油在规定条件下冷却时，能够流动的最低温度，叫做润滑油的倾点。同一试油的凝点比倾点略低。发动机润滑油规格均采用倾点作为评定润滑油低温操作性的指标之一。

4. 粘度指数

将试油的粘温性与标准油的粘温性进行比较所得出的相对数值，叫做粘度指数。粘度指数越高，粘温特性越好。

5. 中和值和酸值

中和1g试油中含有的酸性或碱性组分所需的碱量或酸量，叫做中和值。中和值用mgKOH/g来表示。

6. 残炭

油品在试验条件下，受热蒸发和燃烧后残余的炭渣，叫做残炭。根据残炭量的大小，可以大致判断润滑油在发动机中结炭的倾向。一般精制深的基础油，残炭量较少。

7. 泡沫性（泡沫倾向/泡沫稳定性）

泡沫性指油品生成泡沫的倾向和生成泡沫的稳定性能。泡沫性的表示与其测定方法有关。泡沫性测定方法是：在1000mL量筒中注入试油190mL，以(94 ±5)mL/min的流量用特制的气体扩散头将空气通入试油中，经过5min后，记下量筒中泡沫的体积，即为泡沫倾向，量筒静止5min后，再记下泡沫体积，即为泡沫稳定性。

三、发动机润滑油的分类、规格和牌号

发动机润滑油主要包括汽油机润滑油、柴油机润滑油和二冲程润滑油。我国发动机润滑油采用API（美国石油学会）性能分类法和SAE（美国汽车工程师学会）粘度分类法。

1. API性能分类

API性能分类是根据产品特性、使用场合和使用对象确定的。润滑油牌号中第一个字母S表示汽油机油；C表示柴油机油，并根据使用特性和使用场合分别设有若干个等级，如SC、SD、SE，CC、CD、CE等，具体分类见表11-1。

表11-1　发动机润滑油API性能分级法

级　别	特性和使用场合
SC	具有较好的清洁性、分散性、抗氧化性、抗腐蚀性和防锈性。用于中等条件下工作的载货汽车、客车和其他车辆
SD	性能比SC级油更高的润滑油，用于较苛刻条件下工作的载货汽车、客车和某些型号轿车。也可代替SC级油使用、可满足装有曲轴箱强制通风装置的汽油机的要求
SE	性能比SD级油更高的润滑油，用于苛刻条件下工作的轿车和某些载货汽车，可满足装有曲轴箱强制通风装置和催化转化器的汽油机的要求
SF	抗氧化性和抗磨损性能比SE级油更高的润滑油，用于更苛刻条件下工作的轿车和某些载货汽车

（续）

级　别	特性和使用场合
SG	用于轿车和某些货车的汽油机，以及要求使用 API SG 级油的汽油机。SG 油质量还可满足 CC 或 CD 油的使用要求。此种油品改进了 SF 级油控制发动机沉积物、磨损和油品的氧化性能，并具有抗锈蚀和腐蚀的性能，可代替 SF、SF/CD、SE 或 SE/CC 级油
SH	用于轿车和轻型货车的汽油机以及要求使用 API SH 级油的汽油机。SH 级润滑油质量在汽油机磨损、锈蚀、腐蚀及沉积物的控制和油的氧化方面优于 SG，并可代替 SG 级油
CC	具有防止高低温沉积物、防锈和抗腐蚀的性能。适用于中等负荷条件下工作的低增压柴油机和工作条件苛刻（或热负荷高）的非增压的高速柴油机
CD	具有良好的抗磨损、抗腐蚀和防止高温沉积物的性能。适用于高速高负荷条件下工作的增压柴油机
CD—Ⅱ	用于要求高效控制磨损和沉积物的重负荷二冲程柴油机以及要求使用 API CD—Ⅱ级油的柴油机，同时也满足 CD 级油的性能要求
CE	用于在低速高负荷和高速高负荷条件下运行的低增压和增压式重负荷柴油机，以及要求使用 API CF 级油的柴油机，同时也满足 CD 级油的性能要求
CF—4	用于高速四冲程柴油机以及要求使用 API CF—4 级油的柴油机。在油耗和活塞沉积物控制方面性能优于 CE 并可代替 CE 级油。此种油品特别适用于高速公路行驶的重负荷货车

2. SAE 粘度分类

按 SAE 粘度分类，冬季用发动机润滑油包括 0W、5W、10W、15W、20W 和 25W 六个粘度等级；春、秋及夏季用发动机润滑油包括 20、30、40、50 和 60 五个粘度等级。一个完整的发动机润滑油牌号应当标明润滑油的质量等级和粘度等级，例如 SF10W/30、CD15W/40 等。该分类标准采用含字母 W（冬季用油，W—winter）和不含字母 W 两组粘度等级系列，前者粘度等级号以最大低温粘度、最高边界泵送温度和 100℃时的最小运动粘度划分，后者仅以 100℃时的运动粘度划分，见表 11-2。

粘度牌号有单级油和多级油之分。发动机润滑油的低温性能指标和 100℃运动粘度仅满足冬用润滑油或夏用润滑油粘度分级之一者，称为单级油；如果它的低温性能指标和 100℃运动粘度能同时满足冬、夏两种粘度分级要求，则称为多级油。

表 11-2　发动机润滑油 SAE 粘度分级法

SAE 粘度等级	最大低温粘度		最高边界泵送温度/℃	100℃运动粘度/($mm^2 \cdot s^{-1}$)	
	MPa·s	℃		最小	最大
0W	3250	-30	-35	3.8	
5W	3500	-25	-30	3.8	
10W	3500	-20	-25	4.1	
15W	3500	-15	-20	5.6	
20W	4500	-10	-15	5.6	
25W	6000	-5	-10	9.3	
20				5.6	低于 9.3
30				9.3	低于 12.5
40				12.5	低于 16.3
50				16.3	低于 21.9
60				21.8	低于 26.1

在单级冬季用油中，符号 W 前的数字越小，说明其低温粘度越小，低温流动性越好，适用的最低气温越低。在单级夏季用油中，数字越大，其粘度越大，适用的最高气温越高。对于多级油来讲，其代表冬季用部分的数字越小，代表夏季部分的数字越大，说明其粘温特性越好，适用的气温范围越大，如 5W/50。

四、发动机润滑油使用注意事项

1. 发动机润滑油的选择

选择发动机润滑油应兼顾使用性能级别选择和粘度级别选择两个方面。

（1）汽油机润滑油的选择　汽油机润滑油主要依据发动机的结构特点、使用条件、气候条件等选择润滑油的质量等级和粘度级别。

根据发动机的结构性能和使用条件选择相应的润滑油质量等级，再根据使用地区的气温选择润滑油粘度级别。有汽车使用说明书的用户，依据说明书要求选取；无使用说明书时，汽油车可以按照发动机设计年代、发动机的压缩比、曲轴箱是否安装正压通风装置（PCV）、是否安装废气循环装置（EGR）和催化转化器等因素选取润滑油。

一般情况下，发动机装有 PCV 阀，可选用 SD 级以上的汽油机润滑油；安装了 EGR，可选用 SE 级润滑油；发动机装有催化转化器的，可选用 SF 级润滑油。例如，桑塔纳 2000GSi—AT 轿车（AJR 型发动机）用发动机润滑油必须使用 API 标号 SF 级、SG 级的润滑油或改良润滑油（VW50000），不可使用低级别的润滑油，也不可以混合使用不同牌号的润滑油。

选择汽油机润滑油的粘度主要根据发动机工作的环境温度。一般常以汽车使用地区的年最高、最低气温选择润滑油的粘度等级。例如我国北方温度不低于 -15℃ 的地区，冬季用 SAE 20 级润滑油，夏季则用 SAE 30 级润滑油或全年通用 SAE 20W/30 级润滑油；低于 -15℃ 的地区，全年通用 SAE 15W/30 或 SAE 10W/30 级润滑油；严寒地区则用 SAE 5W/20 级润滑油。南方最低气温高于 -5℃ 的地区，全年通用 SAE 30 级润滑油，广东、广西、海南可用 SAE 40 级润滑油。表 11-3 列出了发动机润滑油粘度等级与使用环境温度范围的参考值。

表 11-3　发动机润滑油粘度等级与使用环境温度范围的参考值

粘度等级	使用温度/℃	粘度等级	使用温度/℃
5W	-30 ~ -10	5W/30	-30 ~ 30
10W	-25 ~ -5	10W/30	-25 ~ 30
20W	-10 ~ 30	10W/40	-25 ~ 40
30W	0 ~ 30	15W/40	-20 ~ 40
40W	10 ~ 50	20W/40	-15 ~ 40

（2）柴油机润滑油的选择　柴油机润滑油的选择主要依据汽车使用说明书。在没有使用说明书时，也可以根据柴油机的强化系数确定柴油机润滑油的质量等级，然后根据汽车使用地区的气候确定润滑油的粘度级别。

柴油机强化系数代表其热负荷和机械负荷，强化系数越大，表明发动机的热负荷和机械负荷越高，而且对油品的质量要求也越高。柴油机的强化系数用 K 表示，计算式为

$$K = P_{me} C_m Z$$

式中 P_{me}——气缸平均有效压力，0.1MPa 的倍数；

C_m——活塞平均速度（m/s）；

Z——冲程系数（四冲程取 0.5）。

强化系数在 30 ~ 50 之间的柴油机，选 CC 级柴油和润滑油；强化系数大于 50 时，选择 CD 级柴油机润滑油。

选好润滑油的质量等级后，还应根据汽车实际工作条件的苛刻程度，适当升降润滑油的质量等级，工作条件较缓和时可降低一级质量；反之，可升高一级质量；在无级别可提高时，应缩短换油周期。

柴油机润滑油粘度选择原则与汽油机润滑油相同，考虑到柴油机工作压力比汽油机大，但转速又较汽油机低的特点，在选择粘度时应略比汽油机高一些。

2. 发动机润滑油的使用

选择了合适的润滑油质量等级和粘度级别后，还要注意正确的使用方法。如果使用不恰当，同样会造成发动机磨损加剧，甚至出现拉缸、烧轴瓦的故障。因此，润滑油使用时应注意以下几点：

1）同一个级别的国内外润滑油使用效果一致，国产长城牌 SJ 5W/30 受到国际认可，是目前国产高品质的润滑油，适用所有高档车。

2）级别低的润滑油不能用于高性能发动机，以防润滑不足，造成磨损加剧；级别高的润滑油可以用于稍低性能的发动机，但不可降挡太多。

3）在保证润滑条件下，优选粘度低的润滑油，可以减少机件的摩擦损失，提高功率，降低燃料消耗。如果发现所用润滑油粘度太高，切不可自行进行稀释。正确的方法是放掉发动机内所有润滑油（包括滤清器内的润滑油），换用粘度适当的润滑油。

4）保持正常油位，常检查，勤加油。正常油位应位于油尺的满刻度标志和 1/2 刻度标志之间，不可过多或过少。

5）不同牌号的润滑油不可混用，同一牌号不同生产厂家的润滑油也尽量不混用。

6）注意识别伪劣润滑油，不要迷信国外品牌润滑油。选取润滑油时，切勿一味相信广告和维修人员的推荐，应检查是否经权威检测单位检测，问清检测结果。买油时到信誉好的大中型汽配商店选购。

7）定期更换润滑油，并及时更换润滑油滤芯。换油时一定要在热车时进行，油温高不仅容易从放油孔流出，而且油中的杂质可随旧油一起排出，加入新油后应着车数分钟，停机 30min 后，再检查油面。

第二节　车辆齿轮油

车辆齿轮油主要用于变速器、分动器、主减速器、转向机等传动机件摩擦处。与发动机润滑油的工作条件相比，齿轮油的工作温度不很高，但油膜承受的单位压力很大，且齿轮油要在速度变化大的工作条件下工作，因而对车辆齿轮油使用性能的要求与发动机润滑油有所区别。

一、车辆齿轮油的使用性能

车辆齿轮油在齿轮传动中的主要作用是减少摩擦、降低磨损、冷却零部件，同时还具有缓和振动、减少冲击、降低噪声、防止锈蚀以及清洗摩擦表面的作用。基于上述工作要求，车辆齿轮油应具备如下性能。

1. 润滑性和低温操作性

为使车辆齿轮油的润滑性和低温操作性良好，应具有适当的粘度和良好的粘温性。粘度不能过低，以保证形成油膜，实现液体润滑状态。为带走摩擦产生的热量和保证在低温时迅速供油，齿轮油的粘度又不能过大，否则会加大传动负荷，使机械效率降低。

为了保证车辆齿轮油具有良好的低温操作性，规定了油的倾点、成沟点、粘度指数、表观粘度达 150Pa·s 时的温度等评价指标。

成沟点是指在规定的试验条件下，试油成沟的最高温度。把容器内的试验油样在规定的温度下放置 18h，然后用金属片把油切成一条沟，10s 后观测油的流动情况。若 10s 内试油流回并完全覆盖试油容器底部，则报告试样不成沟，反之则试样成沟。

试验证明，对双曲线齿轮式主减速器，齿轮油表观粘度小于 150Pa·s，汽车起步后能在 15s 内流进小齿轮轴承而保证其正常润滑，这个粘度是汽车低温起步的极限粘度。因此，汽车齿轮油规格中均规定了“粘度达 150Pa·s 时的最高温度”这一指标。“粘度达 150Pa·s 时的最高温度”是车辆齿轮油 SAE 粘度分类的依据之一。

2. 极压性

在正常工作条件下，齿轮处于弹性流体动力润滑状态，但当汽车在重载荷起动、爬坡或遇到冲击载荷时，齿面接触区有相当部分处于边界润滑状态，汽车双曲线齿轮的齿面负荷高达 1.7GPa，冲击载荷高达 2.8GPa。因此，要求齿轮油能在较高的负荷下还能保持有足够厚的油膜。齿轮油的粘度增加有利于承载能力的提高，但粘度过大会增加摩擦损失，所以，一般在汽车齿轮油中都加有极压抗磨添加剂。

3. 热氧化安定性

车辆齿轮油抵抗高温条件下氧化作用的能力，叫做热氧化安定性。由于汽车主减速器使用的齿轮油工作温度较高，齿轮油的氧化倾向增大，加之齿轮箱中金属的催化作用，容易使齿轮油的使用性能变坏。因此，要求齿轮油在较高温度下不易氧化变质，车辆齿轮油应具有良好的热氧化安定性。

4. 抗腐性和防锈性

在车辆齿轮传动装置的工作条件下齿轮油防止齿轮、轴承腐蚀和生锈的能力，叫做抗腐性和缓蚀性。

齿轮传动装置可能从外界渗入水分，工况变化、冷热交替也可能出现冷凝水分。油内的水分和氧化生成的酸性产物是齿轮和轴承腐蚀、生锈的主要原因。此外，齿轮油内极压抗磨剂的作用实际上是一种控制性的腐蚀现象，对金属有一定的腐蚀作用。极压抗磨剂的活性越强，腐蚀作用越大。生锈和腐蚀将加速磨损，使材料强度降低。因此，齿轮油应该选择适当的极压抗磨剂并应加入抗腐剂及缓蚀剂。

二、车辆齿轮油的分类

与发动机润滑油一样，车辆齿轮油也是按 SAE 粘度和 API 使用性能来分级的。

1. SAE 粘度分类

一般齿轮油按粘度分为五个牌号，即 75W、80W、85W、90W、140W。在粘度分类中，与发动机润滑油一样 W 表示冬季用油，85W/90 表示多级油。但数字表示的粘度大小不同，比如 SAE 90 齿轮油粘度大致与 SAE 40、SAE 50 发动机润滑油粘度相同；75W 齿轮油粘度低于发动机油 SAE 30 的粘度。各粘度牌号齿轮油适用的环境温度范围见表 11-4。

表 11-4　各种粘度牌号齿轮油适用的环境温度范围

粘度牌号	环境温度/℃	粘度牌号	环境温度/℃	粘度牌号	环境温度/℃
75W	-57 ~ +10	85W/90	-15 ~ +49	90	-12 ~ +49
80W/90	-25 ~ +49	85W/140	-15 ~ +49	140	-7 ~ +49

2. API 使用性能分类

我国车辆齿轮油 API 使用性能分类共有三级，即普通车辆齿轮油（GL—3）、中负荷车辆齿轮油（GL—4）、重负荷车辆齿轮油（GL—5）。通常后两种又称为准双曲面齿轮油。三种齿轮油的特点和常用部位见表 11-5。

表 11-5　车辆齿轮油 API 使用性能分类

名称	特点	常用部位	相当 API 级别
普通车辆齿轮油	精制矿物油加抗氧剂、缓蚀剂、抗泡剂和少量极压剂等	手动变速器、弧齿锥齿轮的驱动桥	GL—3（已废除）
中负荷车辆齿轮油	精制矿物油加抗氧剂、缓蚀剂、抗泡剂和极压剂等。适应在低速高转矩、高速低转矩下操作的各种齿轮，特别是客车和其他各种车辆用的准双曲面齿轮	手动变速器、负荷高的弧齿锥齿轮和使用条件不苛刻的准双曲面齿轮的驱动桥	GL—4（已废除）
重负荷车辆齿轮油	精制矿物油加抗氧剂、缓蚀剂、抗泡剂和极压剂等。适用于高速冲击负荷，低速高转矩、高速低转矩下操作的各种齿轮，特别是客车和其他各种车辆用的准双曲面齿轮	操作条件苛刻的准双曲面齿轮及其他各种齿轮的驱动桥。也可用于手动变速器	GL—5

三、车辆齿轮油使用注意事项

1. 车辆齿轮油的选择

（1）使用性能级别的选择　车辆齿轮油使用性能级别的选择，主要根据齿面压力、滑动速度和油温等工作条件，而这些工作条件又取决于传动装置的齿轮类型。例如，准双曲面齿轮式主减速器工作条件苛刻，对齿轮油使用性能要求高，一般选用重负荷车辆齿轮油。为减少用油级别，在汽车各传动装置对齿轮油使用性能级别要求相差不太大的情况下，可选用同一级使用性能的齿轮油。

（2）粘度级别的选择　车辆齿轮油粘度级别的选择，主要根据环境最低气温。例如，粘度级为 75W、80W 和 85W 的准双曲面齿轮油的最低使用温度分别是 -40℃、-26℃和 -12℃。也就是说，车辆使用地区的最低温度不应低于所选齿轮油上述各温度。

2. 车辆齿轮油的使用

1）使用中性能级别低的齿轮油不可以代替高级别的齿轮油。例如，将普通齿轮油加在准双曲面齿轮驱动桥中，将使齿轮很快地磨损和损坏；性能级别较高的齿轮油可以用在要求级别较低的车辆上，但过多降级使用经济上不合算。

2）使用粘度牌号过高的齿轮油，将使燃料消耗显著增加，特别是对高速轿车影响更大。应尽可能使用合适的多级齿轮油。

3）齿轮油的使用寿命较长，如使用单级油，在换季维护时放出的旧油不到换油指标时，可在再次换油时加入使用。按换油周期更换新油时，应趁热将旧油放净，并清洗齿轮箱。

第三节　车用润滑脂

润滑脂俗称黄油，它是一种稠化了的润滑油。由于润滑脂具有良好的润滑轴承等部件的特殊作用，在汽车、拖拉机和工程机械上得到广泛的应用。

一、车用润滑脂的特点

1. 车用润滑脂的结构特点

润滑脂是一种由基础油、稠化剂和添加物（添加剂和填料）组成的胶体分散体系。结构上，基础油是这种分散体系中的分散介质，稠化剂粒子或纤维构成骨架，即分散相，将基础油保持在骨架中。

（1）基础油　基础油含量一般占润滑脂质量的70%～90%。基础油分为矿物油和合成油两大类。

以矿物油为基础油的优点是：润滑性能好；粘度范围宽。但一般矿物油不能兼备高低温性能，而以合成油为基础油可制备特殊润滑脂。例如70141高温润滑脂的基础油为合成油，使用温度范围-40～200℃。

（2）稠化剂　稠化剂含量占润滑脂质量的10%～30%，主要有皂基稠化剂（钙皂、锂皂）和烃基稠化剂。基础油中加入稠化剂就会失去流动性，成为粘稠的半固体膏状物，即润滑脂。稠化剂的性质、含量决定润滑脂的粘稠程度、耐水性及抗热能力等使用性能。

（3）添加剂　添加剂是添加到润滑脂中改进其使用性能的物质，含量占润滑脂质量的5%以下。润滑脂添加剂的主要种类有稳定剂、抗氧剂、金属纯化剂、缓蚀剂、抗腐剂和极压抗磨剂等。

（4）填料　填料是润滑脂中的固体添加物。大部分填料本身可作为固体润滑剂，常用的填料有石墨、二硫化钼等。石墨钙基润滑脂含10%的鳞片石墨填料，起极压添加剂作用。

2. 润滑脂的使用特点

1）与相似粘度的润滑油相比，润滑脂有较高的承受负荷能力和较好的阻尼性。

2）由于稠化剂的吸附作用，润滑脂的蒸发损失小，高温、高速下的润滑性好。

3）润滑脂易附着在金属表面，保护表面不锈蚀，并可以防止滴油、溅油污染产品。

4）由于稠化剂的毛细作用，润滑脂可在较宽温度范围和较长时间内逐步放出液体润滑油，起到润滑作用。

5）在轴承润滑中，润滑脂还可以起到密封作用。

使用润滑脂的缺点是冷却散热作用差、起动摩擦力矩大及更换润滑脂比较复杂。

二、车用润滑脂的主要性能

车用润滑脂的主要性能由润滑脂的结构和使用特点所决定。润滑脂具有许多其他润滑剂所不具有的特殊使用性能。

1. 稠度

稠度是指润滑脂在受力作用时抵抗变形的能力。稠度过大会增加机械运动阻力，稠度过小会因转速过高而被甩掉；因此，润滑脂应具有适当的稠度。

润滑脂稠度的大小取决于稠化剂的含量。稠化剂的含量越多，润滑脂的稠度越大，其评定指标是锥入度。锥入度是在规定的时间和温度条件下，标准锥体沉入润滑脂的深度，以1/10mm 为单位。以锥入度划分润滑脂稠度级号见表 11-6。

表 11-6　按锥入度划分润滑脂稠度级号表

稠度级号	工作锥入度 (25℃)1/10mm	状态	稠度级号	工作锥入度 (25℃)1/10mm	状态
000	455～475	液体	3	220～250	中
00	400～430	近于液体	4	175～205	硬
0	355～385	极软	5	130～160	非常硬
1	310～340	非常软	6	85～115	极硬
2	265～295	软			

2. 胶体安定性

胶体安定性是指润滑脂抵抗温度和压力的影响而保持胶体结构的能力，即基础油与稠化剂结合的稳定性。

胶体安定性的评定指标是滴点。滴点是指在规定的条件下加热，润滑脂达到一定流动性时的温度。滴点常用来粗略估计润滑脂最高使用温度。例如，2 号钙基润滑脂滴点为 85℃，适用最高温度为 60℃；汽车通用锂基润滑脂滴点为 180℃，适用最高温度为 120℃。

3. 抗水性

抗水性指润滑脂遇水后抵抗结构和稠度等改变的性能。润滑脂的抗水性主要取决于稠化剂的抗水性。烃基稠化剂抗水性最好；皂基稠化剂除钠皂和钠钙皂外，其他金属皂的抗水性都较好。

4. 氧化安定性

氧化安定性是指润滑脂在储存和使用中抵抗氧化的能力。氧化安定性差，易生成有机酸，对金属构成腐蚀，同时会使润滑脂的结构及使用性能也遭到破坏。因此，润滑脂应具有良好的氧化安定性。一般皂基润滑脂的氧化安定性较差。

三、车用润滑脂的主要品种

润滑脂按其用途可分为抗磨润滑脂、防护与密封润滑脂和专用润滑脂。下面介绍一些常用润滑脂的特点和应用。

（1）钙基润滑脂　钙基润滑脂是用动、植物油和石灰制成的钙皂稠化润滑油，并以水作为胶体稳定剂制成的。它是使用最广泛的润滑脂。其特点是：具有良好的抗水性、润滑性和防护性能，但其耐热性较差，使用温度不能超过70℃，使用寿命较短。

（2）复合钙基润滑脂　复合钙基润滑脂是以醋酸钙作复合剂制成的钙皂稠化润滑油。它以醋酸钙作为组分，不以水作稳定剂，从而避免了钙基脂耐热性差的缺点。其特点是：耐热性好，且具有良好的抗水性和良好的低温性能。复合钙基脂适用于高温、高湿度条件下工作的摩擦部件润滑，如汽车轮毂轴承，水泵轴承等。

（3）石墨基润滑脂　石墨既是一种固体润滑剂又是一种填充剂，具有良好的耐压抗磨性能和抗水性。

石墨钙基润滑脂主要用于高负荷，低转速的简单机械和易与水接触的工作部位。例如汽车的钢板弹簧、起重机的齿轮盘、绞车齿轮等。由于它的主要成分是钙基润滑脂，因而其耐热性差，其最高使用温度不应超过60℃。

（4）钠基润滑脂　钠基润滑脂是由脂肪酸钠皂稠化中等粘度润滑油制成的。钠基润滑脂的特点是耐热性强、耐水性差。

（5）钙钠基润滑脂　钙钠基润滑脂是由脂肪酸钙、钠皂稠化中等粘度润滑油制成的。

钙钠基润滑脂又叫轴承脂，它的性能介于钙基和钠基润滑脂之间，适用于工作温度在100℃以下，而又易与水接触的条件下使用。例如汽车的水泵轴承、轮毂轴承、传动轴中间轴承和离合器分离轴承等。

（6）汽车通用锂基润滑脂　汽车通用锂基脂是用天然脂肪酸锂皂稠化低凝点润滑油，加抗氧、缓蚀剂制成。它具有抗水性好、工作温度范围宽（－30～120℃）、使用寿命长等特点。适用于汽车轮毂轴承、底盘、水泵和发电机等各部位的润滑。目前进口车和国产新车型普遍采用锂基润滑脂。

四、润滑脂的使用注意事项

1. 润滑脂的选用

选用润滑脂应考虑的主要因素有工作温度、运动速度和承载的负荷。

汽车轮毂轴承是车用脂润滑的主要部位。一般地说，轮毂转速为300～500r/min，轮毂轴承工作温度为70～80℃。但轮毂轴承温度受道路条件影响很大，在山区行驶的汽车，由于制动强度和制动次数的增加，轴承最高温度可达130℃。同时，汽车在不平路面上行驶时轮毂轴承的负荷比在沥青路面上高3～4倍。

1）工作温度越高，选用的滴点也越高；反之应选用滴点较低的润滑脂。

2）运动速度越大，选用的稠度级别就应该越低；反之，应该选高稠度级别的润滑脂。

3）承载负荷大，应选锥入度小的润滑脂；反之，就应该选用锥入度大的润滑脂。

除以上主要影响因素外，还要考虑润滑部件的周围环境。如空气的湿度、尘埃以及是否有腐蚀气体等，特殊环境选用特殊性能的润滑脂。

2. 润滑脂的使用

1）润滑轮毂轴承时宜采用空毂润滑方法。采用传统的满毂润滑会增加摩擦阻力、耗脂量大，润滑效果与空毂润滑相同。

2）推广使用锂基润滑脂。采用锂基脂润滑底盘各润滑点，可以减少用脂品种和底盘润滑作业的劳动量。

3）尽量选用低稠度级别的润滑脂。低号润滑脂的价格便宜，使用低号润滑脂的摩擦损失小。

第四节 汽车用工作液

随着汽车技术的进步，各种类型的汽车工作液得到广泛应用。由于现代汽车的使用强度不断提高，汽车在使用过程中对制动系、冷却系及液力传动装置中的工作介质提出更高的性能要求，汽车工作液的研制和应用得到普遍的重视。汽车工作液主要包括制动液、液力传动油、防冻冷却液及其他工作液。

一、汽车制动液

制动液（也叫制动油）是汽车液压制动系中传递压力的工作介质。其性能对汽车的行驶安全性有很大的影响。

（一）对汽车制动液的技术要求

汽车制动液工作时应保持不可压缩性和良好的流动状态，具体的技术要求是：

（1）高沸点 现代高速汽车制动强度大，制动过程产生的摩擦热会使制动系温度升高，有时达150℃以上。如制动液沸点太低，高温时蒸发成蒸气，使制动系管路产生气阻，导致制动失效。

（2）吸湿性小 制动液吸收周围的水气，由于水分的沸点低，容易在制动系产生气阻。

（3）适宜的粘度 粘度适宜，保持制动液具有良好的流动性和一定的润滑能力，使系统内压力能随制动踏板的动作迅速上升或下降；使活塞能在油缸中顺利地滑动。同时，要求制动液在很宽的温度范围内（－40～150℃）保持适当的粘度，使制动液能四季通用。

（4）安定性好 制动液在高温条件下长期使用不应产生热分解和缩合使粘度增加，也不允许生成胶质和油泥沉积物。

（5）皮碗膨胀率小 制动液对橡胶零件有溶胀作用，将使皮碗的体积增加，导致制动失效。

（6）防腐性好 要求制动液不腐蚀金属。

（二）国产制动液的品种和牌号

制动液按原料不同分类，有醇型、合成型和矿油型三种。

1. 醇型制动液

它是用精制的蓖麻油与醇类按一定的比例调合，经沉淀和过滤而制得的制动液，外观为浅绿呈浅黄透明体。按醇类的不同，分为1号和3号两个牌号。1号醇型制动液中含有45%～55%的乙醇，3号制动液中含有48%～54%的丁醇，由于乙醇的沸点比丁醇的沸点低，所以3号制动液可在稍高的温度条件下工作。但与合成型制动液相比，适用的温度条件仍是很低的，且容易分层，性能不稳定，故逐步被合成型制动液所取代。

2. 合成型制动液

它以合成油为基础油，加入润滑剂和抗氧、防腐、防锈等添加剂制成的制动液，具有性能稳定的特点，适合高速、重负荷的汽车使用。

根据美国联邦机动车辆安全标准（FMVSS），合成型制动液分为 DOT—3、DOT—4、DOT—5 三个规格，这是世界公认的通用标准。美国汽车工程师协会也制定了合成型制动液标准，具体有 SAEJ1702、SAEJ1703e、SAEJ1703f、SAEJ1703j、SAEJ1704 等规格。我国合成制动液的标准中有 HZY2、HZY3 及 HZY4 三个规格。上述国产合成型制动液沸点分别在 205℃、205℃、230℃以上，其中 HZY3、HZY4 的吸湿后的沸点达到 140℃、155℃以上，各方面指标已接近和达到了 DOT—3、DOT—4、SAEJ1703e、SAEJ1703f、SAEJ1703j、SAEJ1704 的技术要求。

3. 矿油型制动液

它以精制的轻柴油馏分为原料，经深度精制后加入粘度指数改进剂、抗氧剂、缓蚀剂等调合制成，它具有良好的润滑性，对金属无腐蚀作用，但对天然橡胶有较强的溶胀作用，使用时必须换用耐矿油的丁腈橡胶。符合该标准的车用制动液主要有 7 号矿油制动液。

（三）制动液的选用

1. 制动液的选择

制动液的选择主要是推广使用合成型制动液。

1）合成型制动液适用于高速、重负荷和制动频繁的轿车和货车。国产轿车、进口轿车及某些高性能货车，需要使用 SAEJ1703、SAEJ1704、DOT—3、DOT—4 等制动液时，可选用国产 HZY2、HZY3、HZY4 合成制动液代替使用。

2）醇型制动液可用于车速较低，负荷不大的轻型货车。4 号醇型制动液适用于北方平原地区；3 号醇型制动液可在南方炎热地区使用。

3）矿油制动液可在各种汽车上使用，但制动系必须换用耐油橡胶元件。

2. 制动液的使用

1）各种制动液绝对不能混合使用，否则会因分层而导致制动失效。

2）更换制动液时必须将制动系清洗干净，防止混入水分、矿油及矿物杂质。制动液在行车 4 万 km 左右或一年应更换一次，但在车辆检查换主泵和活塞皮碗时，最好也更换制动液。

3）制动液属易燃品，长期储存或更换时应注意防火安全。

4）制动液在使用中会因吸湿而降低沸点，当沸点降至 140℃以下时，严重危及行车安全。

二、液力传动油

高档轿车和重型载货汽车传动系发展趋势之一，就是越来越多地采用自动液力变速器，其工作介质就是液力传动油，又称为汽车自动变速器油。

液力传动油主要用于自动变速器的液力变矩器和液力偶合器中，作为此类液力传动系统传递动力（扭矩）的工作介质。由于液力变矩器、液力偶合器的工作特点与液力传动油的使用性能（粘度、起泡性、热稳定性、相对密度等）有关，加之液力传动系统工作温度范围大（$-40 \sim 170$℃），传动油的流速可达 20m/s（视传递的功率不同而变化），因此，对液力传动油提出了更高的低温流动性能、高温性能和摩擦特性的要求。

此外，液力传动油还充当自动变速器中的操纵机构用液压油，自动变速器中齿轮、轴承等运动机件的润滑油。因此，液力传动油是一种多功能的汽车工作液，故必须具有更全面的技术性能。

1. 对液力传动油的技术要求

1）适当的粘度和优良的粘温特性。液力传动油的粘度极限为：

新油，4000 ~ 7mm²/s（-23.3 ~ 100℃）。

旧油，6000 ~ 55mm²/s（-23.3 ~ 100℃）。

2）良好的热氧化安定性。

3）良好的抗泡沫性。

4）良好的抗磨性。

5）对橡胶密封材料侵蚀小。

6）良好的换挡性能。

7）良好的缓蚀、抗腐蚀性。

2. 液力传动油的组分

液力传动油是在溶剂精制或加氢精制的基础油中，加入多种性能改善添加剂制成，其组成的复杂程度，超过了一般润滑油。加入的添加剂有抗氧剂、清洁分散剂、金属纯化剂、粘度指数改进剂、抗磨剂、缓蚀剂、防腐剂、抗泡剂、抗橡胶溶胀剂及油性剂等。

3. 液力传动油的分类、规格和选用

（1）液力传动油的分类和规格　液力传动油国外又称自动传动液（ATF）。最有代表性的是美国材料试验协会（ASTM）、美国石油学会（API）的液力传动液 PTF 分类方案。该方案按传动液的应用对象和用途不同，将液力传动油分为 PTF—1、PTF—2 及 PTF—3 三大类。与汽车有关的是 PTF—1 和 PTF—2 两类。

PTF—1 类油的特点是低温起动性好，主要用于轿车，轻型载货汽车。主要规格有美国通用汽车公司（GM）的 DEXRON 和福特汽车公司的 M_2C_{88}—F。前者分 DEXRON 和 DEXRONⅡ两种，DEXRONⅡ又有 DEXRONⅡC 型（不抗银）和 DEXRONⅡD 型（抗银）的区别。抗银表示具有不腐蚀散热器中的银镀层的性能。PTF—2 类油的特点是可耐高负荷，因此，对抗磨性能要求高，但对低温粘度要求则放宽了，适用于重型货车及越野车。主要规格有通用汽车公司（GM）的 Track、Coach 和阿里森（Allison）公司的 C—2、C—3 型。

目前，我国生产的自动变速器油按 100℃运动粘度分为 6 号和 8 号两种，其中 8 号液力传动油和国外 PTF—1 类油中的 DEXRON 型液力传动油相当，主要用作轿车的自动变速器油；6 号液力传动油相当于国外 PTF—2 类液力传动油，主要用于内燃机车、载货汽车及工程机械的液力传动系统。

（2）液力传动油的选用　使用液力传动油时，一定要按汽车使用说明书的要求选用。

国产轿车和轻型货车应选用 8 号油，进口轿车要求用 DEXRONⅡ型自动变速器油的均可用 8 号油代替。重型货车、工程机械的液力传动系统则应选用 6 号油。国产 6 号、8 号液力传动油有抗银和不抗银之分，注明用抗银液力传动油的一定要用抗银油，以免对发动机中含银机件（如散热器）产生腐蚀。

三、发动机冷却液

冷却液（又称防冻液）是在强制循环式水冷发动机冷却系统中，用于高温机件散热的一种工作介质。正确使用冷却液能够保障汽车发动机正常工作和延长发动机使用寿命。

1. 对发动机冷却液的技术要求

（1）低冰点　通常冷却液的冰点要低于使用环境最低温度10℃左右。汽车在低温条件下工作，如果冷却液冰点达不到应有的温度，汽车发动机的冷却水管和水箱就会被冻裂，造成机件损坏。

（2）防腐蚀　冷却液在工作中要接触多种金属材料，如果它对金属有腐蚀性，就会影响发动机冷却系统的正常工作。

（3）不损坏汽车有机涂料　冷却液是一种化学物质的调和物，在添加冷却液及工作过程中很容易接触到汽车的有机涂层。这就要求它对汽车的有机涂层不能有任何不良影响，如剥落、鼓泡、退色等。

（4）高沸点　冷却液能在较高温度下不沸腾，可保证车辆在满载、高负荷、高速的条件下或在山区、热带夏季正常行车，更利于长途高速行车。

（5）适宜的pH值　冷却液添加的防腐剂一般在碱性的溶液中效果最佳。因此，冷却液的pH值要求在7.5～11.0之间。超出该范围将对金属腐蚀产生不利影响。

（6）抗泡沫性好　发动机冷却液如果产主过多泡沫，不仅会降低传热系数、加剧气蚀，而且会造成冷却液溢流。

2. 冷却液的类型

冷却液的种类主要有：酒精—水型、甘油—水型及乙二醇—水型等。冷却液的冷却效果主要与酒精、甘油及乙二醇的性质并与配制比例有关。冷却液的冰点与其成分比例关系见表11-7。

表11-7　冷却液的冰点与其成分比例关系

冰点/℃	酒精—水	甘油—水	乙二醇—水
	酒精含量(%)	甘油含量(%)	乙二醇含量(%)
-5	11.27	21	—
-10	19.54	32	28.4
-15	25.46	43	32.8
-20	30.65	51	38.5
-25	35.09	58	45.3
-30	40.56	64	47.8
-35	48.15	69	50.9
-40	55.11	73	54.7
-45	62.39	76	57.0
-50	70.06	—	59.0

（1）酒精—水型冷却液　优点是流动性好，价格便宜，配制简单。但是酒精的沸点低，仅为78.4℃，蒸发损失大，易燃，蒸发后冰点升高。

（2）甘油—水型冷却液　甘油的沸点高，挥发损失小。甘油的冰点为-17℃，但与水混合后冰点可以降低，最低可达-46.5℃。但甘油降低冰点的效率低，使用时不经济。

（3）乙二醇—水型冷却液　这种冷却液沸点高，挥发损失小，使用周期长，使用中要及时补充蒸发掉的水。冰点低，最低可达－68℃。缺点是乙二醇有毒，配制时必须注意。乙二醇在使用中易氧化生成酸性物质，对冷却系有腐蚀作用。因此，在配制时，必须要加入一定量的防腐蚀添加剂。目前，国内外普遍采用乙二醇—水型冷却液。

根据交通行业标准《汽车发动机冷却液安全使用技术条件》（JT 225—1996）规定，乙二醇—水型发动机冷却液分为－25、－30、－45号三种牌号，其冰点分别为－25℃、－35℃及－45℃，具有防冻、防腐、防沸及防垢等性能，属长效冷却液，四季通用。

3. 冷却液的正确使用

1）首先应选择符合国家标准要求的产品，不应仅根据包装和价格确定。要认真了解产品的各项性能指标，观察冷却液应清亮透明，无杂质、无异味，并有醒目的颜色。

2）冷却液冰点要比使用地区的最低温度至少低5℃。

3）不同品牌冷却液不可混用，以免产生沉淀，造成冷却液性能变差，影响发动机的散热效果。

4）发现冷却液缺少时，应及时给予补充。若无同类型的冷却液，可加蒸馏水或软水，不可随意添加未经软化处理的水。

5）冷却系统在灌注新冷却液时，必须把冷却系统清洗干净。

6）冷却液应四季使用，夏天换用水冷却的方法既不科学也不经济。

7）有的冷却液存放一年后，出现少量絮状沉淀，这种现象多半是由添加剂析出造成。这些沉淀会在发动机冷却系统工作温度80℃左右时自行溶解，因此这样的冷却液还可使用，不必扔掉。如果出现大量颗粒沉淀，则表明产品已经变质，就不能再使用了。

四、汽车用其他工作液

（一）减振器油

减振器油是汽车减振器的工作介质。其主要作用是将振动能转变为热能，起到减振或阻尼的效果。

减振器油的主要技术要求是低凝点、良好的粘温性、良好的氧化安定性、防腐性和抗磨性。由于减振器常和液压系统连通，而且要求能在环境温度较低时正常使用，因此需要采用低粘度、粘温性好的减振器油。例如，以低凝点环烷基液压油为基础油，添加粘度指数改进剂、抗氧剂、抗泡剂、缓蚀剂等。有的减振器油为防止在侧向承受高负荷时磨损加剧，需加入减磨剂，并且，所加入的粘度指数改进剂应具有较高剪切安定性。车用减振器油属于特殊润滑剂，目前尚无专门的分类。

减振器在使用中要注意保持密封良好，无渗漏现象，在行驶40000～50000km时，结合定期维护拆检减振器，同时更换减振器油。

（二）汽车空调制冷剂

汽车制冷剂是空调装置的工作介质，通过压缩和膨胀，蒸发吸收热量，从而产生制冷效应。

1. 对汽车空调制冷剂的技术要求

1）无毒，对人体无害，泄露时，能发出使人觉察的气味。

2）不易燃，不爆炸。

3）制冷剂是易于蒸发的物质，蒸发潜热要大，这样可减少其循环量，减小制冷装置的体积。

4）化学性质稳定，无腐蚀性，对金属零件、橡胶密封元件无侵蚀作用。

5）与润滑油无亲和作用，可与冷冻机油以任意比例相溶。

6）有利于环境保护。

2. 制冷剂的品种

目前，在我国车用制冷剂尚无专门的分类。从环保无公害的角度看，汽车空调制冷剂主要分为两类，一类是对大气臭氧层有破坏作用的R—12（CFC—12）；另一类是环保无公害的汽车制冷剂，主要有R—134a（HFC—134a）；其中的R是制冷剂（Refrigrant）的第一字母。R—12和R—134a都是氟利昂（CFCs）制冷剂，各自的特性为：

1）R—12制冷剂是早期广泛使用的制冷剂，具有制冷能力强、化学性质稳定、与冷冻机油相溶性好及安全性好等优点。但是，研究表明R—12的组成元素内含有氯，与大气中的臭氧（O_3）结合生成ClO和O_2，导致大气中臭氧层被破坏，太阳紫外线辐射得不到节制，强度过高，严重危害地球生态环境。

2）R—134a是R—12的替代产品，其分子组成中不含元素氯，是一种不破坏臭氧层的绿色环保的制冷剂。

在进行维修或加注制冷剂时，要特别注意绝对避免R—12与R—134a混用。在使用新型制冷剂的汽车发动机和压缩机上必须以醒目的标记加以提示。新型空调系统的使用与维修也必须按照专门的操作规程操作。

我国有关部门对汽车空调制冷剂替代工作已有明确规定。到2010年以新的制冷剂R—134a全面淘汰R—12制冷剂，新的汽车空调装置制冷剂的加注接口采用不同规格的螺纹。新制冷剂空调装置及其配件应采用绿色标志。

本章小结

1）发动机润滑油具有润滑、冷却、清洗、密封、防腐、降噪、减磨等七大功能。

2）车用润滑材料包括发动机润滑油（发动机油）、汽车齿轮油、汽车用润滑脂。

3）汽车工作液包括制动液、液力传动油、发动机防冻冷却液、减振器油、汽车空调制冷剂等。

4）发动机润滑油的使用性能包括润滑性、低温操作性、粘温性、清洁分散性、抗氧性、抗腐性、抗泡性；发动机润滑油的主要性能指标包括低温动力粘度、边界泵送温度、倾点、粘度指数、中和值和酸值、残炭、泡沫性。

5）发动机润滑油主要包括汽油机润滑油、柴油机润滑油和二冲程润滑油。我国发动机润滑油采用API（美国石油学会）性能分类法和SAE（美国汽车工程师学会）粘度分类法。

6）API性能分类是根据产品特性、使用场合和使用对象确定的。润滑油牌号中第一个字母S表示汽油润滑油，C表示柴油润滑油，并根据使用特性和使用场合分别设有若干个等级，如SC、SD、SE，CC、CD、CE等。

7）按SAE粘度分类，冬季用发动机润滑油包括0W、5W、10W、15W、20W和25W六个粘度等级；春、秋及夏季用发动机润滑油包括20、30、40、50和60五个粘度等级。一个完整的发动机润滑油牌号应当标明润滑油的质量等级和粘度等级，例如，SF10W/30、

CD15W/40 等。

8）选择发动机润滑油应兼顾使用性能级别选择和粘度级别选择两个方面。

9）车辆齿轮油的使用性能包括润滑性和低温操作性、极压性、热氧化安定性、抗腐性和防锈性。

10）汽车齿轮油也是按 SAE 粘度和 API 使用性能来分级的，一般齿轮油按粘度分为五个牌号，即 75W、80W、85W、90W、140W。

11）我国汽车齿轮油 API 使用性能分类共有三级，即普通汽车齿轮油（GL—3）、中负荷汽车齿轮油（GL—4）、重负荷汽车齿轮油（GL—5）。通常，后两种又称为准双曲面齿轮油。我国汽车齿轮油 API 使用性能分类共有三级，即普通汽车齿轮油（GL—3）、中负荷汽车齿轮油（GL—4）、重负荷汽车齿轮油（GL—5）。通常，后两种又称为准双曲面齿轮油。

12）汽车润滑脂的结构包括基础油、稠化剂、添加剂、填料。

13）车用润滑脂的主要性能包括稠度、胶体安定性、抗水性、氧化安定性。

14）车用润滑脂的主要品种包括钙基润滑脂、复合钙基润滑脂、石墨基润滑脂、钠基润滑脂、钙钠基润滑脂；选用润滑脂应考虑的主要因素有工作温度、运动速度和承载的负荷。

15）对汽车制动液的技术要求包括高沸点、吸湿性小、适宜的粘度、安定性好、皮碗膨胀率小、防腐性好。

16）制动液按原料不同分类，有醇型、合成型和矿油型三种；制动液的选择主要是推广使用合成型制动液。

17）液力传动油国外又称自动传动液（ATF）。具有代表性的是美国材料试验协会（ASTM）、美国石油学会（API）的液力传动液 PTF 分类方案。该方案按传动液的应用对象和用途不同，将液力传动油分为 PTF—1、PTF—2 及 PTF—3 三大类。

18）我国生产的自动变速器油按 100℃运动粘度分为 6 号和 8 号两种。其中 8 号液力传动油和国外 PTF—1 类油中的 DEXRON 型液力传动油相当，主要用作轿车的自动变速器油；6 号液力传动油相当于国外 PTF—2 类液力传动油，主要用于内燃机车、载货汽车及工程机械的液力传动系统中。

19）对发动机冷却液的技术要求是低冰点、高沸点、防腐蚀、不损坏汽车有机涂料、适宜的 pH 值、抗泡沫性好。

20）冷却液的种类主要有酒精—水型、甘油—水型及乙二醇—水型等。

21）汽车空调制冷剂主要分为两类，一类是对大气臭氧层有破坏作用的 R—12（CFC—12）；另一类是环保无公害的汽车制冷剂，主要有 R—134a（HFC—134a）。

复习思考题

11-1　我国的发动机润滑油是如何进行分类的？

11-2　车辆齿轮油应具备哪些性能？

11-3　比较钙基润滑脂、钙钠基润滑脂和复合钙基润滑脂使用性能上的差别。

11-4　各种制动液能否混用，为什么？

11-5　发动机对冷却液的技术要求是什么？

第十二章　汽车轮胎

学习目标

【能力目标】

1）能解释有内胎充气轮胎和无内胎充气轮胎有的不同点。

2）能写出汽车轮胎的主要尺寸。

3）能说出子午线轮胎的结构。

4）能解释不同规格的汽车轮胎表示方法。

5）能应用汽车轮胎的标记正确使用轮胎。

6）能进行汽车轮胎的日常维护。

【知识目标】

1）了解汽车轮胎的作用和类型。

2）掌握充气轮胎的结构和特点。

3）了解普通斜交胎的结构和特点。

4）掌握子午线轮胎的结构和特点。

5）掌握汽车轮胎的主要尺寸。

6）理解汽车轮胎的特性参数。

7）掌握汽车轮胎规格的表示方法。

8）掌握汽车轮胎的标记。

9）理解并掌握汽车轮胎的正确使用方法。

10）掌握汽车轮胎的维护方法。

轮胎是汽车行驶系的重要部件，其性能直接影响汽车的动力性、制动性、行驶稳定性、平顺性、越野性和燃料经济性。一辆新载货汽车的轮胎价值占全车价值的1/5；在汽车运输过程中，轮胎费用也占10%左右。由于汽车使用条件和技术水平的不同，轮胎的使用寿命有很大的差异，国产轮胎的使用寿命可以在3～18万km之间变动。因此合理选择、正确使用和及时维护轮胎，对延长其使用寿命，提高汽车的使用性能，降低运输成本有着重要的意义。

第一节　汽车轮胎的类型与结构特点

一、轮胎的作用和类型

1. 轮胎的作用

轮胎安装在轮辋上，直接与路面接触，它的作用是：

1）和汽车悬架共同来缓和汽车行驶时所受到的冲击，并衰减由此而产生的振动，以保证汽车有良好的乘坐舒适性和行驶平顺性。

2）保证车轮和路面间有良好的附着性，以提高汽车的牵引性、制动性和通过性。

3）承受汽车的重力，并传递其他方向的力和力矩。

因此，轮胎必须具有适宜的弹性和承受载荷的能力。同时，在其与路面直接接触的部分，应具有增强附着作用的花纹。

2. 轮胎的类型

按照不同的分类标准，汽车轮胎有不同的类型。

1）按照轮胎的胎体结构，可分为充气轮胎和实心轮胎。

2）按照轮胎胎体中帘线排列的方式不同，可分为普通斜交胎和子午线轮胎。

3）充气轮胎按照轮胎内空气压力的大小，可分为高压胎、低压胎和超低压胎。

4）充气轮胎按照保持空气的方法不同，可分为有内胎轮胎和无内胎轮胎。

5）充气轮胎按照胎面花纹的不同，可分为普通花纹轮胎、越野花纹轮胎和混合花纹轮胎。

不同类型的汽车轮胎有着不同的结构特点和使用性能，下面分别介绍几种常用轮胎的结构和特点。

二、充气轮胎的结构和特点

现代汽车绝大多数采用的是充气轮胎。

1. 有内胎的充气轮胎

有内胎的充气轮胎顾名思义，就是在外胎的里面还有一个充有压缩空气的内胎。这种轮胎由外胎、内胎和垫带组成，使用时安装在汽车车轮的轮辋上，如图 12-1 所示。

（1）外胎　外胎由胎面、帘布层、缓冲层和胎圈组成，如图 12-2 所示。

1）胎面是轮胎的外表面，可分为胎冠、胎侧和胎肩三部分。

胎冠是耐磨的橡胶层，用于保护帘布层和内胎免受路面的磨损和外部损伤，是轮胎的主要工作部分。胎面上制有各种形状的花纹，胎冠与路面直接接触，并产生摩擦阻力，使车辆行驶和制动。

胎侧又称胎壁，由数层橡胶构成，覆盖轮胎两侧，保护内胎免受外部损坏。在行驶中的载荷作用下，胎侧不断弯曲变形。胎侧上标有厂家名称、轮胎尺寸及其他资料。

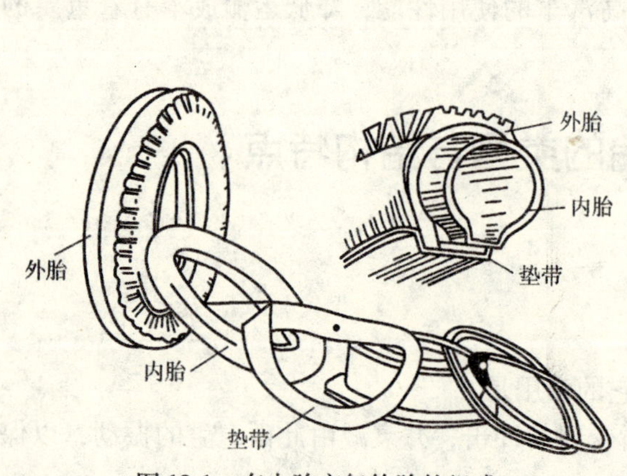

图 12-1　有内胎充气轮胎的组成

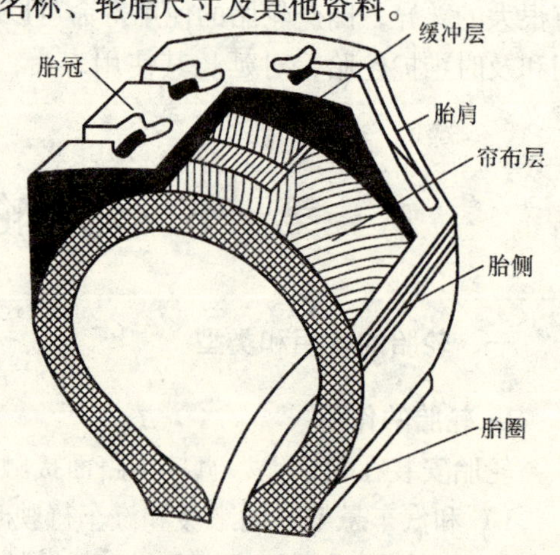

图 12-2　外胎的结构

胎肩是较厚的胎冠和较薄的胎侧间的过渡部分，一般也制有各种花纹，以提高该部位的散热性能。

2）帘布层是外胎的骨架，用以保持外胎的形状和尺寸，并使其具有足够的强度。帘布层通常由成双数的多层帘布用橡胶粘合而成，相邻层的帘线交叉排列。

3）缓冲层夹在胎面和帘布层之间，由两层或数层较稀疏的帘布和橡胶制成，作用是加强胎面与帘布层之间的结合，防止汽车紧急制动时胎面与帘布层脱离，缓和汽车行驶时所受到的路面冲击。

4）胎圈使外胎牢固地安装在轮辋上，有很大的刚度和强度，由钢丝圈、帘布层包边和胎圈包布组成。

（2）内胎　内胎是一个环形的橡胶管，上面装有气门嘴，以便充入或排出空气，为使内胎在充气状态下不产生褶皱，其尺寸应稍小于外胎的内部尺寸。

（3）垫带　垫带是个环形的橡胶带，它垫在内胎与轮辋之间，保护内胎不被轮辋和轮圈磨伤。

有内胎的充气轮胎是广泛用在汽车上的传统轮胎结构。这种轮胎的主要缺点是：行驶温度高，不适应高速行驶；尤其是有内胎轮胎的外胎和轮辋的结合不十分紧密，一旦内胎被尖硬物刺破，空气就会从胎口和圈口的结合部位突然流失，车速慢时可能会碾断轮胎胎侧帘布，使整个轮胎报废，车速快时，往往造成如翻车、“打横”等恶性事故，不能保证行驶的安全性。

2. 无内胎的充气轮胎

无内胎的充气轮胎顾名思义就是没有内胎的轮胎，俗称“真空胎”或“原子胎”。

无内胎的充气轮胎在外观上和结构上与有内胎充气轮胎近似，如图 12-3 所示。不同之处是无内胎轮胎的外胎内壁上附加一层厚约 2～3mm 的专门用来封气的橡胶密封层 1，它是用硫化的方法粘附上去的。在密封层正对着轮胎的下面贴着一层用未硫化橡胶的特殊混合物制成的自粘层 2。当轮胎穿孔时，自粘层能自行将刺穿的孔粘合，故又称“有自粘层的无内胎轮胎”。

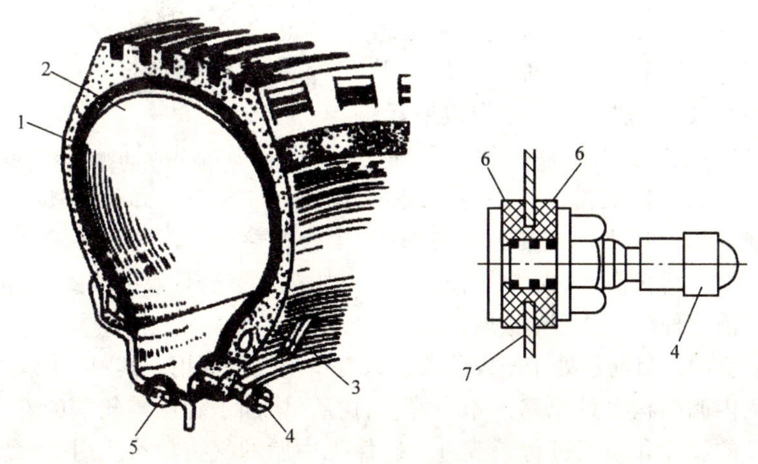

图 12-3　无内胎充气轮胎的结构

1—橡胶密封层　2—自粘层　3—槽纹　4—气门嘴　5—铆钉　6—橡胶密封衬垫　7—轮辋

在胎圈上做出若干道同心的环形槽纹3。在轮胎内空气压力作用下，槽纹3能使胎圈可靠地紧贴在轮辋边缘上，以保证轮胎与轮辋之间的气密性。但也有的轮胎胎圈外是光滑而没有槽纹的。

气门嘴4直接固定在轮辋7上，其间垫以密封用的橡胶密封衬垫6。铆接轮辋和辐板的铆钉自内侧塞入，并涂上一层橡胶。

无内胎充气轮胎的特点是，由于没有内胎以及内胎与轮辋之间的垫带，轮胎变得更轻，有利于汽车的高速行驶，而且消除了内外胎之间的摩擦，使热量容易从轮辋直接散出，工作温度低、使用寿命长；当轮胎被刺穿后，气密层的橡胶处于压缩状态而紧箍刺物，使得轮胎不漏气或漏气很慢，汽车仍能安全地继续行驶一段距离。

无内胎充气轮胎的制造材料和工艺要求较高，典型缺点是在途中修理比较困难。但由于其突出的安全性，特别适合高速行驶的轿车，因此目前在轿车上被广泛使用，并开始在部分货车上使用。

三、普通斜交胎和子午线轮胎的结构和特点

1. 普通斜交轮胎

帘布层和缓冲层各相邻层帘线交叉，且与胎面中心线呈小于90°排列的充气轮胎称为普通斜交轮胎，也称普通结构轮胎，是一种老式结构的轮胎。根据有无内胎，普通斜交轮胎分为有内胎的普通斜交轮胎和无内胎的普通斜交轮胎。

有内胎的斜交轮胎结构如图12-4所示，其结构与其他充气轮胎的结构一样，外胎的组成为胎冠3、帘布层1、缓冲层5和胎圈8。帘布层1和缓冲层5相邻层帘线交叉，形成斜置的帘布层，而帘布层的斜交排列给轮胎胎冠和胎侧增加了强度。在适当充气时，会使驾驶员感到较为柔软、舒适，同时接触地面时使轮胎平整，减少了扭曲，汽车行驶平稳，牵引效果好，防穿透性有所改善，延长了轮胎的使用寿命。但是，也正由于帘布层斜交排列，使得帘线的强度受到了限制。为了提高承载能力，要加强帘布层的层数，所以斜交轮胎的胎体厚而重，滚动阻力大、散热效果不良，轮胎的弹性和抓地能力较差。目前这种轮胎已逐渐被取代。

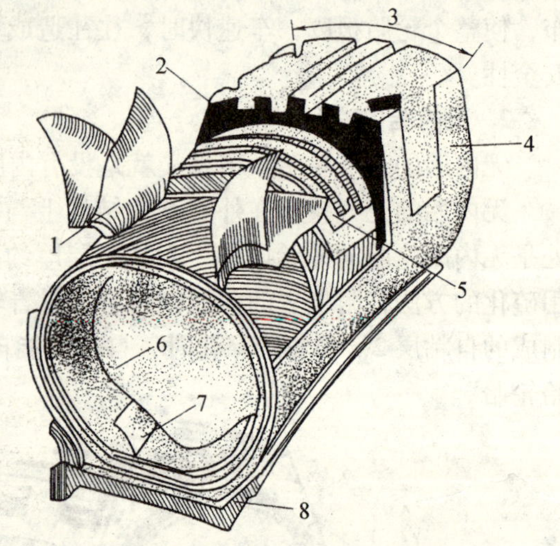

图12-4 有内胎的普通斜交轮胎的构造

1—帘布层 2—胎肩 3—胎冠 4—胎侧 5—缓冲层 6—内胎 7—垫带 8—胎圈

无内胎的斜交胎，目前还处于研发阶段，只有少量投入使用。其中一例无内胎的斜交胎是应用子午线无内胎结构设计思路，缩小着合直径，增加了轮胎与轮辋的着合紧密性；同时，对子口部位的设计和施工进行了改进，确保无内胎的气密性；应用了优质轻量技术措施，适度提高胎侧部位刚性。经美国权威检测部门测定，轮胎充气外缘尺寸、耐久性能、强度性能均满足美国TRA（美国轮胎轮辋协会）标准规定。

2. 子午线轮胎

子午线轮胎用钢丝或纤维织物作帘布层，其帘线与胎面中心线的夹角接近90°，从一侧胎边穿过胎面到另一侧胎边环形排列。帘线这样分布像地球上的子午线，故称为子午线轮胎。

子午线轮胎的结构如图12-5所示，它有胎圈1、帘布层2、带束层3、胎冠4和胎肩5组成。

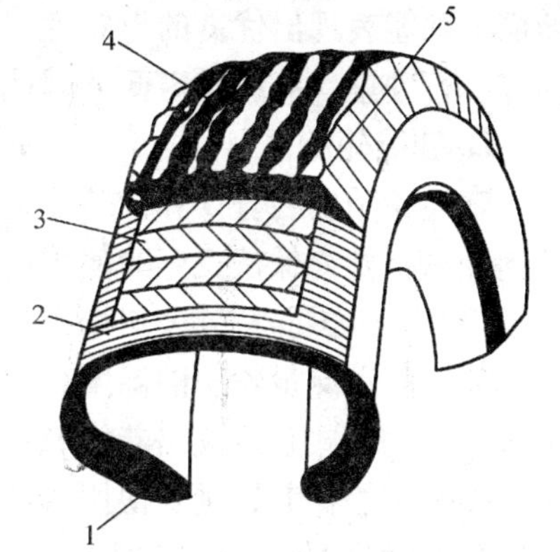

图12-5　子午线轮胎的结构
1—胎圈　2—帘布层　3—带束层
4—胎冠　5—胎肩

由于子午线轮胎的帘线呈环形排列，帘线的强度得到充分的利用，所以子午线轮胎帘布层数比斜交轮胎少约40%~50%。同时，帘线在圆周方向上若只靠橡胶来维系，则难以承担行驶时产生的切向力，所以子午线轮胎采用了与胎面中心线夹角很小（10°~20°）的多层束带。这个多层束带用强度大、伸张很小的纤维织物帘布或钢丝帘布制造，像刚性环形带一样，紧紧箍在胎体上，以保证轮胎有一定的外形尺寸，承受内压引起的负荷及滚动时所受的冲击力，减少胎面与胎体帘布层所受的负荷。又由于胎体和带束帘线层是交叉于三个方向，就形成了许多密实的三角形网状结构，也就阻止了胎面向周向和横向伸张与压缩，大大提高了胎面刚性，从而减少了胎面与路面的滑移现象，提高了胎面耐磨性。另外，子午线轮胎由于外胎面刚性大，而胎侧部分柔软，所以在侧向力的作用下，胎侧变形较大，胎冠的接地面积不变。

由于子午线轮胎的这些结构特点，使得子午线轮胎具有比斜交轮胎显著的优点：

1）接地面积大，附着性能好，胎面滑移小，对地面单位压力也小，因而滚动阻力也小，轮胎寿命长。

2）胎冠较厚且有坚硬的带束层，不易刺穿，行驶时变形小，可降低油耗3%~8%。

3）因帘布层数少，胎侧薄，所以散热性能好。

4）径向弹性大，缓冲性能好，负荷能力较大。

5）在承受侧向力时，接地面积基本不变，故在转向行驶和高速行驶时稳定性好。

相对地，子午线轮胎也存在一些缺点：因胎侧薄、柔软，胎冠较厚，在其与胎侧过渡区易产生裂口；吸振能力弱，胎面噪声大些；制造技术要求高，成本也高。

由于子午线轮胎要明显优越于普通斜交胎，因此在轿车上已广泛采用，在货车上也越来越多地采用了子午线轮胎。

随着汽车技术的发展，结合无内胎轮胎和子午线轮胎的优点，现在轿车上已开始广泛使用的无内胎轮胎（真空胎）大多数都是无内胎子午线轮胎。

四、新型轮胎

随着汽车技术和性能的不断提高，对汽车的性能要求也越来越高。近年来，世界主要轮胎公司推出了许多各式各样的新型轮胎。

1. 绿色轮胎

绿色轮胎一般是指滚动阻力低（节油性好）、使用寿命长、翻新性好（减少废胎生成量）、重量轻（降低石油资源消耗）以及噪声小和防滑等性能好的轮胎而言。就滚动阻力来说，绿色轮胎与普通轮胎相比降低22% ~35%，因而节油3% ~8%。以法国米其林为例，该公司推出的第一代绿色轿车轮胎MXV3—A，其胎面有3条较宽的纵向花纹沟，在干、湿地面上都能表现出优良的附着性，并且滚动阻力低、可节油3% ~6%、加速性及行驶稳定性好、行驶里程高和噪声低。因此，绿色轮胎很快就得到广泛的推广。

2. 智能轮胎

智能轮胎内装有计算机芯片，能够自动监测轮胎行驶温度与气压，并能及时进行调整，从而使轮胎始终保持良好的使用性能，既提高了安全系数，又节约了开支。

例如，美国固特异公司推出的“会说话”载重轮胎，在轮胎胎壁里埋设一小块单片集成电路，自动测量轮胎的温度、气压、转速、行驶里程和其他一些数据，并用特定代码发送出去，由手提式解码读出器译成数字显示在液晶显示屏上，使得驾驶员能够及时了解轮胎状况，做好维护保养，延长使用寿命。

3. 仿生轮胎

基于对动物运动的研究，汽车轮胎设计师利用仿生学的原理制造出应用在汽车上的轮胎，即仿生轮胎。

仿生轮胎可以模仿猫的运动，猫在跑动时，身体会变得窄小，而在跳起再落地时四肢的指垫会舒展开以保证安全着地。车轮跃起时再落地，制动距离会减小。制动时，利用后桥载荷向前桥的转移，将轮胎与地面的接触面积扩大了10%，可以使汽车的制动性能大大改善。

仿生轮胎也可以模仿其他动物的运动设计。例如，德国工程师设计出一款六角形花纹轮胎，能够保证雪地行车及湿地制动时的安全，其灵感就来自于青蛙。有轮胎制造设计师还通过研究北极熊熊掌中的化学成分及模拟北极熊在湿滑地面的活动规律而设计出一款新型轮胎。

4. 防滑轮胎

近年来，为了提高轮胎在湿滑路面上的行驶安全性，许多轮胎公司先后研究开发出防滑轮胎。如美国固特异轮胎公司设计的轮胎胎面中心有一条V形宽而深的纵向花纹沟，在主花纹沟两侧各有两条纵向窄花纹沟，看上去很像是并装双胎。这样的设计有利于将主花纹积蓄的雨水排出去，从而改善轮胎湿地操纵性，延长胎面寿命。

第二节 汽车轮胎的规格及其表示方法

一、汽车轮胎的主要尺寸

轮胎的主要尺寸有轮胎的断面宽度（B）、轮辋名义直径（d）、轮胎断面高度（H）、轮胎外直径（D）、负荷下静半径和滚动半径等，如图12-6所示。

1. 轮胎外直径 D

指轮胎按规定气压充气后，在无负荷状态下胎面最外表的直径。

2. 轮辋名义直径 d

指轮辋规格中直径大小的代号，与轮胎规格中相对应的直径一致。

3. 轮胎断面宽度 B

指轮胎按规定气压充气后，轮胎两侧面间的距离。

4. 轮胎断面高度 *H*

指轮胎按规定气压充气后，轮胎外直径与轮辋名义直径之差的50%。

5. 负荷下静半径

指轮胎在静止状态下只承受法向负荷作用时，由轮轴中心到支撑平面的垂直距离。

6. 轮胎滚动半径

指车轮旋转运动与平移运动的折算半径。滚动半径 r 按下式计算，即

$$r=\frac{s}{2\pi n_w}$$

式中 s——车轮移动的距离；

n_w——车轮转过的圈数。

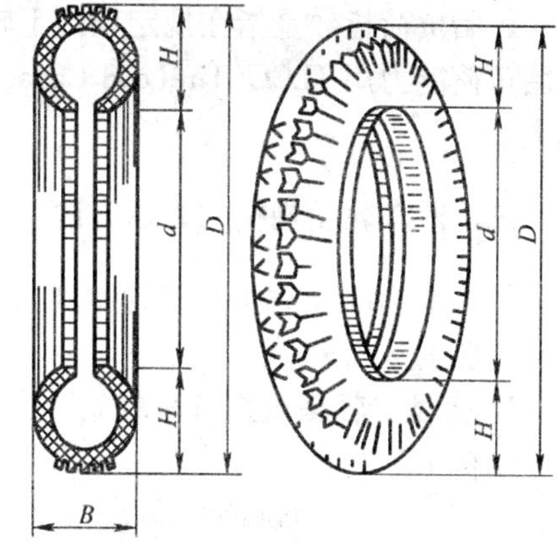

图 12-6 轮胎的主要尺寸

二、汽车轮胎的特性参数

1. 轮胎的高宽比

轮胎的高宽比是指轮胎的断面高度（H）与轮胎断面宽度（B）的百分率，表示为：H/B（%）。

轮胎的系列是用轮胎的高宽比的名义值大小（不带%）表示的，例如"80"系列、"75"系列分别指的是轮胎的高宽比为80%和75%。

2. 轮胎的层级

轮胎的层级是表示轮胎承载能力的相对指数，主要用于区别尺寸相同但结构和承载能力不同的轮胎。轮胎的层级数与轮胎帘布层的实际层数没有直接关系，就是说轮胎的层级不代表轮胎帘布层的实际层数。轮胎层级常用 PR 表示。

3. 轮胎最高速度

轮胎最高速度值是在规定条件下（路面级别、轮辋名义直径），在规定的持续行驶时间（持续行驶最长时间为1h）内，允许使用的最高速度。

将轮胎最高速度（km/h）分为若干级，用字母表示，叫做速度级别符号，目前采用的轮胎速度级别有25个，表12-1所列为轮胎速度级别及其最高行驶速度。

表 12-1 轮胎速度级别符号与最高行驶速度

速度级别符号	最高速度/(km/h)	速度级别符号	最高速度/(km/h)	速度级别符号	最高速度/(km/h)	速度级别符号	最高速度/(km/h)
A1	5	B	50	L	120	U	200
A2	10	C	60	M	130	H	210
A3	15	D	65	N	140	V	240
A4	20	E	70	P	150	Z	240以上
A5	25	F	80	Q	160	W	270以下
A6	30	G	90	R	170	Y	300以下
A7	35	J	100	S	180		
A8	40	K	110	T	190		

4. 轮胎负荷能力和轮胎负荷指数

轮胎负荷能力是指在一定行驶速度和相应充气压力时的最大载质量。

轮胎负荷指数是指在规定条件下轮胎负荷能力的数字符号。轮胎的负荷指数用 L_I 表示，轮胎负荷能力用 TLCC(TireLoad Capacity)表示。轮胎的负荷指数越大，表示轮胎的负荷能力越大。

三、汽车轮胎规格的表示方法

按国家标准《载重汽车轮胎规格、尺寸、气压与负荷》(GB 2977—2008)的规定，载货汽车轮胎的规格表示形式如下。

1. 微型、轻型载重汽车轮胎

示例 1

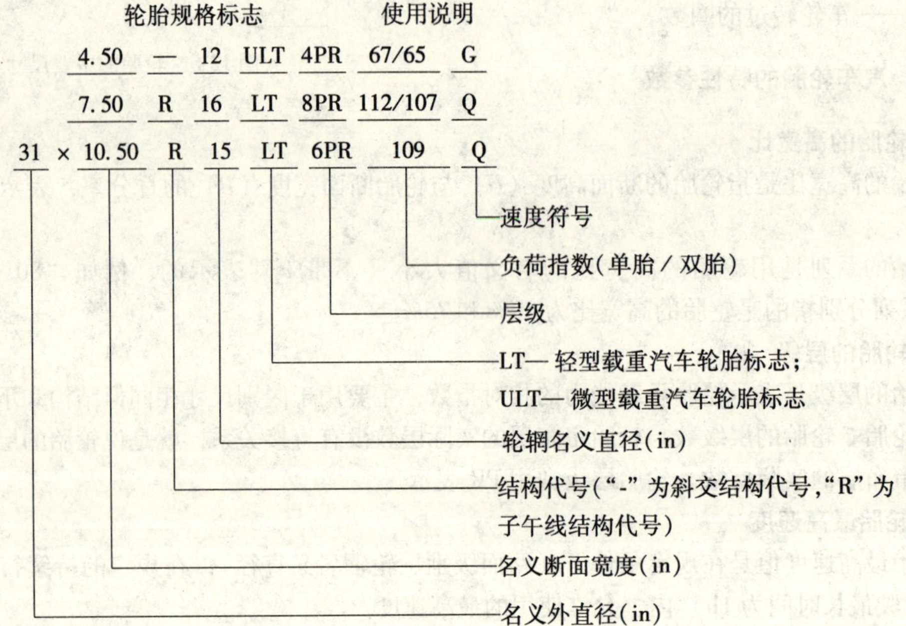

示例 2

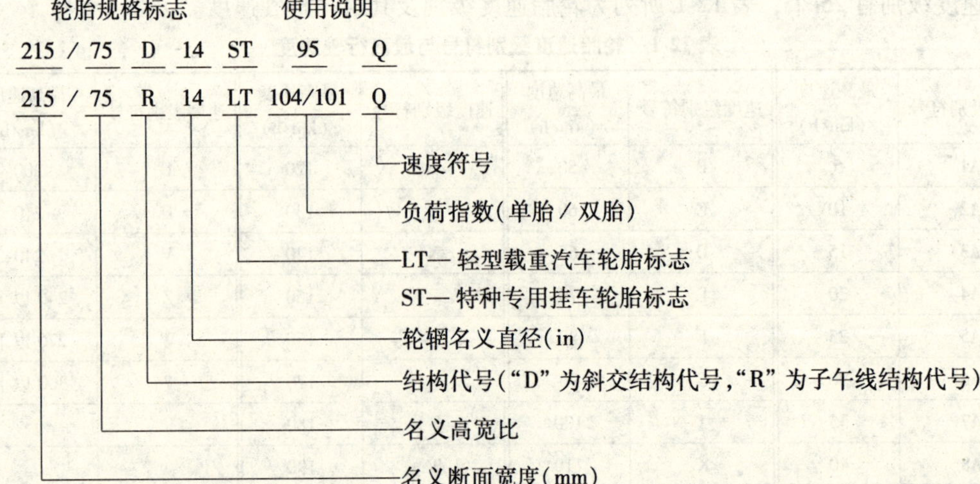

2. 载重汽车轮胎

示例 1

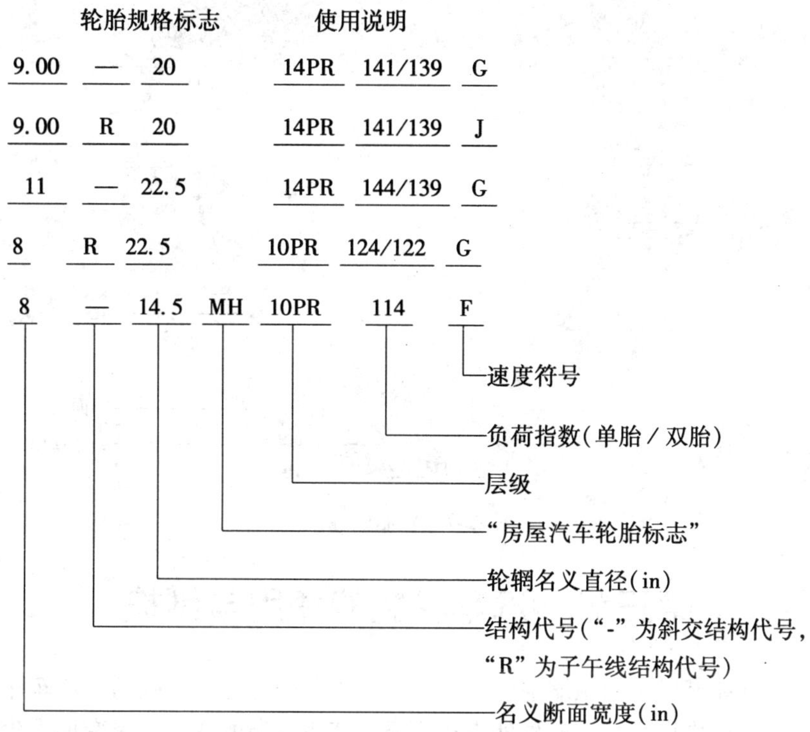

示例 2

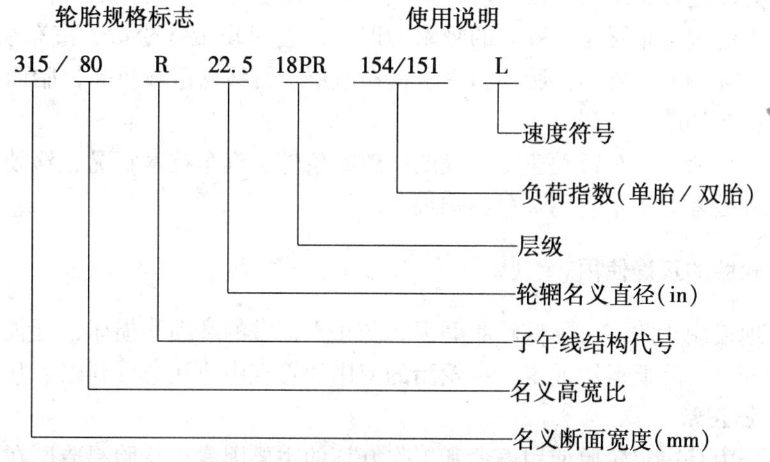

四、汽车轮胎的标记

正确使用轮胎需要读懂轮胎的标记。在轮胎的胎侧上模制了轮胎的各种标志，如图 12-7 所示。

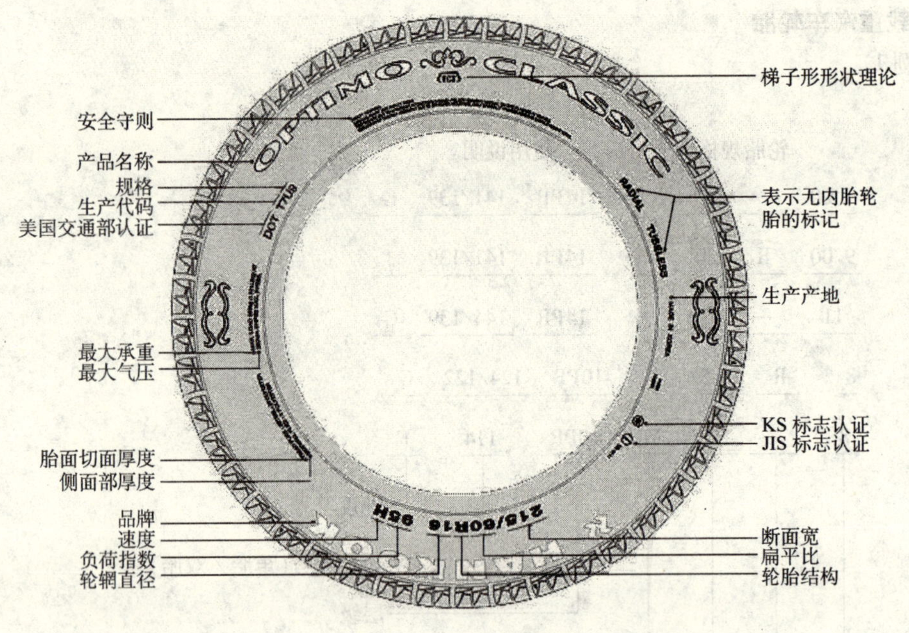

图 12-7　轮胎的标记

第三节　汽车轮胎的使用与维护

轮胎的使用性能是以利用压缩空气的性质和内外胎的弹性为基础的。汽车车轮承受和传递汽车与路面的全部作用力，在各种外力作用下，产生复杂的变形。因变形发生摩擦，产生大量内热，使轮胎温度升高，强度降低。轮胎的损坏，基本上就是力和热综合作用的结果。轮胎受力变形时。帘线和橡胶在拉压应力、高温的作用下，轮胎材料产生疲劳，使弹性和强度下降。当应力超过帘布层强度极限时，帘线就会折断。轮胎受力变形时，帘布层间产生切应力，当切应力超过帘布层与橡胶间的吸附力时，就会出现帘线松散、帘布层脱层等现象。所以，轮胎的损坏形式主要是：胎面磨损、帘布脱层、帘线松散或折断，胎面与胎体脱胶以及因上述结果引起的胎体破裂。

轮胎气压、负荷、汽车行驶速度、气温、道路条件、汽车技术状况、驾驶方法、维修质量和管理技术等因素对轮胎使用寿命影响很大。

一、汽车轮胎的正确使用

正确合理地使用轮胎，可降低轮胎磨损，防止不正常的磨损和损坏，延长轮胎的使用寿命，保证行驶安全、降低运用成本。在轮胎的使用和管理中应注意做到以下几点：

1. 保持气压正常

轮胎充气压力是决定轮胎使用寿命和工作好坏的主要因素。轮胎制造厂在设计各种规格的轮胎时，都规定了其最大负荷量和相应的充气压力，使用时应按轮胎规定的气压标准进行充气，否则将造成轮胎早期磨损和损坏。

气压过低时，胎体变形增大，造成内应力增加，并过度升热升温；胎面接触面积增大，磨损加剧，特别是胎肩的磨损加剧；滚动阻力增大，燃料消耗增加；双胎中一胎气压过低还会使另一胎超载损坏。

气压过高时，使胎冠部分磨损加剧，动载荷增大，易产生胎冠爆破。

2. 严禁轮胎超载

当汽车超载或装载不均衡时，便引起轮胎超载。轮胎超载时对轮胎损坏影响较大。超载行驶时，轮胎变形增大，帘布和帘线应力增大，容易造成帘线折断、松散和帘布脱层。同时，因为接地面积增大，增加胎肩的磨损，尤其在遇到障碍物时，由于受到冲击，会引起爆破。因此，要注意货物装载平衡，防止车辆行驶时发生货物移动及倾斜。

3. 掌握车速，控制胎温

随着车速的增加，轮胎的变形频率、胎体的振动也随之增加。当车速达到某一速度时，使轮胎的工作温度和气压升高，加速老化。因此，一定要坚持中速行驶，胎体温度不得超过100℃。夏季行驶应增加停歇次数，如轮胎发热或内压增高，应停车休息散热。严禁放气降低轮胎气压，也不要泼冷水。

4. 合理搭配轮胎

轮胎应按照车型配装，并根据行驶地区道路条件选择适当的胎面花纹。要求在同一轴上装用厂牌、尺寸、帘线层数、花纹、磨耗程度相同的轮胎。同一名义尺寸的不同厂牌的轮胎，其实际尺寸有所差别。轮胎尺寸大小不一致，会产生高低不一，承受负荷不均衡，附着力不一样，磨耗不均匀。胎面花纹不同，与地面附着系数也不同，同样会造成磨耗程度的差别，还会使制动性能和转向性能变坏。

应尽量实行整车换胎，搞好轮胎换位。备胎是作临时替用的，且长时间挂在车上，橡胶易老化，应选择一条质量相当、花纹一致的同类旧胎或翻新胎。

在使用中，应注意翻修胎的质量等级。翻修胎一般都装在后轴上使用，前轴上装新胎或质量可靠的甲级翻新胎，以确保行车安全。

5. 精心驾驶车辆

不正确或不经心驾驶汽车，都能使轮胎的使用寿命急剧缩短。为此，驾驶汽车时应做到：起步平稳、加速均匀、中速行驶、选择路面、减速转向，少用制动。

6. 做好日常维护

日常维护包括出车前、行车中和收车后的检视。主要是检视轮胎气压是否符合规定；检查轮胎螺母有无松动；清理轮胎夹石和有无不正常的磨损和损伤，并及时消除造成不正常磨损和损伤的因素。

7. 保持汽车技术状况良好

保持车况完好，尤其是底盘机件技术状况良好，是防止轮胎早期损坏的有效措施。当底盘机件装配不当或出现故障时，轮胎不能平稳滚动，产生滑移、摆振，使轮胎遭到损坏；机件漏油时，会使油滴落到轮胎上侵蚀橡胶，也会造成轮胎早期损坏。

二、汽车轮胎的维护

对轮胎的维护应与整车维护一样，贯彻预防为主，强制维护的原则。轮胎维护应结合车辆的日常维护、一级维护和二级维护进行，维护周期按汽车规定的维护周期执行。

1. 一级维护

检查轮胎螺母是否紧固，气门嘴是否漏气，气门帽是否齐全，如发现损坏立即修理补齐；挖出夹石和花纹中的石子、杂物；检查轮胎气压，按标准补足；检查轮胎有无与其它机件刮碰现象，备胎架是否完好、紧固，如不符合要求应予排除，完成上述操作后应填写维护记录。

2. 二级维护

拆卸轮胎，按轮胎标准测量胎面花纹磨耗、周长及断面宽的变化，作为换位和搭配的依据；进行轮胎解体检查：检查胎冠、胎肩、胎侧及胎内有无内伤、脱层、起鼓和变形等现象，检查内胎、垫带有无咬伤、折皱现象，气门嘴、气门芯是否完好，检查轮辋、挡圈和锁圈有无变形、锈蚀，根据情况进行涂漆处理；检查轮辋螺栓孔有无过度磨损或损裂现象；排除解体检查所发现的故障后，进行装合和充气；高速车应进行轮胎的动平衡试验，并按规定进行轮胎换位；若发现轮胎有不正常的磨损或损坏，应查明原因，予以排除。完成上述操作后应填写维护记录。

3. 轮胎维护要点

轮胎维护的操作要点主要包括：

（1）充气　轮胎充气应按照车辆使用说明书上规定的标准气压执行，并在冷态时用气压表测量。若在热态时测量，应略高于标准气压，取适当的修正值。气压表应定期校准，以保证读数准确。轮胎装好后，先充入少量空气，待内胎充气伸展后再继续充至要求气压；充气前应检查气门芯与气门嘴是否配合平整，并擦净灰尘。充气后应检查是否漏气，并将气门帽装紧；充入的空气不得含有水分和油雾；充气时应注意安全防护，充气开始时用手锤轻击锁圈，使其平稳嵌入轮辋圈槽内，以防锁圈跳出。

（2）轮胎换位　轮胎换位的基本方法有循环换位法和交叉换位法两种。一次更换轮胎的位置，不能使所有轮胎从轮胎的一侧换到另一侧的换位方法，叫循环换位法。仅一次更换轮胎的位置，便可实现所有轮胎从汽车的一侧完全换到另一侧的换位方法，叫交叉换位法。

进行轮胎换位应注意：

1）轮胎换位应结合二级维护周期进行，换位的方法选定后，不应再随意变动。

2）对有方向性花纹的轮胎，换位后不能改变旋转方向。

3）轮胎换位后，应按规定重新调整轮胎气压。

4）若行驶路面拱度较大或炎热季节、轮胎磨耗差别较大时，可增加换位次数。

本章小结

1）轮胎安装在轮辋上，直接与路面接触。它的作用是：①和汽车悬架共同来缓和汽车行驶时所受到的冲击，并衰减由此而产生的振动，以保证汽车有良好的乘坐舒适性和行驶平顺性；②保证车轮和路面间有良好的附着性，以提高汽车的牵引性、制动性和通过性；③承受汽车的重力，并传递其他方向的力和力矩。

2）有内胎的充气轮胎是在外胎的里面还有一个充有压缩空气的内胎，由外胎、内胎和垫带组成。

3）无内胎的充气轮胎是没有内胎的轮胎，俗称“真空胎”或“原子胎”。

4）普通斜交轮胎根据有无内胎可分为有内胎的普通斜交轮胎和无内胎的普通斜交轮胎。

5）有内胎的普通斜交轮胎的外胎由胎冠、帘布层、缓冲层和胎圈组成。

6）子午线轮胎用钢丝或纤维织物作帘布层，其帘线与胎面中心线的夹角接近90°，从一侧胎面穿过胎面到另一侧胎面环形排列。帘线这样分布像地球上的子午线，故称为子午线轮胎。

7）子午线轮胎的结构由胎圈、帘布层、带束层、胎冠和胎肩组成。

8）子午线轮胎帘布层数比斜交轮胎约少40%～50%。

9）由于子午线轮胎的结构特点，使子午线轮胎有着比斜交胎显著的优点。

10）轮胎的主要尺寸有轮胎的断面宽度（B）、轮辋名义直径（d）、轮胎断面高度（H）、轮胎外直径（D）、负荷下静半径和滚动半径等。

11）汽车轮胎的特性参数主要有轮胎的高宽比、轮胎的层级、轮胎最高速度、轮胎负荷能力和轮胎负荷指数。

12）斜角轮胎的规格用B-d表示。

13）国产子午线轮胎规格用BRd表示，其中R表示子午线轮胎（即“Radial”的第一个字母）。

14）正确使用轮胎需要读懂轮胎的标记。

15）轮胎气压、负荷、汽车行驶速度、气温、道路条件、汽车技术状况、驾驶方法、维修质量和管理技术等因素对轮胎使用寿命影响很大。

16）轮胎充气压力是决定轮胎使用寿命和工作好坏的主要因素。

17）轮胎维护应结合车辆的日常维护、一级维护和二级维护进行，维护周期按汽车规定的维护周期执行。

复习思考题

12-1　汽车轮胎有哪些类型?

12-2　有内胎的充气轮胎有哪些部件组成?

12-3　无内胎轮胎在结构上是如何实现密封的?

12-4　为什么无内胎轮胎在轿车上得到广泛使用?

12-5　子午线轮胎和普通斜交轮胎相比，有什么区别和特点?为什么子午线轮胎得到越来越广泛的使用?

12-6　汽车轮胎的主要尺寸有哪些?

12-7　国产轮胎规格标记的方法如何表示?

12-8　轮胎气压对轮胎的使用有什么影响?

12-9　轮胎的维护要点有哪些?

第十三章　汽车在特殊条件下的使用

学 习 目 标

【能力目标】

1）能正确使用走合期车辆，并能够对走合车辆进行日常维护作业。

2）能在高温、低温条件下正确使用车辆，并能够进行日常维护作业。

3）能在高原、山区条件下正确使用车辆，并能够进行日常维护作业。

4）能在坏路或无路条件下正确使用车辆。

【知识目标】

1）掌握走合期汽车使用的特点、走合期内应采取的措施。

2）掌握低温条件下汽车使用的特点和改善汽车低温使用性能的主要措施、走合期内应采取的措施。

3）掌握高温条件下汽车使用的特点和改善汽车高温使用性能的主要措施、走合期内应采取的措施。

4）掌握高原山区对汽车使用性能的影响和改善高原、山区条件下汽车使用性能的主要措施。

5）掌握汽车在坏路或无路条件下的使用特点和坏路或无路条件下行车的技术措施。

汽车投入运行，往往受到某些特殊使用条件的影响，其各项使用性能得不到充分发挥，或受到严重破坏。这表明汽车的设计、制造及使用应当针对各种特殊的使用条件，采取必要的措施。典型的特殊使用条件包括：走合期、低温条件、高温条件、高原及山区条件、坏路与无路条件。

第一节　汽车在走合期的使用

新车或大修后的车辆，在开始投入使用阶段，汽车零部件正处于磨合状态，还不能全负荷运行，这个使用阶段称为汽车的走合期。

一、走合期汽车使用的特点

新车或大修车虽经过生产阶段的精加工及磨合，但零件的工作表面仍残留很多刀具加工的痕迹，表面粗糙度较大。同时，还存在加工时不可避免的尺寸和形位偏差，以及总成装配时的允许误差。因此，新配合件之间的实际接触面积，要比理论计算面积小得多，单位压力也大得多。此时，汽车若以全负荷高速运行，会导致零件摩擦表面工作温度升高，润滑油膜被破坏，加之，零件工作表面为纯金属表面，材质强度低，使零件加速磨损。走合期内由于使用条件恶劣，磨损量较大，严重时可能出现膨胀咬住或表面刮伤等现象，直接造成零部件的早期磨损。

二、走合期工作过程分析

走合期内汽车的润滑条件较差，加之生产或修理中的缺陷，行车故障率较高。汽车走合期工作过程，就是一个零件工作表面趋于完善，故障率逐渐下降，趋于稳定的工作过程。因此，走合期的实质是一个实现氧化磨合的走合加工工艺过程。在此期间，零件摩擦表面不平的部分被磨去，逐渐形成比较光滑的工作表面，随着行驶里程的延长，零件工作表面形成一层坚韧耐磨的氧化膜，这使得零件的工作表面趋于完善，故障率逐渐下降。走合期终了时汽车的故障率降低，汽车的使用寿命就会延长。

汽车走合期通常为1000~1500km，根据使用特点的不同，可分为三个阶段进行分析。

1. 第一阶段（50~70km）

因为零件工作表面较粗糙，几何形状和装配位置都存在一定偏差，配合间隙也较小。因此，零件磨损和机械损失很大，零件表面和润滑油的温度也很高。这一阶段最好空驶。

2. 第二阶段（100~200km）

在这个阶段，零件工作表面比较光滑，摩擦的机械损失和产生的热量减少，但零件摩擦表面仍属于纯金属表面，材质强度低，应当小负荷运行。

3. 第三阶段

零件工作表面磨合过程逐渐结束，并形成了一层防止配合表面金属直接接触的氧化膜，进入了氧化磨耗过程。行车故障率趋于稳定，汽车的各项使用性能逐渐达到正常。由于氧化膜的形成，需要借助一定的温度和压力环境，这一阶段适合于小负荷运行。

三、走合期内应采取的措施

1. 减轻装载质量

汽车装载质量的大小，直接影响机件使用寿命，装载质量越大，发动机和底盘受力也越大，引起润滑条件变坏，影响磨合质量。所以，走合期内必须适当的减载，一般装载质量不应超过额定装载质量的75%。走合期内汽车不允许拖挂或牵引其他机械和车辆。

2. 限制车速与载荷

车速与载荷对汽车负荷的影响是一样的。装载质量一定，车速若高，发动机和传动件的负荷也越大，因此，走合期内起步和行驶不允许发动机转速过高。汽车维修技术标准中规定，车速一般应为35~45km/h。

3. 预热保温

走合期内发动机起动后，应低速运转，待水温升到50~60°C再起步。路试中，冷却水温应控制在80~90°C，良好的热工况有利于润滑条件的形成，减小磨损，促进走合期磨合的正常进行。

4. 好路行驶

走合期要注意选择路面，不要在恶劣的道路上行驶，避免因振动而产生冲击性载荷。强烈的冲击性载荷将会导致磨损加剧，走合终了时的零件配合间隙变大，汽车使用寿命就会下降。

5. 正确驾驶

发动机起动时不要猛踏加速踏板，以免发动机起步过快而产生较大的冲击性载荷。汽车行驶时要适时换挡。换挡要平顺，尽量减小汽车突然加速所引起的超负荷现象。避免紧急制动、长时间制动或使用发动机制动。走合过程中，对汽车各部件技术状况要及时检查，排除故障，减小故障磨损。

6. 走合期维护

走合期内，要认真做好车辆日常维护工作，经常检查、紧固各部外露螺栓、螺母，注意各总成在运行中的声响和温度变化，及时进行调整。走合期满后，结合一级维护，对汽车进行全面的检查、紧固、调整和润滑作业。

第二节　汽车在低温条件下的使用

我国北方地区，冬季气候寒冷，一般在 -5 ~ -25°C，最冷的时候，气温可达 -40°C 以下。低温给汽车的运行带来了严重的危害，尤其是在汽车冷起动过程中，出现明显的起动困难、总成磨损严重、燃油消耗率增加、排气污染加剧等问题。

汽车的冷起动过程，又称为汽车预热和起动过程，包括以下四个步骤：

1）曲轴自静止状态旋转到发动机起动所必要的起动转速。

2）保持这一转速至发动机起动开始。

3）润滑油自油底壳进入机油泵，并经油道到达工作表面，形成良好的润滑条件。

4）发动机冷却水温达到正常工作温度。

当发动机的结构一定，前两个阶段与发动机的起动性能有关，称为起动阶段；后两个阶段直接影响发动机的磨损，称为预热升温阶段。起动阶段历时较短，发动机的起动性能与曲轴旋转阻力有关。曲轴旋转阻力主要包括：气缸内被压缩可燃混合气反作用力，运动部件惯性力和各摩擦副的摩擦阻力。曲轴旋转阻力越小，发动机能起动的最低起动转速越小，则发动机的起动性能越好。这一阶段，由于润滑条件还未形成，气缸壁、曲轴颈与连杆轴颈的干摩擦现象比较严重。预热升温阶段历时较长，由于机体温度及润滑油温度较低，零件工作表面难以形成良好的润滑油膜，发动机磨损加剧。

一、发动机低温起动困难

气温低于 -18 ~ -20°C 时，冷车起动比较困难，而当气温低于 -40°C 时，不经预热就完全不能起动。使用过程中，发动机低温起动性能，主要是受润滑油粘度，燃料的汽化性能及蓄电池工作能力的影响。

发动机低温起动性能，通常是用能起动发动机的最低温度来表示的。如图 13-1 所示，曲线 1 与曲线 2 的交点对应的温度 -22°C，为该发动机能起动的最低温度。从图中可以看出，随着温度的下降，发动机能起动的最低转速上升。这主要是因为低温使润滑油粘度增加，润滑油内摩擦阻力增大，曲轴旋转阻力升高所致。

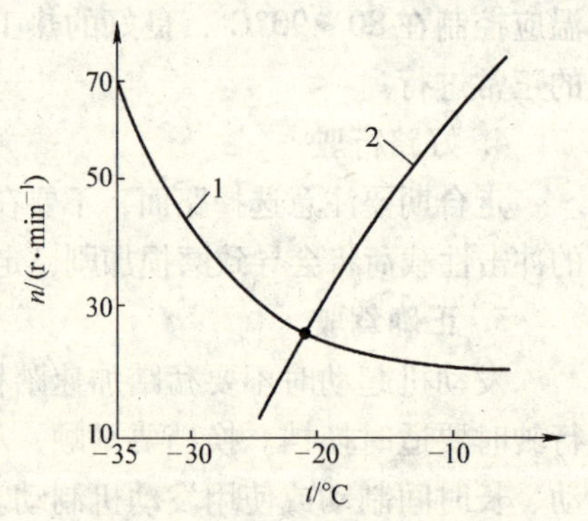

图 13-1　汽油发动机的起动特性

1—发动机能起动的最低起动转速

2—起动系统能带动发动机旋转的转速

低温条件下燃料的汽化性能下降。起动阶段主要表现为：燃料燃烧释放的能量不足以维持发动机顺利起动的必要起动转速，导致发动机起动困难。随着温度的降低，汽油的粘度和相对密度均增大，从 -40 ~ 10°C 汽油的粘度提高 76%，相对密度提高 6%。这样一来，汽油在化油器油道中的流动性变坏，在喉管中的雾化也因其表面张力的增大而变差，进而导致气缸内汽化不良。

在低温条件下使用的柴油机，要求柴油具有很好的流动性和较低的粘度。然而，夏季牌号的柴油，在温度

低于 -18 ~ -20°C 时，粘度开始明显升高。由于柴油粘度增大，引起柴油雾化不良，加之低温，使柴油机起动转速下降，压缩终了的压力和温度下降，燃烧过程变坏，发动机起动困难。当温度进一步降低时，则因燃料含蜡的沉淀物折出，使燃料的流动性逐渐丧失。

低温条件下蓄电池输出功率下降。起动阶段主要表现为：蓄电池的输出功率不能满足发动机的工作要求，起动转速下降，发动机起动困难。蓄电池输出功率下降，主要影响发动机的起动转矩和火花塞的跳火能量。

二、低温条件下汽车总成磨损严重

在发动机的使用周期内，50%的气缸磨损发生在起动过程中，而低温起动对发动机磨损的影响更大。

起动阶段发动机的磨损来自零件配合表面的干摩擦，由于历时较短，相比之下预热升温阶段的磨损更加严重。低温条件下发动机散热温差大，发动机升温缓慢，润滑条件恶劣，在起动后尚未达到正常工作温度之前，磨损强度一直很大。发动机低温起动磨损严重，主要表现为气缸壁、曲轴颈的磨损，主要原因如下：

1）在起动过程中，气缸壁的润滑条件差。

2）冷起动时，大部分燃料以液态进入气缸，冲刷了气缸壁的油膜。

3）汽油的含硫量对气缸壁磨损的影响也很大，这是由于汽油在燃烧过程中产生的氧化硫，与凝结在气缸壁上的水滴化合成酸，引起腐蚀磨损所致。

4）低温起动时，润滑油粘度大，流动性差，油泵不能及时地将润滑油压入各工作表面，使润滑条件恶化。

5）润滑油被窜入曲轴箱中的燃料稀释；燃料不完全燃烧而形成的碳化物也会同废气一起窜入曲轴箱，污染润滑油。

6）在低温条件下，由于轴瓦的合金、瓦背与轴颈的膨胀系数不同，使配合间隙变小，而且很不均匀，加速了轴颈与轴瓦的磨损。

传动系各总成在低温条件下使用时，往往不进行预热，传动系总成（变速器、主传动器和差速器等）的正常工作温度是靠零件摩擦和搅油产生的热量维持的，升温速度缓慢，加之保温条件差，低温条件下工作，传动系中的齿轮和轴承得不到充分润滑，从而使零件的磨损增大。

此外，传动系润滑油因低温而使粘度增大，运动阻力相应增加，传动系总成在很长的工作时间内，相当于大负荷运行，使各总成中传动零件的磨损加剧。

三、改善汽车低温使用性能的主要措施

通过上述分析可知，若汽车使用的环境温度低于 -20°C ~ -18°C 时，发动机起动困难、摩擦加剧，必须采取适当的措施。环境温度越低，对技术措施和车辆改装的要求越苛刻。如果汽车在低于 -40°C 的环境下使用，还应考虑装备必要的冷起动装置和各种保温设备。

1. 保温

对发动机机体、油底壳、蓄电池，乃至整车进行保温，其目的是使发动机在一定的热工况下工作，随时可以出车。在无车库的条件下，一般主要对发动机保温，其次是蓄电池、油底壳、传动系统和驾驶室的保温。

发动机的保温方法，可采用关闭百叶窗或改进风扇参数，也可以降低风扇转速或使风扇不工作（装离合器或采用电控风扇）。后一种方法不但减少了热量耗散，而且还减少了发动机的功率损失。

汽车发动机罩采用保温套，是保持发动温度状况的重要措施。这种常见的保温方法，可以使汽车在 -30°C 左右的气温下工作时，发动机罩内温度保持在 20 ~ 35°C。停车后，发动机主要部位的冷却速度是无保温套的汽车的 1/6。

蓄电池保温的目的是在发动机起动时，提供足够的功率输出，而在汽车运行时，使蓄电池处于温暖的状态，保证发电机为之“补充充电”。低温时蓄电池内阻增大，充电电流小，充电量不足；加之，低温起动耗电量较大，蓄电池输出功率不足导致发动机起动困难。通常的保温方法，是将蓄电池布置在温度较高的发动机罩内，进行“补充充电”保温，防止充电产生的热量散失掉。

底盘传动系统保温，在高寒地区尤其重要。底盘传动系统升温，主要依靠齿轮、轴承的摩擦生热，高寒地区散热温差大，底盘传动系统保温条件差，总成磨损严重。常见的保温方法有底盘保温罩。

驾驶室与车箱的保温，在于降低驾驶员的劳动强度，提高乘坐舒适性。驾驶室与车箱的保温方法，主要表现为使用采暖除霜装置。根据热源的不同，采暖除霜装置分为三种形式：独立燃烧式、发动机尾气余热式和发动机冷却液余热式。

2. 预热

在寒冷地区，汽车预热方法分为进气预热和发动机预热。汽车采用进气预热装置起动，称为“冷态起动”；采用发动机预热装置起动，称为“热态起动”。理论上，环境气温低于 -25°C 时，推荐汽车采用“热态起动”；当处在温度高于 -25°C 的低温环境时，推荐对汽车采用“冷态起动”。

进气预热装置是在起动时，加热进气气流的一种低温起动附加装置。按照加热进气热源不同，可分为电热进气预热装置与火焰进气预热装置两大类。柴油机采用进气预热装置，能起动的温度可以下降 20°C 左右，明显提高发动机低温起动性能。尤其火焰进气预热装置发展很好，现已成为一种主要的柴油机低温起动附加装置。

进气预热装置虽然冷态起动效果明显，但由于发动机机体温度很低，起动过程中润滑条件恶劣，发动机总成（曲轴轴承、连杆轴承及气缸壁）磨损严重，相比之下，采用发动机预热方式进行热态起动，能够更好地解决低温起动所遇到的问题。

采用发动机预热方式进行热态起动，能保证汽车在 -40°C 的低温条件下顺利起动，并且机体温度较高，润滑条件良好，明显减小发动机总成的磨损。气温超低，热态起动比冷态起动的优势越明显。

发动机被加热后，气缸、活塞、活塞环及各轴承的温度升高，存在于这些摩擦副之间的机油温度也随着升高，粘度下降，从而降低了曲轴旋转阻力，汽车热态起动的阻力就比冷态起动的阻力小。环境温度越低，这种差别就越明显。

发动机低温冷态起动时，机油粘度大，润滑条件差，形成润滑油膜缓慢，使磨损增加。如果机油泵泵送性差，还会引起供油中断，这时磨损加剧，严重时还会出现机械故障。发动机预热后，润滑油粘度下降，润滑条件得到很大改善，容易形成良好的润滑油膜，使干摩擦工作状态的时间缩短，因此磨损小。同时，发动机预热还有利于汽车起动后，发动机水温迅速升温至 70～80°C，从而使磨损量相对减小。

发动机预热装置按加热热源不同，可分为热水预热、热蒸汽预热、热空气预热，红外线辐射预热，电加热预热，以及燃油加热器预热。其中燃油加热器预热，以车用燃油为能源，适合随车装备，简便易行，在世界范围内有形成推广的趋势。加热器的加热开关可以用定时器来控制，在驾驶员预选的时间内，自动地进行工作。燃油加热器预热装置在技术上日臻完善。

3. 合理选用燃料和润滑油

低温条件下使用的燃料，应具有良好的挥发性、流动性、低含硫量，以利于低温起动和减少磨损。汽车在严寒地区使用，应当选用专门牌号的冬季汽油和柴油。

采用低温时粘度增加不显著的冬季润滑油，可使零件的润滑条件得到改善，并降低起动阻力。

4. 防止冷却系统冰冻

防止发动机冷却系统冰冻，是低温条件下汽车使用的一项重要措施。行车之后，车辆在露天停放时，要及时放水或采用防冻液。后者能减轻驾驶员的劳动强度，大大减少起动前的准备时间。

防冻液在使用时应注意以下几点：

1）在配制防冻液时，选用防冻液的冰点，应比使用地区的最低温度低 10°C。

2）加注前，要仔细检查冷却系的密封性，因为防冻液表面张力低于水，比水容易泄漏。

3）由于防冻液的膨胀系数大，所以只能加到冷却液总容积的 95%，以免升温后防冻液溢出。

4）不同类型的防冻液不能混用。

5. 供油系统和点火系统的调整

在冬季，为适应低温工作的需要，可适当将浮子室油平面高度和加速泵行程升高，以保证所需要的混合气浓度。

为了便于低温起动，应适当增加断电触点闭合角度，将触点间隙调整为 0.30～0.40mm，以增强火花强度。

6. 车轮的使用

寒冷地区的冬季冰雪较多，由于冰雪路面附着系数小，制动效能变坏，汽车行驶容易发生侧滑，造成行车困难，车轮可装用防滑链。在特别寒冷的情况下，橡胶轮胎易产生硬化，变脆现象，在冲击载荷作用下易破裂。因此，为使轮胎升温和减少冲击，应使汽车缓慢起步，低速行驶一段里程。

第三节　汽车在高温条件下的使用

一、高温条件下发动机过热对汽车性能的影响

在我国南方和夏季的北方地区，气候炎热，发动机冷却系统的散热温差小，散热能力差。高温对汽车的影响集中表现为“发动机过热”。发动机过热使汽车使用性能受到破坏，

直接表现为发动机充气能力下降，燃烧不正常（爆燃、早燃），机油变质、磨损加快、供油系统产生气阻。

1. 发动机充气能力下降

气温超高，冷却系散热效率就越低，所以发动机罩内温度越高，空气密度减小，充气能力下降，发动机功率下降，导致汽车动力性不足。

2. 燃烧不正常

由于发动机温度高，使燃烧过程中产生的过氧化物活动能量增强，容易产生爆燃；发动机的温度较高，使窜入气缸中的润滑油在高温缺氧的条件下，生成积炭胶质和沉淀物。胶质、沉淀物粘附在活塞顶、气缸壁和其他零件的表面上，使其导热性变差。积炭形成炽热点，引起早燃或爆燃，会使缸体、缸盖和曲轴产生变形，甚至产生裂纹，还容易冲坏气缸盖衬垫，造成气缸压力下降，使发动机的功率减小，动力性下降。

汽车动力性不足，发动机转速下降，气缸内火焰传播速度变缓，热效率下降，单位时间发动机机体传递的热量增多，而散热能力差，发动机罩内热量堆积，使得发动机工作循环温度不断上升，燃料燃烧不正常，直至发动机熄火。这一工作过程中，汽车的燃油经济性也急剧下降。

3. 润滑油变质、磨损加快

在高温条件下，发动机的燃烧室、活塞和活塞环区域，以及油底壳是引起润滑油各种性质变化的主要区域。由于发动机过热，使这些区域的温度升高，加剧了润滑油的热分解、氧化和聚合过程。燃烧的废气窜入曲轴箱，提高了油底壳温度，又污染了润滑油。发动机的工作循环温度越高，润滑油的变质越快。

发动机在高温条件下工作，燃料不完全燃烧时的产物、空气中的水蒸气、灰尘，通过进气系统或曲轴箱通风口处，进入发动机与润滑油接触，此外，还与零件的金属表面和磨损产物接触。结果使润滑油的物理、化学性质发生变化，并在润滑油中聚集各种污垢物，从而破坏了发动机润滑条件，并引起发动机早期磨损。

高温条件下使用的汽车，虽然起动过程中磨损减少了，但是，行驶时间过长，尤其是超载、爬坡或高速行驶，润滑油温度更高，粘度下降，润滑油压力降低，油性更差，再加上润滑油易变质，也加速了零件的磨损。

4. 供油系统产生气阻

汽油在油管中受热后，挥发成气体状态，积存在油路中的汽油蒸气阻碍汽油流动，在汽油泵中的油气使油泵吸油真空度下降，造成发动机供油不足或中断，这种现象称气阻。气阻现象在高温条件下很容易发生。

供油系统的气阻现象是由于供油系统受热后，汽油中的部分轻馏分挥发变成气体，存在于汽油管及油泵中，增加了汽油流动阻力。同时，由于气体的可压缩性，使存在于汽油泵出油管中的油蒸气随着汽油泵的脉动压力，不断地压缩膨胀。而存在于汽油泵进油管中的气体，则破坏了汽油泵在吸油行程中所形成的真空度，造成发动机供油不足甚至中断，汽车不能行驶或难于起动。

影响产生气阻的因素：

(1) 汽油的品质　主要是汽油的挥发性。汽油的挥发性越好，形成的气体越多，越易产生气阻。

（2）供油系统在发动机上的布置　汽油管道布置和汽油泵的安装位置，对产生气阻有很大关系，越靠近热源（如排气管），越易产生气阻。

（3）发动机罩内的温度及大气压力　发动机罩内的温度高低与发动机通风良好程度有关，汽车车头设计不合理，机罩内温度增高，容易产生气阻。另外，大气压力越低（高原山区），也容易产生气阻。

（4）汽油泵在高温条件下的工作能力　结构不同的汽油泵，尽管泵油量相同，但是，抗气阻的能力不一样。泵油压力高的汽油泵，抗气阻能力较强。

二、高温条件下防止发动机过热的技术措施

1. 提高发动机冷却系统的冷却强度

在高温条件下使用时，发动机可以在结构等方面进行某些改进来增大冷却系统的冷却强度。如改变风扇的参数，提高风扇的转速，采用形状过渡圆滑的护风圈等。尽量使气流畅通、分布均匀、阻力小，没有热风回流现象及散热器正面避免无风区，风扇对散热器的覆盖面积要大些。还可以采用通风良好的发动机罩、罩外吸气、冷却供油系统等办法，减少吸入的空气及减小汽油温度的变化。

2. 加强技术维护

根据夏季气温高的特点，为适应汽车正常运行的需要，在夏季来临以前，结合二级维护，对全车进行一些必要的季节检查与调整。

（1）加强冷却系统的使用与维护

1）注意冷却系统的检查，保证有充足的冷却水，冷却系统的密封情况，风扇传动带的松紧度，节温器和水温表的工作情况。

2）清除冷却系统（散热器、水套）的水垢。试验表明，铸铁的热导率比水垢大十几倍，铝比水垢的热导率大 30～100 倍。

3）当发动机过热水箱开锅时，应及时停车怠速降温，且注意不要熄火，防止发动机内部过热而发生拉缸等机械事故。

（2）发动机采用高粘度牌号的润滑油　这样可适当缩短换油周期。

（3）调整化油器　降低浮子室油面高度，减少主喷管与省油器的出油量，适当推迟点火提前角。

（4）注意夏季行车　夏季行车时，会出现蓄电池过充电，电解液蒸发快，极板损坏等故障，则需检查电解液密度和液面高度。电解液的密度比冬季使用时要小些。由于外界气温高，需经常加注蒸馏水，并保持通气孔畅通。适当调整发电机调节器，减小发电机的充电电流。

3. 防止爆燃

汽车长时间在高温条件下工作，可适当推迟点火提前角和降低进气温度来防止爆燃的产生。由于发动机爆燃与发动机的进气温度有很大关系，因此，可以改进进气方式，降低进气温度，防止爆燃。

4. 防止气阻

影响气阻产生的因素是汽油的品质（挥发性），供油系在发动机上的布置，油泵的使用性能以及大气的温度与压力等。

对于在高温条件下使用的汽车，防止气阻的措施是改善发动机的散热和通风，设法将供油系统的受热部分与热源隔开或采取降温措施。如采用结构和性能良好的电动油泵，由于其不需要发动机驱动，所以可安装在不易受热的位置上，降低输油温度，也可有效地防止气阻现象。再者，在化油器进油管接头上安装回油管路，使油泵向化油器输送的多余汽油流回油箱，加快了油管中汽油的流动，减少汽油在油管中的停留时间，从而降低了汽油的温度，防止气阻现象产生。

第四节　汽车在高原和山区条件下的使用

汽车在高原、山区行驶时，由于海拔高、气压低、空气稀薄，发动机充气量减少；而且，汽车长时间行驶于坡度陡而长的地段，发动机冷却系统容易“开锅”，导致动力性、经济性下降，行驶安全性变坏等。

一、高原山区对汽车使用性能的影响

1. 海拔高度对发动机动力性的影响

随着海拔升高，气压逐渐降低，使发动机充气量下降，发动机动力降低。海拔高度每增加1000m，大气压力下降约11.5%，空气密度约减少9%，发动机功率和转矩分别下降12%和11%左右。

2. 海拔高度对燃料经济性的影响

汽车化油器一般是按海拔1000m以下设计和调整的，当化油器在高原使用时，由于空气密度变化很大，空燃比变小，混合气变浓，使发动机的油耗上升。如图13-2所示为海拔高度与行驶油耗增加率的关系曲线。

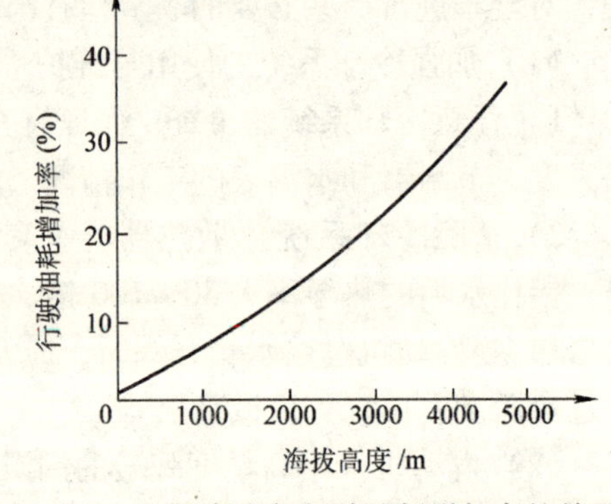

图13-2　海拔高度与行驶油耗增加率的关系

汽车在高原山区行驶，地形条件复杂，坡陡而长，汽车经常使用低挡。低挡大负荷工作时间长，引起油耗增大。

海拔升高，大气压力降低，燃料挥发性增强。当大气压力从101.33kPa降至79.99kPa（海拔高度约2000m），相当于外界气温上升8～10°C所造成的影响，因此，供油系统容易发生气阻和渗漏。

3. 高原山区行车加剧了机件磨损

由于发动机功率下降，使发动机长时间满负荷工作，发动机易过热，导致润滑油粘度下降，减磨性能变差；加之过浓的混合气燃烧不完全，窜入曲轴箱，稀释润滑油，加剧机件磨损。

4. 海拔高度对生成排气污染物的影响

海拔升高，发动机充气量下降，可燃混合气变浓，空燃比变小，不完全燃烧现象严重，从而影响

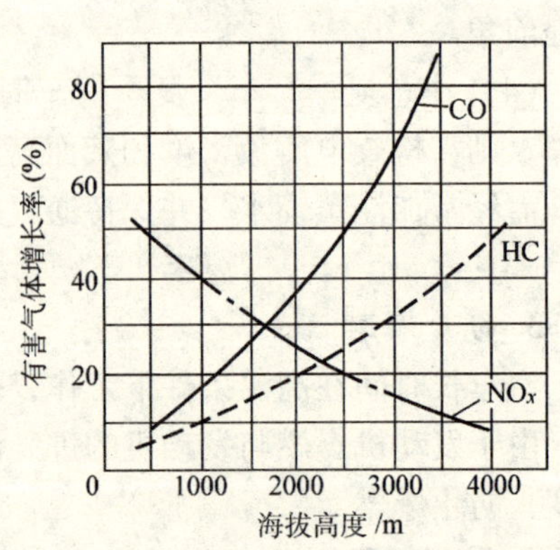

图13-3　海拔高度与排气污染物排放量的关系

排气污染物的排放量。如图 13-3 所示，CO、HC 的排放随海拔升高而增大，而 NO_x 的排放有所下降。

二、改善高原、山区条件下汽车使用性能的主要措施

为了提高发动机的动力性和经济性，采取的措施如下：

1. 提高发动机压缩比

提高压缩比不仅可以提高发动机充气量，而且提高了气缸压缩终了的温度与压力，增加膨胀比，加快燃烧速度，改善燃烧过程，减少热量损失，使发动机适用于采用较稀的混合气，从而提高了发动机动力性和经济性。提高发动机压缩比，应以不产生爆燃为限，合理选择压缩比。

在提高发动机压缩比时，对于侧置气门式发动机，由于燃烧室不紧凑，受热面积大，压缩终了的温度高，易产生爆燃、冲坏气缸垫、损坏机件。因此，尽量采用散热性能好的铝缸盖，不易因过热而引起爆燃。

2. 合理选择配气相位

合理选择配气相位可以提高发动机的充气量，改善发动机的动力性和经济性。配气相位的确定，应与发动机的实际转速范围相适应。发动机转速不同，进、排气门开、闭角对气流惯性的影响也不同，因而进、排气门开闭的最有利的角度应随之变化，其中进气迟关角和排气提前角影响最大。一般情况下，这两个角度均随发动机转速的提高而增大。

为了使凸轮轴的设计更为合理，应与发动机常用转速工况相适应，以提高充气量，改善汽车在高原地区的使用性能。

3. 采用增压设备

柴油机由于无爆燃限制，使用增压器比较合适，既增加了充气量，压缩终了的压力和温度也相应提高，从而改善了发动机的动力性和经济性。汽油机采用废气涡轮增压的困难很大，其中主要是爆燃问题和由于汽油机排气温度高而产生的涡轮热负荷过高问题。此外，还有化油器布置问题等。因此，废气涡轮增压在汽油机上的应用受到一定限制。但是作为高原地区使用的汽车，恢复原有的发动机功率仍是行之有效的办法。

4. 调整油路、电路

随着海拔升高，混合气变浓，燃烧会不完全。为此，应按海拔高度调整化油器主量孔，减小流量，并将空气量孔适当加大，以改善混合气的形成，提高发动机的动力性和经济性。随着海拔的升高，发动机压缩终了的压力降低，火焰的传播速度减慢，而空气稀薄又使化油器的真空提前装置受到影响。为此，可将点火提前角略为提前 1°～2°，还可以适当调整火花塞和断电器触点间隙，以使火花塞产生较强的火花。

5. 采用含氧燃料

所谓含氧燃料，就是在汽油中掺入酒精、丙酮及其他含氧化合物。燃烧过程从理论上讲，所需必要的空气量减少，含氧燃料补偿了因气压低而产生的充气量不足。含氧燃料的主要作用是通过进一步氧化排气污染物中有害的 CO、HC，使之还原为水和 CO_2，达到净化尾气排放的目的。对于改善高原山区条件下汽车性能下降的问题，含氧燃料的作用非常有限。

因此，经常在高原山区条件下行驶的汽车，为了提高发动机动力性能，燃料经济性能，最根本的措施是在结构上进行改进。

三、制动系在高原山区的使用特点及改进措施

在高原、山区行驶的汽车，下长坡时间长，制动系制动频繁，摩擦片和制动鼓经常处于高温状态，最高温度可达400°C左右。在这种情况下，摩擦片的摩擦因数急剧下降，制动效能降低（热衰退现象），严重时可能出现制动失效，磨损加剧并带有破裂现象。

气压制动系，由于高原空气稀薄，空气压缩机的压气效率下降，供气压力不足；再加上制动频繁，耗气量大，往往不能保证制动的可靠性。液压制动系若选用高温抗气阻性差的制动液，制动管路则容易产生气阻现象，导致制动失效。高原和山区安全行驶的措施如下：

1. 采用辅助制动器

辅助制动器有电涡流制动器、液涡流制动器和发动机排气制动器。前两种由于体积大，结构复杂，多用于山区或矿用重型汽车上。发动机排气制动是一种有效而简便的措施，它是在一般发动机牵阻制动的基础上，在发动机排气管上装一个片状阀门，在使用发动机制动的同时，将阀门关闭，以增大发动机的排气阻力。排气制动可保证各车轮制动均匀，制动功率可达发动机有效功率的80%～90%。

2. 改进摩擦片材料

构成制动器摩擦片的主要材料是石棉。石棉的耐高温性能良好，可在200°C的高温条件下正常工作。但石棉的导热性不好，高原山区条件下，汽车频繁制动，摩擦片局部工作温度升高；当工作温度过高，石棉的摩擦因数急剧下降，导致制动效能下降，这种现象被称为热衰退。若在石棉材料表面形成一层坚韧、耐高温的氧化膜，则有利于改善摩擦片的耐磨性和耐高温性能。此外，在摩擦片中添加一部分导热性和耐磨性好的金属成分，如铅、铜等，都有利于防止摩擦片局部工作温度过高，从而提高汽车制动效能及制动效能恒定性。

3. 制动鼓淋水

为防止制动器过热，在下坡时，对制动鼓外圆淋水的冷却效果较好，可基本上防止摩擦片的烧蚀现象。

还应指出，由于高原地区空气稀薄，昼夜温差大，发动机冷却强度有时和发动机负荷不相适应；低挡爬坡时，发动机易过热，停车时，发动机又很快冷却。因此，发动机应采取良好的冷却与保温措施。

汽车在山区行驶，制动转弯次数多，底盘机构负载大，应适当缩短其维护周期。

第五节　汽车在坏路或无路条件下的使用

坏路是指雨季泥泞的土路、冬季冰雪道路和覆盖砂土的道路等。无路是指松软土路、耕地、草地、沼泽地和灌木林等地带。

一、汽车在坏路或无路条件下的使用特点

汽车在坏路或无路条件下的使用特点是车轮与路面的附着力小、行驶阻力大、汽车行驶的充分必要条件受到破坏，汽车行驶安全性差，动力性的发挥受到限制，导致燃油经济性下降。外部特征表现为汽车通过性下降。汽车在坏路或无路条件下使用，燃料消耗比一般正常使用条件约高35%。

汽车在松软的土路行驶，路面变形量大，滚动阻力增大，甚至陷车，使发动机熄火。在泥泞路上行驶时，往往由于附着系数降低，引起驱动轮打滑，通过性变坏。

沙路的特点是表面松散，受压力后变形大，嵌入轮胎花纹内的砂土，在水平方向的抗剪切破坏能力差，使附着系数降低，但轮胎的滚动阻力却增大。砂路和流砂地容易使汽车打滑，特别在流砂地上，汽车车轮的滚动阻力系数可达0.15～0.30或更大，汽车的通过性能明显下降。

雪路对汽车通过性的影响是很大的。这主要取决于雪的密实度和厚度。雪层密实度越小，车轮的滚动阻力系数越大，附着系数越小，汽车行驶条件变差。

雪层的厚度对汽车行驶也有一定影响，松软的雪层加厚，汽车的通过能力会明显下降。经验表明：雪层厚度大于汽车最小离地间隙的1.5倍，雪的密度低于450kg/m^{3}时，汽车便不能通过。

冰路上行驶的汽车，车轮与冰面的附着系数非常低，在冬季冰滑的道路上，附着系数可降低到0.1以下，但车轮的滚动阻力与刚性路面相差不大。为了保证行车安全，在冰路上行驶时，车速要低，行车间隔要大；在通过结冰河流时，需要检查冰的厚度和坚实情况，应按选定路线平稳匀速通过，中途不准换挡，不准使用紧急制动，不允许停车。途中发现裂痕，应及时避开绕路行驶。

二、坏路或无路条件下行车的技术措施

1. 采用合理的驾驶方法

松软道路附着系数很低，防止侧滑很重要。所以，驾驶时使用制动要特别小心。不准使用紧急制动，转向也不能过急，以免发生侧滑。尤其是坡道或急弯行驶更要注意。若一旦出现侧滑，则首先要抬起加速踏板，降低车速，并立即将转向盘转向车轮侧滑的方向，以防止继续侧滑或发生事故。

通过泥泞或翻浆路时，最好一鼓作气地通过，途中不要换挡，不停车。如果被迫停车，再起步时不能挂最低挡，起步时轻踏加速踏板，保持牵引力小于附着力，避免产生打滑现象。

当汽车已陷入泥泞道路空转打滑时，不可盲目加大加速踏板行程强行驶出，以免越陷越深。强行驶出易破坏机件。

2. 合理地使用汽车轮胎

汽车轮胎对其通过性有决定性的影响。为了提高汽车通过性，必须正确选择轮胎气压、花纹、结构系数等，减小汽车行驶阻力，提高汽车附着力，改善汽车在恶劣道路条件下的使用性能。

在松软道路上，汽车轮胎单位面积的压力越大，路面变形量越大，滚动阻力就越大，汽车的通过性也就越差。所以，降低轮胎气压，加大轮胎宽度，可使滚动阻力下降，从而改善行驶条件。当汽车打滑又埋陷在泥泞路中时，为了减轻单位面积压力，卸下运载货物也是一种必要的措施。若汽车打滑而未陷下时，可增加后轴附近装载货物量，改变汽车附着重量可以提高附着力，便于汽车通过。

另外，使用调压器，驾驶员可以在驾驶室内调节轮胎气压，从正常胎压降到极低的气压49～68.6kPa，轮胎印痕面积增大2～3倍，单位压强相应降低，使汽车在松软和泥泞的道路

上的使用性能得到改善。

3. 采用应急措施

采用应急措施以降低滚动阻力，提高车轮与路面的附着力。为防止车轮滑转，可以在短时间内采用有效的应急措施，如在汽车驱动轮上装防滑链，是提高车轮与路面附着系数的有效措施。防滑链的形式主要取决于路面状况和汽车行走系的结构。防滑链有普通防滑链和履带式防滑链。

普通防滑链是带齿的（圆形、V形或刀形）链条，用专用的锁环装在轮胎上。这种防滑链在冰雪路面和松软层不厚的土路上有良好的通过性，而在松软层厚的土路上使用效果明显下降。

履带链有菱形和直形两种。履带链能保证汽车在坏路上，甚至驱动轮陷入土壤或雪内仍可以通过，菱形履带还具有防侧滑能力。

防滑链的缺点是链条较重，拆装不方便，更重要的是装有防滑链的汽车，其动力性和经济性均下降，在硬路面上行驶的冲击大，使轮胎和后桥磨损增大，因此仅在困难道路的行驶时才装用。

另外，汽车克服局部障碍或陷住时，可采用自救措施。一般自救的方法是去掉松软泥土或雪层，在驶出的路面上撒砂、铺石块或木板等，然后将汽车开出。也可以用绳索绑在树干（或木桩）和驱动轮上，如同绞盘那样使汽车驶出。

本章小结

1. 新车或大修后的车辆，在开始投入使用阶段，汽车零部件正处于磨合状态，还不能全负荷运行，这个使用阶段称为汽车的走合期。汽车走合期通常为1000～1500km。

2. 走合期内应采取的措施：①减轻装载质量，一般装载质量不应超过额定装载质量的75%；②限制车速与载荷；③预热保温；④好路行驶；⑤正确驾驶。

3. 走合期内，认真做好车辆日常维护工作，经常检查、紧固各部外露螺栓、螺母，注意各总成在运行中的声响和温度变化，及时进行调整。走合期满后，结合一级维护，对汽车进行全面的检查、紧固、调整和润滑作业。

4. 低温给汽车的运行带来了严重的危害，产生起动困难、总成磨损严重、燃油消耗率增加、排气污染加剧等问题。

5. 改善汽车低温使用性能的主要措施：①保温；②预热；③合理选用燃料和润滑油；④正确选用防冻液，防止发生冰冻；⑤正确调整供油系统和点火系统；⑥正确使用轮胎。

6. 汽车在高原、山区行驶时，由于海拔高、气压低、空气稀薄，发动机充气量减小；而且，汽车长时间行驶于坡度陡而长的地段，发动机冷却系统容易“开锅”，导致动力性、经济性下降，行驶安全性变坏等。

7. 改善高原、山区条件下汽车使用性能的主要措施：①提高发动机压缩比；②合理选择配气相位；③采用增压设备；④正确调整油路、电路；⑤采用含氧燃料。

8. 在高原、山区行驶的汽车，制动系制动频繁，摩擦片和制动鼓经常处于高温状态，最高温度可达400°C左右。制动效能下降（热衰退现象），严重时可能出现制动失效，磨损加剧并带有破裂现象。气压制动系，由于高原空气稀薄，空气压缩机的压气效率下降，供气压力不足；再加上制动频繁，耗气量大，往往不能保证制动的可靠性；液压制动系统若选用高温抗气阻性差的制动液，制动管路容易产生气阻现象，导致制动失效。

9. 制动系统在高原山区使用的改进措施：①采用辅助制动器；②改进摩擦片材料；③制动鼓淋水降温。

10. 汽车在坏路或无路条件下行车的技术措施：①采用合理的驾驶方法；②合理地使用汽车轮胎；③正确采用应急措施。

复习思考题

13-1　什么是汽车的走合期？走合期内汽车有何特点？

13-2　走合期内汽车应如何正确使用？走合期满后汽车应进行哪些维护作业？

13-3　汽车在低温条件下行驶常出现哪些故障？如何正确使用防冻冷却液？

13-4　改善汽车低温使用性能的主要措施有哪些？

13-5　发动机过热对汽车使用性能有何影响？高温条件下怎样防止发动机过热？

13-6　海拔高度对发动机动力性和经济性有什么影响？

13-7　如何改善高原、山区条件下汽车的使用性能？

13-8　坏路或无路条件下车辆运行应注意什么？

第十四章 车辆的养护与美容

学 习 目 标

【能力目标】

1）能正确、合理地选择和使用各种美容材料。

2）能正确操作汽车清洗设备。

3）能进行车身美容和打蜡作业；能进行汽车漆面护理；能进行车内整容和汽车形象设计；能进行汽车太阳膜装饰。

【知识目标】

1）了解当前汽车美容材料的种类、功用和特点，掌握各种美容材料使用方法。

2）了解汽车清洗的时机，掌握汽车清洗的步骤、程序和方法。

3）了解汽车美容护理的时机，掌握汽车美容护理的基本程序和方法。

4）了解汽车漆的分类，掌握汽车漆面护理的方法；掌握车内整容和太阳膜装饰的方法与步骤。

5）掌握汽车美容时的安全注意事项。

随着我国汽车工业的飞速发展和人民物质生活水平的不断提高，汽车特别是轿车已经走入千家万户。与此同时，一种新兴的行业——汽车养护与美容业悄然兴起，而且越来越受到广大车主的认可和欢迎，近年来得到迅速的发展。

所谓汽车养护与美容是指，针对车辆各部位不同材质所需要的保养条件，采用不同性质的专用护理材料和产品，对汽车进行全新的保养护理的工艺过程。它主要包括：汽车美容护理用品的选择与使用，汽车的清洗、打蜡，汽车油漆护理，汽车整容与装饰等内容。

第一节 汽车美容材料

近年来，随着汽车美容护理行业的兴起，各类汽车美容材料相继问世，并得到了广泛的应用，特别是轿车美容护理服务业更是方兴未艾。熟悉和了解当前汽车美容材料的种类、功用和特点，正确、合理地选择和使用各种美容材料，对我们来说是十分必要的。

一、清洁保护用品

1. 清洁剂

（1）万用清洁剂

1）功用及特点：可除去各种玻璃、漆面以及金属制品表面上的污垢。该产品为泡沫型清洁剂，雾化性好，无滴流现象。且不伤害漆面、塑胶和橡胶制品。

2）使用方法：直接喷涂在不洁表面之处，使泡沫停留约1min，不等完全干后，用干净棉布擦拭即可。

（2）制动清洁剂

1）功用及特点：迅速清除车轮制动器等各类摩擦副表面上的污垢，消除和降低产生轧辗的噪声。该产品不含有毒物质，不会造成环境污染，但属易燃物品，使用和存放时应注意安全。

2）使用方法：直接喷涂在鼓式制动器、盘式制动器、制动蹄片、制动组件、离合器压盘、风扇带等受压零件的不洁表面上，稍后用干布擦净即可。

（3）发动机外表面清洁剂

1）功用及特点：能清除发动机外表较重的油污。该产品水溶性好，呈碱性，含有缓蚀剂成分，能快速乳化分解去除油污，且不腐蚀机体。

2）使用方法：用水稀释（1:3～1:5）后，喷洒在发动机表面的油污处，稍后用适量的清水冲净，再用干净棉纱擦净即可。

（4）车内仪表板清洁剂（也称车内合成橡胶、塑胶亮光剂）

1）功用及特点：清除人造革及真皮上的油污，保持仪表板的整洁和光泽。该产品不含硅力康，不会破坏漆面，并有柠檬香味。但属易燃物品，不可置于易燃处。

2）使用方法：直接喷涂在车门、仪表板、其他车内合成橡胶、塑胶物质、真皮制品等物体表面上，用软布擦拭即可。

（5）多功能清洁柔顺剂

1）功用及特点：能对汽车内室及后备箱各部位进行清洗翻新；去污力强，尤其对丝绒或地毯表面可起到清洁、柔顺、杀菌和还原着色功效。该产品分为低泡清洗剂和高泡清洗剂两种。低泡清洗剂适用于喷油机使用；高泡清洗剂可用于人工使用。

2）使用方法：用喷油机或手工喷洒在所需要的部位，用软布轻轻擦拭，再用干布擦干清洗部位即可。

（6）重油清洗剂

1）功用及特点：该产品是一种强力的、可乳化的溶剂型重油清洗剂，能有效地清除汽车发动机、底盘零部件和设备上的重油污。本产品可吸收六倍于容积的油污，故可重复使用，对车体各部位无腐蚀作用。且很容易用水冲洗干净，不会造成二次污染。

2）使用方法：将本剂喷涂于油污处，然后将形成的胶束用水冲净，再用干布擦干净。

2. 除锈缓蚀剂

（1）二硫化钼缓蚀剂

1）功用与特点：在金属表面形成一层二硫化钼保护膜，能除去强烈的铁锈及污垢；洗涤及榨出胶质及树脂污垢。具有除锈、防锈、润滑、降噪的功效。

2）使用方法：将本产品对准需要除锈、防锈的零部件表面进行喷涂。

（2）特级缓蚀剂

1）功用与特点：本产品属于润滑油脂的缓蚀剂，能除去强烈的湿气，保护机件表面，防止形成铁锈。还可以防止点火线圈漏电，迅速恢复原有的特性。

2）使用方法：将本剂对准需要喷涂的表面进行喷涂。

3. 汽车护理剂和护理香波

（1）汽车清洁香波

1）功用与特点：该产品 pH 值（酸碱值）为 7.0，呈中性。不腐蚀漆面，不脱蜡，伴有柠檬芳香味道。能清洗车身、车面，去油污、去静电。

2）使用方法：首先用适量净水稀释，涂抹于车身漆面进行清洗，最后用干布擦净。

（2）汽车清洁上蜡香波

1）功用与特点：该产品也称作“清洁上蜡二合一”，同时具备除油污、去静电以及给车身涂蜡上光的功用。该香波性质温和，呈中性，不伤漆面，不脱蜡，伴有芳香味。

2）使用方法：用适量净水稀释后，将本剂涂洒于车身漆面进行清洗，最后用干布擦拭干净。

（3）电脑洗车机用上蜡香波

1）功用与特点：作为电脑洗车的最后工序，应将汽车表面进行除水，以加快干燥过程，并要求清洗之后无任何斑点，在汽车漆面上留下一层光亮蜡膜，从而起到护理作用。

2）适用范围：所有车型的车身。

二、漆面护理材料

1. 研磨剂

（1）功用　利用研磨剂中坚硬的浮岩治理汽车油漆表面出现的氧化、划痕、褪色等漆质缺陷。

（2）种类与特点　主要分为普通漆研磨剂和透明漆研磨剂。普通漆研磨剂中浮岩颗粒大，研磨速度快，但容易伤及底漆；透明漆研磨剂中的浮岩被微晶物和合成磨料或陶土等新型材料所替代。它们的切割功能不像浮岩那样坚硬，且在一定热量下，新型材料可以通过化学反应变小或变无。一般研磨剂又根据颗粒的大小，分为深切、中切和微切三大类。

2. 蜡和抛光剂

（1）车蜡　车蜡的主要功能是去污、除锈、防垢、保持车身光泽等。根据使用目的的不同，车蜡又分为去污蜡、亮光蜡、车身及底盘保护蜡、抗静电蜡、彩色蜡等不同种类。

（2）抛光剂和增光剂　主要用于修整漆面细微的暇疵，增加漆面的亮度和光泽。其主要种类包括：

1）强力抛光剂。该产品是比研磨剂所含颗粒更细的一种新型材料，能除去漆面较厚的氧化层、划痕以及喷漆时留下的“麻点”、“流痕”。此品不含硅和蜡，可较安全地应用于喷漆车间和汽车美容店。

2）漆面还原抛光剂。该产品比强力抛光剂的研磨颗粒更细一些，能除去漆面中的氧化层和轻度划痕。此品不含硅和蜡，是汽车漆面翻新的主要用品。该品所含油分在漆面抛光过程中渗入漆面内，补充油漆失去的油分，起到护理和增亮的作用。

3）玻璃抛光剂。能除去玻璃上沾染的油脂、沥青、污渍、昆虫尸体以及其他难以除去的污垢和氧化层。

4）快速抛光增艳剂。该产品比抛光剂的研磨颗粒更细一些，具有去除轻微的氧化层和上蜡护理的双重功效。作为抛光的最后一道程序，可用手工来完成，可弥补机器抛光不产生光环等现象，有增艳效果，故又称增艳剂。

5）多功能抛光增光剂。可除去金属电镀层、玻璃等硬质表面发乌的氧化层，使其恢复原有的光泽，形成一层极亮的保护膜。使用快捷，效果显著，特别适用于新车的售前准备。

三、其他护理用品

1. 刮水器精

（1）功用与特性　快速清除玻璃污垢，延长刮水器寿命。该产品为界面离子浓缩剂，不伤害车身、钢板和漆面，不产生伤害眼睛的折光。

（2）使用方法　将刮水器精注入刮水器喷水箱，以清水作为最好的刮水器水。一罐25mL的刮水器精，能与2.5～3L的清水稀释，可适用于任何车种。

2. 防雾剂

（1）功用与特性　可达到清洁、清澈、防雾的作用。不伤害漆面和刮水器，对环境无污染。

（2）使用方法　打开易拉罐，倒入喷雾罐内即可使用。适用于汽车的内、外风窗玻璃。该产品为易燃物，应注意妥善保管。

3. 散热器恒温防漏剂

（1）功用与特性　防止散热器漏气和漏水，保持散热器恒温，防止水质变化产生锈蚀及水垢，保护冷却系统、润滑水泵。该产品对橡胶及金属制品不会造成伤害。

（2）使用方法　将散热器加清水，同时加入本剂。一罐250mL的散热器恒温防漏剂，可稀释15kg的水。起动发动机15min后，散热器的冷却液温度升高，开始发挥效用。

4. 耐久弹性填缝胶带

（1）功用与特性　用于汽车挡泥板、车体、其他金属接点的填缝。对冷气机及汽车冷冻系统的冷冻管的隔热具有卓越功效。本品耐热性能好，不收缩，可保持永久弹性。

（2）使用方法　将被修补的对象清洁干净，将胶带填入缝隙中。该产品的正常使用的温度范围为-50～100℃。

5. 超级6号

（1）功用与特性　该产品的主要功用是除锈、防锈和润滑。特别是对轴承、螺纹联接件因长期锈蚀出现卡死而无法松动时具有显著的功效。

（2）使用方法　对准需要喷涂的表面，少量喷射即可达到效果。提醒注意的是，本剂为易燃品，需要妥善保护。

6. 空气清新剂

该产品是汽车室内清洁护理用品，属喷雾剂型，由天然香料制成，伴有自然芳香，喷后扩散快，香味保持时间长，并兼有杀菌功效，对人体无副作用。

第二节　汽车的清洗

一、汽车清洗的时机及注意事项

汽车清洗是车辆养护与美容的最基本的工作。它不仅能使汽车清洁亮丽、光彩如新，更主要的目的是使车辆的漆面得到最基本的保护，并为进一步的护理与美容打下良好的基础。在进行汽车清洗过程中应注意以下几个问题。

1. 洗车的时机

（1）根据气候变化调整洗车时机

1）连续晴天时，要用鸡毛掸子清除车身上的灰尘，再用湿毛巾或湿布擦拭前后风窗玻璃、车窗及两侧的后视镜。一般清除程序是先车顶、再两侧，最后擦拭发动机盖和行李箱盖。如果一直维持这种天气，大约一周做一次全车清洗即可。

2）连续雨天时，要用清水先将全车喷洒，使车上的污物脱落。因为还会下雨，只需用湿布擦拭全车的所有玻璃即可。等天放晴之后，再将全车清洗干净。

3）遇到忽晴忽雨的天气时，要经常清洗车身。

（2）依据行驶路况选择不同的清洗时机

1）车辆行经工地时，车辆底盘和车身会被溅满污泥，此时应尽快用清水冲净，以防泥土附着久了伤及烤漆。

2）在海边行驶或作业时，因海水盐分重，且常有露水和雾气，收车后应立刻用清水冲净。

3）行驶在山区有露水或有雾区时，停车后，只要用湿布擦拭车身即可。

2. 洗车注意事项

1）盐、尘土、昆虫、鸟粪等杂物粘附在汽车上的时间越长，对汽车的破坏力就越大，应及时清洗。

2）用水冲洗汽车时，注意不要将水喷进锁孔。

3）汽车在自动清洗设备中清洗时，要将车顶天线折下。

4）车身粘有沥青、油漆、工业尘垢时，应及时用沥青清除剂等去污剂进行清除。

5）清除车身油漆表面时，切勿使用刷子、粗布，以免留下刮痕。

6）清洗时，要用分散的水流冲刷。对于较为坚硬的泥土，要提前用清水浸湿，再用海绵从上到下擦拭干净。

7）清洗发动机时，应注意不要让水溅到电器设备上，以免发生短路。

二、常用的洗车设备及清洗方法

1. 常用的洗车设备及其工作原理

汽车的外部清洗设备按安装方式分，有移动式和固定式两种；按所使用的清洁剂可分为水（冷、热）、蒸气和化学清洗剂三种；按冲洗方式分为仰洗、卧洗和侧洗三种；按水的压力分为低压和高压清洗两种。常用的清洗设备很多，下面仅以直通式综合洗车台为例介绍其结构和工作原理。

（1）直通式综合洗车台　洗车台由冲洗和刷洗两部分组成。清洗汽车底盘时，车辆停在固定的工位上。前喷架用来冲洗车辆底盘，后喷架用来冲洗挂车或绞接式客车后部。两个侧喷架分别冲洗主车侧面、挂车侧面，驾驶室由喷水轮冲洗。当进行单车冲洗时，后喷架停止工作。

客车清洗时，先在高压冲车工位清洗底盘（此时侧喷架不工作），然后低速通过刷洗工位，车身刷洗是由各滚刷依次完成的。车头首先推开车侧的滚刷，滚刷与车身保持一定的压力。车头清洗结束后，车辆在前移中完成侧面的依次清洗，待车头驶抵车侧、车尾滚刷时，差动气缸充气，开始了车身侧面的二次清洗。车尾清洗完毕后，滚刷复位。

洗车台的各滚刷均有单独的供水系统，并可按照滚刷与车身的接触位置先后供水。客车驶离洗车台前，再由喷水门架用清水冲洗。洗车台的喷架在清洗的过程中，作往复摆动，既绕固定支座摆动，又沿固定轴线作往复移动，从而扩大了清洗面积，消除了死角。整个洗车过程由时间控制器和光电装置进行自动控制。

如图 14-1 所示是一种保证车辆有一定前进速度的直通式综合洗车台。被清洗车辆由牵引小车 9 牵引，小车由电动机经减速器由绞盘 18 拖动，移动速度为 7m/min。

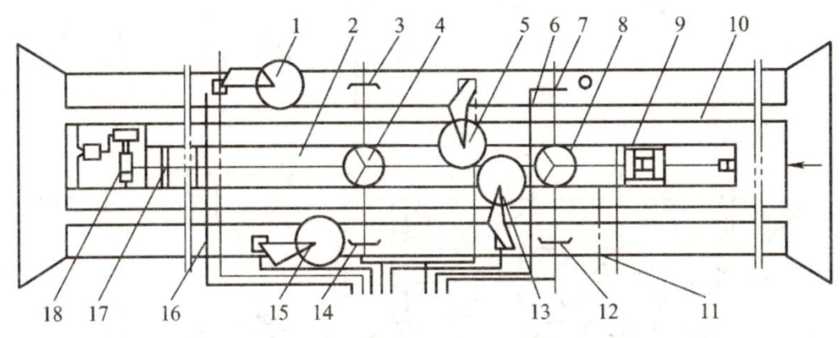

图 14-1　直通式综合洗车台

1、15—客车车侧、车尾滚刷　2—集水槽　3、7、12、14—车侧喷水轮　4、8—底盘喷水轮　5、13—客车车头、车侧滚刷　6、16—喷水门架　9—牵引小车　10—车轮导向槽　11—排水沟　17—钢索导向轮　18—牵引车绞盘总成

客车清洗时，当车头遮住光电管的光线时，触发电路即发出信号，滚刷 5 和 13 复位，牵引电动机开始工作，牵引车辆前进。滚刷 5、13、1、15 依次工作，喷水轮 4 和 8 冲洗底盘。洗毕后，牵引小车即以 14m/min 的速度退回起点，准备下一辆车的牵引。

货车清洗时，滚刷 5 和 13 由液压缸推开，其他滚刷也让开。此时喷水轮 4 和 8 以及侧面喷水轮 3、7 和 12、14 根据车辆的位移依次喷水，喷水门架 6 和 16 与喷水轮为同一供水系统，采用循环供水，喷水门架用储水池清水对车身表面进行最后淋洗。

（2）清洗辅助设备　清洗辅助设备主要是指污水分离、处理回收和排污装置。货车每次清洗下来的污泥有 10～50kg，若每天清洗 100 辆车，则污泥多达数吨。如果污水处理不当，不仅影响水质，还可能损坏清洗设备或使清洗效果变差，并会造成环境污染。所以，车辆清洗台必须配备污水处理回收装置。

如图 14-2 所示是国内冲车业广泛采用的一种污水处理回收与排污装置结构示意图。清洗时，污水从回水沟通过铁篓 22 经粗滤后进入预沉淀池，外形大于铁篓缝隙的杂物则被挡住。污水通过预沉淀池时大颗粒的污泥将慢慢沉淀。由于沉淀池的进口设在水平面下 2m 处，相对密度较小的污油等物便漂浮在水面上。当需要处理的水达到预沉淀池的斜板区时，就得到了充分的沉淀，澄清后的水被几根集水管收聚进入清水池。

当池底 5 只泥斗中的沉淀物达到一定程度时，可通过污水泵 7、吸污管吸头 11、12、14、16、18 进行排污。设在预沉淀池中的螺旋桨式搅拌机用来使污泥与水混合，便于吸头抽吸。排污的同时还采用污水泵水塔 6 中的水向池底 5 只泥斗反冲，将沉淀物与水充分混合再抽吸出去。

2. 常用的洗车方法

汽车的清洗方法主要分为人工洗车和电动洗车两大类。根据不同的清洗工艺和要求又分为冲洗法、浸入式清洗法、机械清洗法、熔盐清洗法等。

（1）人工洗车　也称“一般洗车”，是雇人洗车或驾驶员自已动手洗车的统称。人工洗车的一般步骤为：

1）先用清水将全车附着的污泥冲洗掉，从车顶开始冲刷。

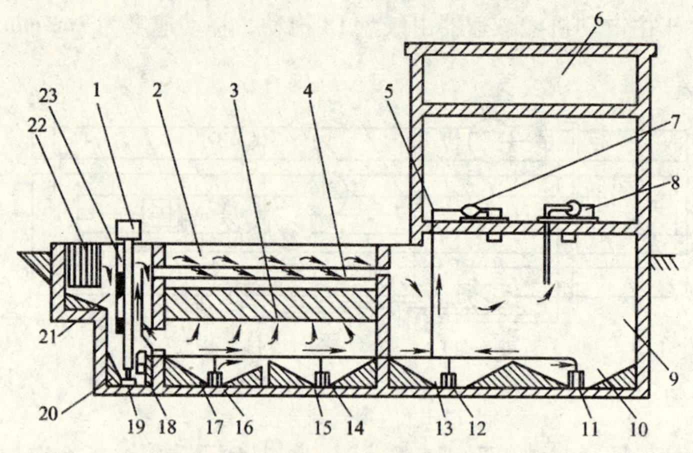

图 14-2　污水处理回收装置结构示意图

1—搅拌机　2—斜板沉淀池　3—斜板　4—集水管　5—吸污管　6—水塔　7—污水泵　8—清水泵　9—清水池　10、13、15、17、20—泥斗　11、12、14、16、18—吸头　19—螺旋浆　21—预沉淀池　22—粗滤铁篓　23—传动轴

2）冲完车顶后，再冲前、后风窗玻璃上的污物，然后冲洗左右两侧玻璃门窗。

3）用水柱和刷子清洗车轮挡泥板内侧和凹缘处、减振器、前后保险杠上的污泥，如水柱力量不足，可使用空气压缩机加压的高压水枪。

4）清洗后视镜与车窗结合处。

5）用高压水枪清洗后视镜及后车窗。

6）用高压水枪清洗车身底盘下的各车轴、车架及总成部件。

7）清洗车轮时，务必清除轮胎纹沟中的小石子，以免损坏轮胎。

8）用毛巾配合水柱从车顶开始擦洗。全车擦洗完毕后，再用半湿性毛巾由车顶、前风窗玻璃、后车窗及发动机盖板擦干，即完成整个步骤。

（2）电动洗车　电动洗车分为全自动洗车和半自动洗车两种。两者的共同点是驾驶员将待洗的汽车驶入洗车机的车道中，关闭发动机，拉紧驻车制动，紧闭车窗和车门，驾驶员可离开车辆，也可留在车内。不同点为半自动需要人工操作洗车机上的功能按钮，而全自动则只需在洗车场按下机器上的起动按钮即可完成整个洗车过程。一般电动洗车的步骤为：

1）人工清洗车辆的局部污秽部分。

2）人工清洗完毕后，汽车进入洗车机的内部。

3）洗车机开始喷水，随后滚刷开始运转。

4）滚刷清洗左右车身两侧及上侧。

5）清洗完成后开始喷水蜡，洗车机将水蜡擦亮。

6）最后将车辆风干，即完成一次洗车过程。

（3）注意事项　电动洗车具有时间短，效率高，漆身光泽，烘干快等优点，但电动洗车存在损伤漆面，有清洗死角，收费较高等缺点。在使用时应注意以下几个方面的问题。

1）驱车进入洗车道，应将汽车确实停放在洗车道中所设计的位置。

2）无论是半自动还是全自动洗车机，除应将车门、车窗紧闭外，车内最好不要有人逗留。

3）刚洗完的车辆不要立即开走，因为车轮上的水分会使灰尘再度吸附在车轮上，最好的方法是让汽车风干。

4）电动洗车机的清洗位置与被洗车辆的高度有一定的关系，像出租车顶上的标牌高度，必须留意加以照管。

5）电动洗车的清洗媒介物不是我们常见的布、棉等柔软之物，而是一种类似塑胶的长丝条。经验表明，长期使用电动洗车机洗车，易使车身漆面损伤。所以目前这种洗车方法逐渐改用了人工洗车方法。

三、洗车步骤及清洗程序

规范的洗车步骤应该包括冲车、擦洗、冲洗和擦车等四个步骤组成。洗车时一般由甲乙两人共同配合工作，这样不但速度快，而且能保证清洗的质量。

1. 冲车

被洗车辆进入洗车工作台时，两人应一前一后引导指挥车辆安全、准确地停放平稳。车主离车之后，两人要一左一右同时将脚垫撤出，然后甲用高压清洗机自上而下地冲去车身污物，整个过程始终应由一个方向向另一边的斜下方冲洗，尽量避免正向或反向冲洗，以免将泥沙冲回已经洗干净的部位。车身下部和底部是大量泥沙和污物的积聚部位，必须重点加以冲洗，因为遗留下的泥沙会在擦洗的过程中划伤漆面。

在甲冲车的同时，乙应用大纤维的软毛刷刷洗脚垫。如果脚垫不是丝绒材料而是橡胶制品，可先将脚垫放置一边，进入车内用半湿的毛巾擦洗内饰部件，待冲车工序结束后，再刷洗脚垫，并晾晒于支架上。一般这个过程为2～3min。

冲车工序的质量标准为：全部车体均用高压水枪打湿而无遗漏，车漆表面无大颗粒泥沙和污物，以确保下面的工序顺利进行。

2. 擦洗

首先由乙配制洗车液并提前准备好擦洗工具，然后由甲均匀喷洒在车身表面，乙在甲将洗车液喷洒到一半左右时应停止供应洗车液，因为水管中所剩的洗车液已足够喷洒后半部分车身。喷洒好洗车液后，甲乙两人各持大海绵一左一右呈S形按照从上到下的顺序擦洗车身。

擦洗工序的质量标准为：无漏擦之处，车身漆面无划痕。

3. 冲洗

擦洗完毕后，甲开始冲洗车身，顺序与冲车一样，但这时车顶、上部和中部是冲洗重点，这是因为车身下部已经过冲洗和擦洗，而且冲洗上部时向下流动的水基本能将车身下部冲洗干净，所以车身下部和底部一带而过即可。在甲冲洗车身的同时，乙可进入车内擦拭内饰部件。

需要说明的是，在整个洗车的过程中乙是甲的副手，主要是配合甲进行洗车工作的。无论是否干完手头的工作，都应在甲即将进行下面工序之前，准备好所需要的擦车工具。

冲洗的质量标准为：车体无泥沙，无污垢，无漏擦之处。

4. 擦车

甲乙两人各用一块半湿性大毛巾将整个车身由前至后预擦一遍，进行一段时间以后，乙将毛巾拧干交给甲。等到车身中部及下部大部分水分被吸干之后，乙再用麂皮细擦一遍。随后甲又反过来沿着乙擦过之处用麂皮将残留的水分擦净，经过“一遍毛巾，两遍麂皮”之后，车身应不留水分而且十分干净。

擦完车身后，乙先用半湿性毛巾擦净车门边、发动机盖、行李箱边缘及油箱盖内侧的泥沙后，再用干毛巾擦干前面流下的水痕。此时，甲用吸尘器将车内的尘土（仪表板、桌椅缝隙及地毯）由上至下吸干净，倒掉烟灰缸中的烟灰和杂物，垫好脚垫。然后乙用半干湿毛巾和抛光巾擦拭玻璃，用半湿性毛巾擦干轮毂及汽车底部。最后甲开始验车。验车时应特别注意检查洗车工序中所遗漏的部位，如车门边缘内侧、发动机盖边缘及内侧、车身底部、轮胎及排气管等部件。在交车之前还应记住向车内喷洒些香水或空气清新剂。

验车的标准为：外部饰件应无尘土，无污垢，无水痕；玻璃光亮无划痕；内部饰件无灰尘、车内无异味，座垫与脚垫摆放整齐有序。

第三节　汽车的美容护理

一、车身美容处理

车身是汽车最重要、最显眼的外衣，车身的美容护理是汽车最主要的护理工作之一。车辆在使用的过程中必须时时注意保持清洁靓丽的外表。

1. 车身美容的基本程序

1）首先将整个车身彻底清洗，并擦拭干净。

2）将去污蜡涂在车身上。注意不要将蜡涂抹到车身饰条上。

3）用海绵将去污蜡均匀涂抹在车身上，并用圆弧方式进行打磨。

4）在保险杠上涂蜡。

5）使用干净的棉球将已涂抹的去污蜡磨光。

6）在打蜡时要用右手的海绵垫，磨蜡时用左手的棉球，并用画圆弧的方式推打。

7）在反光镜、小灯处及其四周打蜡。

8）在上下扰流板处清洁打蜡。

9）在车身上再涂抹细蜡，用清洁棉球将细蜡擦拭均匀。

10）如果上完一层蜡，车身仍有少许污垢的话，要进一步上蜡，重复打蜡。

11）检查车身部分，每个地方都应仔细、彻底的美容。必要时可再使用美容蜡重新打磨一遍。

12）最后均匀喷洒光亮蜡在后视镜上，使之光亮。

2. 车身美容中的注意事项

1）打蜡时不要穿有皮带扣或钮扣的衣裤，以免刮伤车身。

2）使用电动打磨机时，千万不可用力过大，否则易将原漆打起来。

3）要使用海绵推打后视镜背，因为此处常因会车而擦伤，所以要加以保养。

4）如有车身被轻微刮伤或损伤时，可使用烤漆蜡处理。

5）可以在不美观处粘贴用于美化的贴纸加以掩饰。

二、打蜡美容

1. 打蜡的时机

新车出厂时一般已涂布了保护蜡，以防止在运输过程中擦伤漆面，所以新车使用前应该到专业的汽车美容店进行除蜡清洗，然后再打上一层新车保护蜡以保持车辆的靓丽光泽。不要等车脏了再清洗打蜡。

另外，由于车辆运行的环境、气候和停放的场地的不同，打蜡的时间间隔也有所不同。车主或驾驶员应注意掌握好打蜡的频率，一般一个月 1 ~3 次为宜，最长间隔不要超过 2 个月。也可用手触摸车身感觉光滑的程度来确定是否进行打蜡。

2. 打蜡的基本操作程序

1）打蜡前要用专业的洗车水对车身进行彻底的清洗，将粘附在车身表面的泥沙和杂物清除干净。若无专用的洗车水也可用中性的清水进行清洗，待车身风干后即可打蜡。切记不可盲目地使用洗洁精或肥皂水，否则会使车身表面的漆层和蜡膜失去光泽，橡胶件老化变硬甚至脱落。

2）打蜡时应将车辆停放在阴凉处，以保证车体不致过热。因为随着温度的升高，车蜡的附着性会变差，影响打蜡效果。所以绝对不可将车辆停在太阳光下，边晒边打蜡。

3）将车身均匀涂抹一层车蜡，过 5 ~10min 后即可用干净柔软的干毛巾进行擦抹。一些快干的水蜡可以边涂边擦，而抛光蜡则需用专业的抛光机进行抛光处理。打蜡的作业过程应该是连续进行的，中间不要停顿太长的时间。

4）车身打完车蜡后，要及时清除残留在玻璃、车灯、车牌、门缝等处的车蜡。如果想要车蜡保存的时间长一些，则可以在打完蜡的车身上再喷涂一层护车素，可以起到防晒、防雨、防酸的作用。

3. 车蜡的正确选用

汽车车蜡的品种很多，既有固体和液体之分，又有高、中、低挡之别，既有去污用的，又有补色用的，还有国产与进口之分。由于各种车蜡的性能不同，其产生的作用和效果也有较大的差别。所以，选用车蜡一定要慎重，选择不当不仅不能保护车体，反而会对车身表面造成不良影响。一般车蜡的选择要根据车辆漆面的实际情况来确定，并应注意以下几个问题。

1）要分清车身漆面的类型，如是风干漆还是烤漆。不同的漆面要选用不同的车蜡，用错会造成漆膜变软、裂口和变色。

2）深色漆和浅色漆的抛光蜡不能混用，否则容易出现“花脸”现象。

3）要分清机蜡和手蜡。机蜡是配合专用的抛光机来使用的，手蜡是用手工进行涂擦抛光的。

4）要搞清金属漆和素色漆的区别，金属漆所用的抛光蜡不但可以增加漆面光泽，还可使车身的闪光效果更加清澈，更富有立体感。

5）要搞清保护增光蜡和镜面处理蜡的区别，镜面处理蜡只是对漆面增光处理，不具有像保护增光蜡那样可以抵御紫外线、酸雨、静电、粉尘等方面的功能。

6）尽量不使用含硅成分的汽车美容蜡，因为漆膜一旦粘有硅质，漆面修补就很难处理。

7）要慎重使用砂蜡。一般的砂蜡对漆面具有很强的研磨作用，处理不好极易将漆膜磨穿而造成不必要的损失。

8）使用车蜡时，一定要注意阅读产品说明书、生产日期和有效期。对没有标识的产品最好不要使用，以免出现不必要的麻烦。

第四节　汽车漆面的护理

一、汽车漆的分类

汽车漆的应用和发展主要经历三个阶段：20 世纪 20 年代的醇酸（磁）漆；60 年代的丙烯酸（磁）漆和 80 年代以后的透明漆（氨基甲酸酯）。现在汽车广泛使用的油漆主要分为普通漆、透明漆和金属漆几大类。

1. 普通漆

是一般汽车最常见的车漆，其结构主要为：金属材料—电解漆—底漆—色漆，主要用于货车以及中、低挡的各类车辆。

2. 透明漆

是在普通漆的基础上添加一种通常用聚氨酯或氨基甲酸酯形式的透明表层，以增加面漆的亮度和保护色漆层。透明漆的特点是美观、光泽、抗紫外线和防褪色，而且色漆的厚度要比普通漆薄得多。缺点是容易出现划痕和受到环境污染的侵蚀，所以在擦洗车身时，应避免使用有些发硬的毛巾或麂皮，以免损伤面漆。

3. 金属漆

是在普通漆的基础上加入某些金属元素，并采用特殊的工艺所制成的车漆。其特点是强度高、耐磨，并富有立体感，近年来广泛应用于中、高档轿车。

二、汽车修补漆及其颜色调配

1. 汽车修补漆

顾名思义就是指对汽车车身原厂漆进行重新修补用的油漆。汽车修补漆是解决车辆外表涂层，因事故损伤或常年老化（如涂层开裂、变色、失光、粉化等）所进行的修补或重新涂装。

汽车的修补涂装只能由工人手工作业，而且喷涂必须在低温下（60℃以下）操作。按修补的工作量可分为局部修补涂装和整车修补涂装。局部修补涂装仅对涂层损坏的部分或被事故破坏的部位，经钣金工修复后进行补漆；后者是因涂层老化或需要改色所进行的整车重新涂装。

2. 修补漆的颜色调配

在对汽车进行修补涂装，特别是局部修补涂装时，最基本的要求就是修补面要与原涂装的外观、光泽、颜色基本达到一致。其中最关键的工艺就是修补漆的颜色调配，这要求操作者应具有丰富的实践经验和很高的操作技术。

影响汽车外观色彩的因素有三个：汽车的颜色、面漆的质地和面漆的状况。在局部修补中，要想使修补后的表面与原涂层相匹配，必须首先识别原品牌汽车的颜色和确定原漆面油漆的类型，方可进行修补面漆颜色的调配。

（1）原品牌汽车颜色的识别　配色的第一步，就是要根据汽车生产厂家提供的漆码获得原色。几乎所有品牌的汽车漆码，都可以在各种汽车牌号漆码位置图上找到。也可以在市面上买到修补漆颜色汇编，这种书包括了几乎所有品牌和车型的汽车色卡和颜料资料。首先找到汽车生产厂家的漆码，色卡就在漆码旁边。为了稳妥，最好将色卡与汽车本身的颜色对比一下，因为有的汽车或许已经改过其他的颜色了。

（2）原漆面油漆类型的确定　汽车原漆面油漆类型的确定一般有目测法、溶剂法、加热法和硬度测试法等几种方法。

人工调色的一般程序主要包括颜色分析、亮度调整、色调和色度调整、检查及校正等内容。

3. 电脑调漆

随着电子计算机技术的发展，电脑调漆在汽车喷涂技术中得到了广泛的应用，这项技术可以把人工操作的极其复杂的调漆工作，变得十分简单、准确和规范。

（1）电脑调漆的基本原理　在电脑调漆的工作中，计算机中储存着大量的各种色漆的标准配方。各种色漆，包括单色漆和复色漆均由数码进行标记，多达数千种规格，能满足汽车制造和维修涂装工艺的各种技术要求。

送修车辆需要喷涂时，首先应确认车身面漆的标号。确认的方法通常有：①直接在汽车牌号漆码位置图上找出（部分轿车带有）；②从维修手册查出漆码；③利用色标卡进行测定。如果修理厂有同样标号的色漆，就可以直接使用。如果没有时，可将此标号输入电脑，就可以显示出此种标号复色漆组成各单色漆的组分和重量。按其组分和重量进行调配，就可得出所需标号的色漆了。

（2）色标卡　是一种专门印制的涂料颜色卡片。按不同的颜色和色度制成系列标准颜色卡片，在卡片上标注其数码编号，每一个数码编号就是一种色漆的标志。用色标卡认定汽车面漆时，首先目测出近似汽车面漆的色卡，然后将色卡平铺在车身表面，同汽车面漆的颜色进行对比，找出与色卡最接近，甚至一样的那个数码编号。

三、轿车漆面护理程序

1. 轿车漆面损伤、老化及失光的原因

（1）自然因素　风沙、尘土的吹打，雨季泥水的冲击；柏油路面飞溅起来的沥青、树胶、虫屎、鸟粪和油污的侵害；大气中的各种工业排放物、酸、碱以及太阳光线的侵蚀等。

（2）人为因素　新车护理用品和护理方法选择不当，操作方法不正确；冲洗车辆时水枪压力过大（>7MPa）；随意用干布擦拭车身；漆面沾有油污时没有及时进行清洗；漆面受到外来压力、碰撞和刮擦等。

2. 新车漆面初步护理程序

新购轿车的表面往往积存了一些灰尘，大多数车主都是在现场条件较差的情况下，仅用清水和棉丝将灰尘除去，却不知正是此时此刻造成漆面的第一次伤害。正确的操作程序如下所示。

1）尽可能利用高压清洗机（压力小于5MPa）冲掉灰尘，然后再仔细检查漆面有无划痕、漆坑、锈斑、流挂、色差以及漆面下的腐蚀等情况，这样就能保证轿车出厂时表面涂漆的原有品质。

2）新买来的轿车不应急于涂蜡，特别是到一些非正规的美容店涂蜡容易使车身漆面出现细的划痕，并可能使漆膜出现失光、老化和填料层外露等情况。

3. 轿车表面油漆的日常护理程序

1）轿车应尽量存放在专用车库中，平时应停放在阴凉避风处或加盖车罩。因为阳光中的紫外线是造成漆面老化、龟裂及失光的重要因素。

2）在雨中和泥泞道路行驶过的车辆，应在漆面的泥水干燥之前及时用清水冲洗干净。尤其是在洒有融雪盐水的道路上行驶后，更应用高压清洗机仔细清洗车辆表面，特别是底盘部位。如车辆过脏，可选用非离子表面活性剂制成的专用汽车清洗液，绝对不要用洗衣粉、肥皂水清洗，否则会造成漆膜失光、局部色差、密封橡胶条老化、金属锈蚀等现象。

3）一辆没有在泥泞道路行驶过的车辆，在清水水源不足的条件下，一般只需两桶清水（约 40L）就能将其清洗干净。清洗的程序是：先清洗前机器盖，后洗车顶、行李箱盖和车门两侧。展开毛巾放在水桶中，提起毛巾一端在水中上下投洗，直接放在车辆欲清洗部位，做单方向的一次擦拭，然后重复上述步骤。

4）冲洗后的车辆需要擦干时，应选用干净的棉布、毛巾或麂皮一类的材料。擦车时，对漆面的压力不能太重，不要在漆膜表面做反复或旋转擦拭，应尽可能沿车头车尾为纵向直线一次擦拭到底。

5）清洗过的车辆可以通过涂用增光乳液、自发光乳液一类的产品，来增加漆膜的光洁度和装饰效果，还具有保洁、防紫外线、防化学腐蚀等功能。

四、轿车漆面刮伤的涂装工艺

对表层面漆有轻微刮伤（未刮透面漆层）的轿车，可采用最简单的涂装维修工艺进行修复，其护理修复工艺如下。

1. 表面清洗处理

在轿车面漆的外表层，有一层上光蜡薄膜层、油膜和其他异物，要用专用的清洗剂清洗。不能用汽油清洗，因为汽油不能溶解石蜡。

2. 打磨抛光

根据刮伤的程度，选用适当的磨石或磨片，如 1500 号磨石，9μm 的磨片或 1000 号至 1500 号砂纸对刮伤的表层进行打磨，直到看不出刮痕为止。但必须注意，决不可磨伤面漆层。在此情况下，可能出现两种状况：

1）没有磨穿面漆表层，可以不必重新喷涂面漆。

2）虽然未刮穿面漆层，但在打磨刮痕时，却透出中涂漆层。在此情况下，就应该喷补面漆层。在打磨抛光时，一般用人工打磨，也可用抛光器或机动打磨器进行打磨和抛光。打磨抛光之后，因为面漆层都是原来的涂层，颜色是完全一致的。

3. 打蜡抛光

在上一工序打磨抛光的基础上，用清洁的棉纱先蘸汽油湿润，再蘸抛光蜡涂满清理维护的部位并进行擦拭，要反复多次擦拭直至漆膜平整光亮为止。在打蜡抛光时，可将轿车表面同时打蜡抛光一遍。用洁净的棉纱将蜡质全部擦净后，再涂一层上光蜡，最后用绒布均匀揩拭一遍即可。

第五节 汽车的整容与装饰

一、汽车车内整容

1. 吸尘器法整容

用吸尘器法进行车内整容的基本操作程序是：

1）准备好两用吸尘器及其附件。所谓两用吸尘器是指既可以接交流电源，又可以接车内蓄电池电源。但从车内点烟器插头接入电源时，最好应让发动机工作，否则会大量消耗蓄电池电能，造成不能正常起动发动机。

2）先将车厢内的杂物及大件物品取出，包括脚踏板、座垫、椅背、腰背靠垫、拐子锁、录音带等。

3）用高压水柱清洗脚踏板污秽面并风干。

4）用吸尘器吸除前室底板灰尘及砂粒。

5）拆下后座椅底座，用吸尘器吸除座椅下面的灰尘和砂粒。若不能拆卸后座椅，也可直接吸除座椅面上的灰尘。

6）吸除风窗玻璃下方、车门板下置物槽、置币槽、录音带槽以及后椅背板上的污物。

7）用清洁的湿布擦拭前仪表板上的灰尘、前后风窗玻璃上的污物以及车内与脚易接触的部位。

8）用清洁湿布擦拭车门窗除雾通风口和自然通风口上的灰尘。

9）用吸尘器吸除座垫上的灰尘。

10）用吸尘器清洁地毯。

2. 汽车内饰件的清洗

汽车内饰件除可用吸尘器法进行处理外，还应该经常进行美容，营造一个清新愉快的车内环境。

汽车内饰件的污垢主要包括润滑油、油漆、沥青、泥沙、金属粉尘、铁锈、糖浆、水果中的有机酸、盐、血液、霉菌及其他粘附性液体等。常用的去除污垢的方法主要有：

1）高温蒸汽，可以使极难清除的污垢，在清洗之前先软化，为手工清洁内部饰件上的污渍做好准备。

2）清水浸泡，可以除去各种水溶性污垢，但不能除去油脂性污垢。

3）清洁剂，能清除轻油脂和重油脂类污垢，帮助水分渗入内饰丝绒化纤制品。

4）动力，清洗内饰部件时，要通过适度的拍打、刷洗、摇动、挤压等动力方法，增加去除污垢的效果。

3. 清洁汽车内饰时的注意事项

1）使用清洁剂时，要根据不同材质的内部饰件选用最适用该物件或最相称的清洁剂。例如用玻璃清洁剂清洗门窗和镜子；用化纤制品清洁剂清洗座套、地毯等。

2）不同用途、不同品牌的清洁剂不能混用、混合和掺兑使用，也不能随意对清洁剂加温，以免发生化学反应，产生有害物质。

3）使用不熟悉的产品应先进行测试，对于首次使用的清洁剂，应先在被清洗物件的不显眼的部位进行测试，并间隔一定时间观察清洁效果或出现的异常情况，以防产生褪色或其他的伤害。

4）要注意仔细阅读产品使用说明书，正确开启、封存和保管好清洁剂，避免出现挥发、泄漏、变质等情况。

二、汽车形象设计

汽车的形象设计，也称汽车改装。它是随着汽车逐渐步入家庭而流行起来的。目前我国一些大城市的汽车装饰店或汽车改装店，已开展了汽车形象设计这个追求个人时尚的业务。

1. 汽车改装用的材料

目前汽车改装用的材料一般有两种：玻璃钢和碳纤维。由于碳纤维的成本较高，而玻璃钢具有质量轻，抗撞击性能好，价格低廉等优点，所以是汽车改装时选用的主要材料。

2. 汽车改装的分类

一般来说，汽车改装分为外观设计型、普通安装型和参赛改装型三大类。

（1）外观设计型　外观设计型是对整个车身进行重新设计。为了外形设计的需要，必要时还会更换车轮及车内的附加设备，重新调整相关设备或附件的位置。并对其中的车身部件根据原有车体进行“量体裁衣”式的定做。它多用于对过时的车型进行外观改造，或是为了满足一些玩车族的特殊要求。

（2）普通安装型　普通安装型是比较常见的车辆改装方法。它的各个车身组件是由专门从事汽车改装的厂家批量生产的，改装时只要进行相应的安装即可，对改装人员的技术要求较低。只要有相应的部件，一般的维修厂就能进行改装。具体的改装内容有：加装前头唇、裙脚、后尾唇、高位扰流板、改装前脸等。普通型安装不仅能改善车身外观，还可以增加汽车高速行驶稳定性的功效，因此受到普通有车族的欢迎。

（3）参赛改装型　参赛改装型是为了满足特定参赛的需要而进行的改装。它除了对本身车型外观的改装外，还必须对发动机、轮胎等相关部件进行改进或更换，以适应参加高强度比赛的汽车对动力性、安全性、操作稳定性及防撞性方面的要求和保障。

三、汽车太阳膜装饰

太阳膜除了能降低车内温度，减轻空调的负担之外，还起到车辆装饰美容的作用。若太阳膜的颜色能与车型和车身的颜色搭配协调，将会产生意想不到的效果。

太阳膜的隔热性是评价太阳膜质量的主要指标。如有条件，可以做下面的对比实验来进行选择：在一盏碘钨灯上放一块贴着好膜的玻璃，用手感触摸只有一点热度；而换上另一块贴着次膜的玻璃，马上就感到手热。这样就很容易区分太阳膜的质量差异。

在选择车膜的颜色时，必须要考虑是否与自已车型和车身的颜色协调一致，不能一味追求流行色。对于浅色的车型（如白色轿车）最好使用色彩明快的车膜，如纯白色的太阳膜，以及颜色非常浅的蓝色、绿色和灰色的太阳膜。这种膜大多透光率很高，车体明亮，驾驶员视觉感受好，还具有良好的隔热效果。

需要注意的是，挑选车膜时应将它放在车窗上，并把车门关好后再观察其整体效果，不要直接在太阳光下观看颜色的深浅，以免产生视觉差。

本章小结

1）清洁保护用品：①清洁剂；②除锈缓蚀剂；③汽车护理剂和护理香波。

2）漆面护理材料：①研磨剂；②蜡和抛光剂。

3）汽车其他护理用品：①刮水器精；②防雾剂；③散热器恒温防漏剂；④耐久弹性填缝胶带；⑤超级6号；⑥空气清新剂。

4）汽车的清洗：①汽车清洗的时机及注意事项；②常用的洗车设备及清洗方法。

5）洗车步骤及清洗程序：①冲车；②擦洗；③冲洗；④擦车。

6）车身美客处理：①车身美容的基本程序；②车身美容中的注意事项。

7）打蜡美客：①打蜡的时机；②打蜡的基本操作程序；③车蜡的正确选用。

8）汽车漆的分类：①普通漆；②透明漆；③金属漆。

9）汽车修补漆及其颜色调配：①修补漆的颜色调配；②汽车修补漆；③电脑调漆。

10）轿车漆面护理程序：①轿车漆面损伤、老化及失光的原因；②新车漆面初步护理程序；③轿车表面油漆的日常护理程序。

11）轿车漆面刮伤的涂装工艺：①表面清洗处理；②打磨抛光；③打蜡抛光。

12）汽车车内整容：①吸尘器法整容；②汽车内饰件的清洗；③清洁汽车内饰时的注意事项。

13）汽车形象设计：①汽车改装用的材料；②汽车改装的分类。

14）汽车太阳膜装饰，太阳膜的隔热性是评价太阳膜质量的主要指标。

复习思考题

14-1 汽车蜡的主要功用是什么？

14-2 汽车为什么要适时打蜡？

14-3 汽车漆面美容常用辅料有哪些？如何选用？

14-4 漆面美容中为什么需要使用缓蚀蜡？

14-5 汽车美容工具主要有哪些？

14-6 简述汽车车身清洗的工艺流程？

14-7 发动机与底盘部分的清洁护理有哪些内容？

14-8 说出漆面深划痕处理的一般工序。

14-9 简述汽车太阳膜的选用原则是什么？

第十五章　汽车维护制度及其技术规范

学 习 目 标

【能力目标】

1）能对我国汽车维护制度进行解释。

2）能进行各种非定期维护作业。

3）能进行汽车日常维护、一级维护、二级维护作业。

【知识目标】

1）了解我国汽车维护制度的内容及其发展过程。

2）掌握我国汽车维护制度的原则。

3）了解我国现行汽车维护制度的类型和作业重点。

4）掌握汽车定期维护的主要内容和方法。

5）掌握汽车日常维护、一级维护的技术规范。

6）掌握汽车二级维护的技术规范及工艺流程。

7）掌握非定期维护的内容和方法。

第一节　我国汽车维护制度

一、我国汽车维护制度概述

我国的汽车维护制度是伴随着我国汽车维修业的不断发展而逐步建立和完善起来的。随着我国汽车工业的飞速发展和汽车保有量的迅猛增加，汽车维护制度已成为我国汽车维修、汽车运输、汽车营销与售后服务等行业的重要标准和技术依据。

我国的汽车维护制度先后历经了三个主要发展过程。

第一个过程是初步形成我国汽车维修制度的过程。1954 年交通部颁布了《汽车运输企业技术标准与技术经济定额》（简称“红皮书”），在全国各运输企业中施行。其中规定：汽车技术保养分为例行保养、一级保养、二级保养三个级别；汽车修理分为小修、中修和大修三个类别。

第二个过程是汽车维修实行三级技术保养和四类修理过程。1965 年交通部颁发了《汽车运用规程》和《汽车修理规程》，将汽车保养分为四级，即例行保养、一级保养、二级保养、三级保养。各级保养的重点作业项目是：例行保养以清洁、检查、补给为中心；一级保养以紧固、润滑为中心；二级保养以检查调整为中心；三级保养以部分总成解体消除隐患为中心。汽车修理分为汽车大修、总成大修、汽车小修和零件修理四个类别。

第三个过程是建立新的汽车维护制度的过程。1990 年 3 月交通部发布了第 13 号令，对原汽车保修制度的指导原则进行了重大的改革。即把“定期保养、计划修理”改为“定期检测、强制维护、视情修理”；取消了大拆大卸的三、四级保养制，改为二级维护制。1995

年2月25日颁布了交通行业标准《汽车维护工艺规范》（JT/T 201—1995）（简称JT 201规范），并规定从1995年7月1日起，在全国交通运输及汽车维修行业中实施。

近年来，随着我国汽车工业的飞速发展和道路状况的不断改善，汽车的类型和保有量的快速增加，对汽车安全性的要求越来越高，同时对汽车排放的要求也日益严格。1999年交通部组织有关单位和专家对原JT 201规范进行了研究、探讨和修改，并起草制定了我国第一个国家标准GB/T 18344—2001《汽车维护、检测、诊断技术规范》（以下简称《技术规范》），该标准于2001年3月26日获国家质量技术监督局批准，并自2001年12月1日起颁布实施。这是我国迄今为止汽车维护制度的最新标准。

二、我国汽车维护制度的原则

在国家标准GB/T 18344—2001《技术规范》中明确提出了“定期检测、强制维护、视情修理”作为实施汽车维护制度的原则。

1. 定期检测

定期检测是利用现代化的技术手段，应用现代化的汽年检测诊断设备，定期对汽车进行检查测试，以正确判断汽车的技术状况。

“定期检测”的贯彻与实施是由道路运政管理机构和汽车维修企业两个方面共同完成的。一是道路运政管理机构对所有从事运输的汽车按其类型、新旧程度、使用条件和强度等情况制订具体的定期检测制度，使各种车辆在行驶一定里程或时间后，按时进行综合性能检测。二是定期检测要求汽车维修企业结合汽车的维护周期进行，以此来确定附加作业项目，掌握汽车技术状况的变化规律，同时通过对汽车的检测诊断和技术鉴定，确定汽车需要修理的内容。

2. 强制维护

强制维护是在计划预防维护（定期维护）的基础上进行状态检测的维护制度。之所以将过去的“定期维护”改为现在的“强制维护”，就是为了进一步强调维护的重要性，避免由于不重视及时维护而造成汽车技术状况急剧变化的现象出现。强制维护要求车辆行驶一定里程和时间后，到维修企业进行二级维护作业，以保障车辆安全运行。

3. 视情修理

“视情修理”是随着汽车检测与诊断技术的发展和维修市场的变化而提出的。过去的“计划修理”经常会出现修理不及时或提前修理的情况，其结果不是造成车辆技术状况恶化，就是造成浪费。“视情修理”的实质是：由原来的以行驶里程为基础确定汽车修理方式改变为以汽车实际技术状况为基础的修理方式，汽车的修理内容、作业范围是通过检测诊断后确定的。因此，检测诊断是实现“视情修理”的技术保证，“视情修理”体现了技术与经济相结合的原则。

三、我国现行的汽车维护的分类

我国现行的汽车维护制度主要分为定期维护和非定期维护两大类。各类维护的具体分级见表15-1。

1. 汽车日常维护

汽车日常维护以清洁、补给和安全检视为作业中心内容，由驾驶员负责执行的车辆维护作业。日常维护是发挥车辆效率，减少行车事故，节约维修成本，降低能源消耗和延长车辆使用寿命的重要环节。

汽车日常维护的目的是为了保证车辆各部分清洁和润滑，各总成、部件工作正常，尤其是要掌握车辆安全部件的技术状况。注意两点：一是汽车日常维护是日常性的作业；二是日常维护工作的责任人是驾驶员。

表 15-1 汽车维护的分类

分类				作业重点
汽车维护	定期维护	日常维护		清洁、补给、安全检视，由驾驶员负责
		一级维护		清洁、润滑、紧固，由维修工负责
		二级维护		检测、调整、附加维修作业，由维修工负责
	非定期维护	换季维护	进入夏季维护	正反各八项作业内容
			进入冬季维护	
		走合期维护	走合前维护	重点是对新车或大修后的车辆运行初期进行磨合维护
			走合中维护	
			走合后维护	
	封存和启用维护			保持车辆性能，防止锈蚀和老化

具体要求为：车容整洁，工作介质（燃油、润滑油、动力传动液、冷却液、制动液及蓄电池电解液等）充足，密封良好，水、电、油、气无泄漏，附件齐全无松动，制动可靠，转向灵敏，灯光喇叭等工作正常。

驾驶员作为日常维护的负责人，在对汽车进行日常维护工作中，要把握好出车前、行车中、收车后这三个重要环节。

（1）出车前　日常维护主要包括环顾车辆一圈查看有无异常情况，并在起步前对车身、装载、轮胎及轴向松旷量、灯光喇叭、各种工作液的容量及是否泄漏、转向、制动效能等重点部位进行查验。

（2）行车中　驾驶员要充分运用视觉、听觉、嗅觉和触觉等感觉器官及时发现行车中的异常情况或故障先兆，并利用中途休息间隔，环绕车辆，查验是否出现异常情况。

（3）收车后　驾驶员不要急于离开，要耐心细致地检查全车外表，检查发动机有无“四漏”，工作介质是否添加，冬季时还应注意防冻保温，最后应关闭总电源，拉紧驻车制动器、关闭车窗，锁好车门。

2. 汽车一级维护

汽车一级维护是指除完成日常维护作业外，以清洁、润滑、紧固为作业中心内容，并检查有关制动、操作等安全部件，由汽车维修企业负责执行的车辆维护作业。

随着汽车行驶里程的增加，有些零部件可能会出现松脱，润滑部位出现缺油、漏油等不良现象，对汽车的操作安全性会造成一定的隐患。汽车的一级维护就是为了及时消除这些隐患而实施的一项运行性维护作业。随着现代汽车维修技术的发展，汽车免解体清洗技术及汽车检测诊断仪器的运用，使得汽车维护作业的技术含量正在逐步提高。因此，一级维护必须由汽车维修企业的专业维护人员来完成，这对加强车辆维护工作的管理，确保车辆技术状况都具有一定的意义。

3. 汽车二级维护

汽车二级维护是指除完成一级维护作业外，以检查、调整转向节、转向摇臂和悬架等经过一定时间使用容易磨损或变形的安全部件为主，并拆检轮胎，进行轮胎换位；检查调整发动机工况和排气污染控制装置等，由维修企业负责执行的车辆维护作业。

汽车二级维护是一次以消除隐患为目的的性能恢复性作业，尤其是恢复达标的排放性能和恢复安全性能。因此，保证汽车二级维护作业的全面性和彻底性非常重要，故应抓好以下三个方面的环节：

1）全面完成二级维护检测诊断项目。要充分运用现代汽车不解体检测诊断技术和先进的仪器仪表设备认真完成所有二级维护作业的检测项目。

2）加强对汽车二级维护作业过程的检验。

3）认真执行汽车维护竣工出厂检验制度。

4. 汽车维护周期

1）汽车日常维护的周期为：出车前、行车中和收车后。

2）汽车一、二级维护周期的确定，应以汽车行驶里程为基本依据，对于不便于用行驶里程统计、考核的汽车，可用时间间隔确定一、二级维护的周期。这就是说，一、二级定期维护的间隔没有统一的规定，主要是依据车辆使用说明书的有关规定确定，同时依据汽车使用条件的不同，由省级交通行政主管部门规定。采用时间间隔时，可依据汽车使用强度和条件的不同，参照汽车一、二级维护行驶里程周期确定。

3）确定汽车一、二级维护周期的原则：①应将汽车制造厂的车辆使用说明书中的有关维护周期的规定作为制订汽车维护周期的重要参考依据；表15-2是上海大众特约服务站执行的桑塔纳轿车维护作业单，表中所列的维护周期及要求主要针对一般使用情况的车辆而定的；在具体操作时，应根据车辆的使用情况和运行条件有所调整；②要根据汽车使用条件调整车辆维护周期。汽车的使用条件包括汽车运行地区的地理环境、气候、风沙条件，以及汽车的运行强度（包括负荷大小、运行速度、运行频率）和燃料的品质等；汽车生产厂推荐的车辆维护周期，只限于一般的使用条件；③要结合在用车排放治理的要求适当调整维护周期。

表15-2　上海桑塔纳轿车维护作业单

维护作业	里程数/km	
照明、警告闪光装置、喇叭：检查性能	7500	15000
刮水器和清洗装置：检查性能，必要时注入清洗液	7500	15000
离合器：检查行程，必要时调整（非自动调整）	7500	15000
蓄电池：检查电解液，必要时加入蒸馏水	7500	15000
发动机：目测有无渗漏（机油、防冻液、燃油及空调系统）	7500	15000
冷却系统：检查冷却液液面高度及防冻能力，必要时更正，并进行压力测试	7500	15000
V带：检查静止状态与张紧度，必要时张紧或更换	7500	15000
凸轮轴传动带：检查状态与张紧度，必要时张紧	30000	
火花塞：更换（非长效火花塞）	7500	15000

（续）

维护作业	里程数/km	
空气滤清器：清洗外壳，更换滤芯	7500	15000
化油器式发动机燃油滤清器：更换	30000	
汽油喷射发动机燃油滤清器：更换	80000	
发动机盖：上、下部润滑（包括搭钩）	7500	15000
门盖铰链、门拉带：润滑	7000	15000
润滑油：更换	7500	15000
机油滤清器：更换	7500	15000
操纵：检查波纹管有无渗漏与损坏	7500	15000
制动装置：目测有无渗漏与损坏	7500	15000
底板保护层：目测有无损坏	30000	
排气装置：检查有无损坏	7500	15000
转向横拉杆球头：检查间隙，固定程度及防尘罩，转向助力系统液压泵	7500	15000
传动轴：检查防尘罩有无损坏	7500	15000
变速器、主传动轴护套：目测有无渗漏及损坏	7500	15000
制动摩擦片：厚度检查	7500	15000
驻车制动：检查，必要时调整（非制动调整）	7500	15000
氧传感器：更换	80000	
检查轮胎（包括备用胎）：花纹深度及花纹类型，调整轮胎压力	7500	15000
制动液状态、摩擦片衬面磨损检查	7500	15000
车轮固定螺栓：根据紧固力矩检查	7500	15000
点火提前角：检查，必要时调整	7500	15000
怠速：检查，必要时调整	7500	15000
怠速时 CO 含量：检查并调整（汽油喷射发动机不需调整）	7500	15000
前灯灯光：检查，必要时调整	7500	15000
试车：制动及驻车制动；开关操纵及空调：性能检查	7500	15000

第二节　汽车定期维护的技术规范

按照《汽车维护、检测、诊断技术规范》(GB/T18344—2001）的规定，汽车定期维护的内容主要包括：

汽车日常维护作业。

汽车一级维护的项目、作业内容和技术要求。

汽车二级维护的作业过程。

汽车二级维护检测、诊断及其附加项目的确定。

汽车二级维护过程检验。

汽车二级维护的基本维护项目、作业内容和技术要求。

汽车二级维护竣工检验项目和技术要求。

这七项主要内容的核心是汽车二级维护的检测、诊断，并根据检测结果确定附加作业项目，以恢复汽车的正常技术状况。

一、汽车日常维护技术规范

1. 日常维护的作业内容

1）对车辆的外观、发动机外表进行清洁，保持车容整洁。

2）对汽车各部润滑油（脂）、燃油、冷却液、制动液及液压油等各种工作介质和轮胎气压等进行检视补给。

3）对汽车制动、转向、传动、悬架、灯光、信号等安全部位和装置以及发动机的运转状态进行检视、校紧，确保行车安全。

2. 日常维护技术规范实例（以富康轿车为例）

1）空气预滤器用于在空气滤清器之前对空气进行预先过滤，较大的颗粒被收集在空气滤清器的鸭嘴形导管中。维护时，用手将鸭嘴形管口捏开，即可将鸭嘴型导管中的灰粒排出。

2）空气滤清器使用中，应保持良好的通气性。当滤芯堵塞时，将滤芯从空气滤清器中取出，用手或木棒轻轻敲击或用小于300kPa的压缩空气从里向外吹，将尘土除掉。同时将滤清器壳内的灰尘清除掉。不要用湿布擦拭滤芯。装复中，要注意所有连接处的密封性。

3）蓄电池使用时要经常保持外壳干燥、清洁和通气孔畅通。经常检查电解液液面的高度。缺液时，应及时加入蒸馏水。应在接线柱和接头表面涂上凡士林或润滑脂，以防腐蚀。车辆一个月以上不用时，需拔下蓄电池负极电缆。蓄电池如长期放置，需定时充电，尤其在冬季，必须使蓄电池保持充足电的状态，以防止电解液液面降低而造成蓄电池结冰。

4）富康轿车装用的是无内胎轮胎。应经常检查轮胎的气压是否符合标准（包括备胎）；轮胎表面是否有不正常的磨损、开裂和鼓包。拆装轮胎应在轮胎拆装机上进行，并应做动平衡检验。严禁用手工直接拆装轮胎。更换轮胎时，要注意同一车轴上不要用牌号和新旧程度不同的轮胎。

5）在发动机冷却液温度达到80℃，空调和冷却风扇不工作时进行发动机怠速的调整。发动机正常怠速为850r/min ±60r/min，空调工作时为950r/min ±50r/min。

二、汽车一级维护的技术规范

1. 检查作业及要求

汽车一级维护作业的检查项目主要包括：影响排放性能的发动机点火系和排气净化装置的工作状况检查，全车各部分密封性能的检查，油液液面检查，发电机等传动带外观检查等。上述检查项目一般为人工检视及仪器测量，由维修技工来完成，对检查出来的问题应作相应的小修处理。

2. 检查、调整作业及要求

对发电机传动带、轮胎气压、轮毂轴承间隙及离合器、制动踏板自由行程等有检查、调整的要求，并要求所调整的数据应符合该车出厂规定。

3. 检查、紧固作业及要求

汽车一级维护技术规范中对发动机总成及各装置、底盘总成及传动连接状况和车架、车身及车身附件有检查紧固的要求，其拧紧力矩应符合规定。

4. 清洁作业及要求

汽车一级维护清洁作业较日常维护的要求有了进一步的提高。要求除日常维护的清洁之外，对发动机空气滤清器、空压机空气滤清器、曲轴箱通风系空气滤清器、机油滤清器和燃油滤清器等滤芯要检查、清洁或更换。要求各滤芯应清洁无破损，上下衬垫无残缺，密封良好，安装牢固；对变速器、差速器齿轮箱和蓄电池通气孔等要求清洁畅通。

5. 润滑作业及要求

汽车一级维护技术规范对底盘转向和传动部件及全车各润滑点有润滑的要求。主要对象是万向节十字轴、横直拉杆、球头销、转向节、传动轴中间轴承及万向节。汽车一级维护的作业内容和技术要求见表15-3。

表15-3 汽车一级维护作业内容和技术要求

序号	项目	作业内容	技术要求
1	点火系统	检测、调整	工作正常
2	发动机空滤器、空压机空滤器、曲轴箱通风系统空滤器、机油滤清器和燃油滤清器	清洁或更换	各滤清器及滤芯应清洁无破损，安装牢固，上下衬垫无残缺，密封良好
3	曲轴箱油面、化油器油面、冷却液油面、制动液液面高度	检查	符合规定
4	曲轴箱通风装置、三元催化净化装置	外观检查	齐全、无磨损
5	散热器、油底壳、发动机前后支垫、水泵、空压机、进排气歧管、化油器、输油泵、喷油泵联接螺栓	检查校紧	各联接部位螺栓、螺母应紧固，锁销、垫圈及胶垫应完好有效
6	空压机、发电机、空调机传动带	检查传动带磨损、老化程度，调整传动带松紧度	符合规定
7	转向器	检查转向器油面及密封状况，润滑万向节十字轴、横直拉杆、球头销、转向节等部位	符合规定
8	离合器	检查、调整离合器	操纵机构应灵敏可靠，自由踏板行程应符合规定
9	变速器、差速器	检查变速器、差速器液面及密封状况，润滑传动轴万向节十字轴、中间轴承，校紧各部联接螺栓，清洁各通气塞	符合规定

（续）

序号	项目	作业内容	技术要求
10	制动系统	检查紧固各制动管路，检查调整制动踏板自由行程	制动管路接头应不漏气，支架螺栓紧固可靠，制动连接机构应灵敏可靠，储气筒无积水，踏板自由行程符合规定
11	车架、车身及各附件	检查、紧固	各部螺栓及脱钩、挂钩应紧固可靠，无裂损、无窜动、齐全有效
12	轮胎	检查轮辋及压条挡圈，检查轮胎气压（包括备胎）并视情补气，检查轮毂轴承间隙	轮辋及压条挡圈应无裂损、变形，轮胎气压符合规定，气门嘴帽齐全；轮毂轴承间隙无明显松动
13	悬架机构	检查	无损坏、连接可靠
14	蓄电池	检查	电解液液面高度应符合规定，通气孔畅通，电桩夹头清洁，牢固
15	灯光、仪表、信号装置	检查	齐全有效、安装牢固
16	全车润滑点	检查	各润滑嘴安装正确，齐全有效
17	全车	检查	全车不漏油、不漏水、不漏气、不漏电、不漏尘，各种防尘罩齐全有效

三、汽车二级维护的技术规范

1. 汽车二级维护工艺过程

汽车二级维护是新的汽车维护制度中规定的最高级别维护，其目的是为了维护汽车各总成、机构的零件具有良好的工作性能，及时消除故障隐患，保证汽车动力性、经济性、排放净化性、操纵性及安全性等各项综合性能指标满足要求，确保汽车在二级维护间隔内能正常运行。

目前，我国的汽车维护制度实行状态检测下的二级维护制度，即车辆在二级维护前应进行检测诊断和技术评定，并根据结果确定附加作业和小修项目，结合二级维护一并进行。为此，汽车二级维护的工艺过程较一级维护增加了维护前的检测诊断，以确定附加作业项目的内容。

汽车二级维护工艺过程的流程图如图 15-1 所示。

2. 汽车二级维护检测、诊断及附加作业项目的确定

1）汽车二级维护检测项目共有 13 项，按检测目的和检测范围可归纳为以下七个方面，见表 15-4。

2）根据汽车二级维护检测结果，结合汽车运行等方面的信息，对汽车技术状况进行综合评价，以确定合理的二级维护附加作业项目。其确定原则是：①附加作业项目的确定，必须要依据仪器设备或观察、路试所得到的结果进行；②确定以消除汽车故障为目的的二级维护附加作业项目和作业内容，恢复汽车的正常技术状况；③附加作业项目确定后，与基本作业项目一并进行二级维护作业。

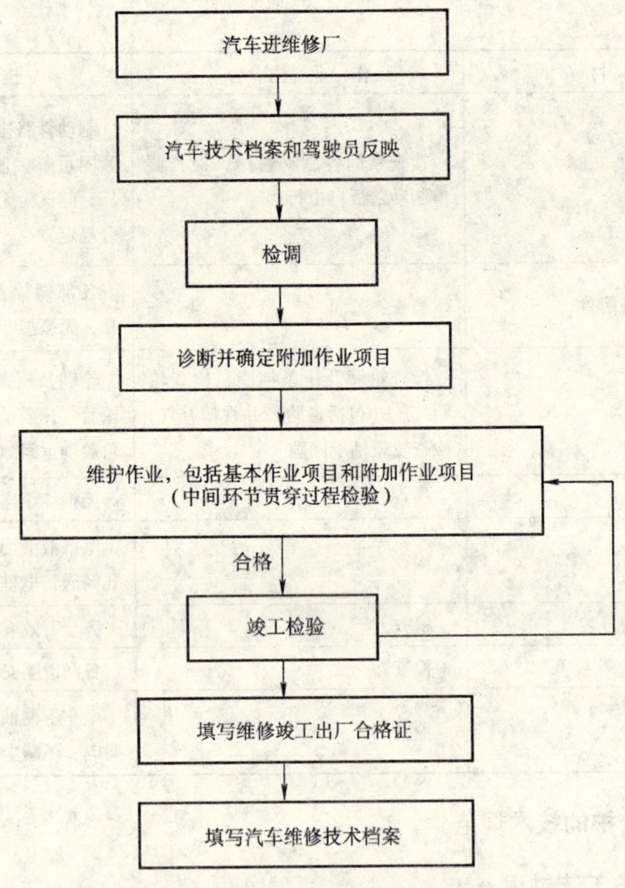

图 15-1　汽车二级维护工艺过程流程图

表 15-4　汽车二级维护检测项目

序号	检 测 范 围	检 测 项 目
1	发动机动力性能检测	发动机功率，气缸压力
2	排气净化性能检测	汽车排气污染物，三元催化转换装置
3	电控燃油喷射系统检测	电控燃油喷射系统
4	柴油机工作性能检测	检查供油提前角，供油间隔角和喷油泵供油压力
5	安全性能检测	制动性能，检查制动力
		前照灯
6	操纵和行驶性能检测	转向轮定位，主要检查前轮定位角和转向盘自由转动量
		车轮动平衡
7	底盘传动系统技术状况检测	操纵稳定性、有无跑偏、发抖、摆头
		变速器有无泄漏、异响、松脱、裂纹等现象，换挡是否轻便灵活
		离合器有无打滑、发抖现象，分离是否彻底，结合是否平稳
		传动轴有无异响、松脱、裂纹、泄漏等现象
		后桥、主减速器有无泄漏、异响、松动、过热等现象

3. 二级维护基本作业项目

二级维护是汽车定期维护中最重要的基本作业项目。二级维护的作业项目的内容和作业质量，直接关系到汽车的运行性能和使用寿命。2003 年 3 月，交通部公路司组织有关专家和单位，按照《汽车维护、检测、诊断技术规范》中所提出的车辆各级维护的基本内容和方法，参照 47 个车系、150 余种国内常见车型的维修手册和出厂使用说明书，编制了《主要车型维护工艺规程》，对各车型的合理维护周期、车辆维护作业深度和相关的技术要求提出了明确的规定，是道路运输管理部门监督汽车维修企业和道路运输业户与驾驶员执行《汽车维护、检测、诊断技术规范》的重要依据。

汽车二级维护基本作业项目是无论车辆的技术状况如何都必须完成的内容，它真正体现了强制维护的要求。作为一个适用于所有车辆二级维护的技术规范，其规定的基本作业项目和要求是原则性的，具有指导意义。不同车辆的二级维护的基本作业项目可根据车型的结构及使用特点有所变更。基本作业项目详见表 15-5。

表 15-5　汽车二级维护基本作业项目

序号	维护项目	作业内容	技术要求
1	发动机润滑油，机油滤清器	（1）更换润滑油 （2）视情更换机油滤清器	（1）润滑油规格性能指标符合要求 （2）液面高度符合要求 （3）机油滤清器密封良好，完好有效
2	检查润滑油油面高度	检查转向器、变速器、主减速器等润滑油规格和液面高度，不足时按要求补给	符合出厂规定
3	空气滤清器	清洁空气滤清器	空滤器清洁有效，安装可靠，恒温进气装置真空软管安装可靠，进气转换阀工作灵敏、准确
4	（1）燃油箱及油管 （2）燃油滤清器 （3）燃油泵	（1）检查接头及密封情况 （2）清洁燃油滤清器，并视情更换 （3）检查燃油泵，必要时更换	（1）接头无破损、漏油、紧固可靠 （2）燃油滤清器工作正常 （3）燃油泵工作正常，油压符合规定
5	燃油蒸发控制装置	检查清洁，必要时更换	工作正常
6	曲轴箱通风装置	检查、清洁	清洁畅通，连接可靠，不漏气，各阀门无堵塞、卡滞现象，灵敏有效
7	散热器、膨胀箱、百叶窗、水泵、节温器、传动带	（1）检查密封情况，箱盖压力阀、液面高度、水泵 （2）检视传动带外观，调整传动带松紧度	（1）散热器软管无变形、破损及渗漏；箱盖结合表面良好、胶垫不老化，箱盖压力阀开启压力符合要求；水泵不漏水，无异响，节温器工作性能符合规定 （2）传动带应无裂损和过量磨损，表面无油污，传动带松紧度符合要求

（续）

序号	维 护 项 目	作 业 内 容	技 术 要 求
8	（1）进、排气歧管、消声器、排气管 （2）气缸盖	（1）检查紧固，视情补焊或更换 （2）按规定次序和扭矩校紧缸盖螺栓	（1）无裂纹、无漏气，消声器性能良好 （2）扭紧力矩符合规定
9	增压器、中冷器	检查、清洁	符合规定
10	发动机支架	检查、紧固	连接牢固，无变形和裂纹
11	化油器及联动机构	清洁、检查、紧固	联动机构运动灵活，连接牢固，无漏油、漏气；工作系统和附加装置工作正常
12	喷油器、喷油泵	检查喷油器和喷油泵的作用，必要时检查喷油压力和喷油状况，视情调整供油提前角	喷油器雾化良好，无滴油、漏油现象，喷油压力符合规定；供油提前角符合规定
13	分电器、高压线	清洁，检查	分电器无油污，调整触点间隙在规定范围内，无松旷、漏电现象，高压线性能符合规定
14	火花塞	清洁、检查或更换火花塞，调整电极间隙	电极表面清洁，间隙符合规定
15	气门间隙	检查、调整	符合规定
16	电控燃油喷射系统供油管路	检查密封状况	密封良好，作用正常
17	三元催化装置	检查，必要时更换	作用正常
18	离合器	检查离合器踏板自由行程	符合规定
19	前轮制动	检查前轮制动器调整臂作用	作用正常
		拆卸前轮轮毂总成，制动蹄、支承销；清洗转向节、轴承、支承销，清洗制动底板等零件	清洁、无油污
		检查制动盘、制动凸轮轴，校紧各部螺栓	制动底板不变形，按规定力矩扭紧装置螺栓；凸轮轴转动灵活，无卡滞，转动间隙符合规定
		检查转向节及螺母、保险片及油封、转向节臂，校紧装置螺栓	转向节无裂纹、螺纹完好，与螺母配合应无径向松旷，保险片作用良好，油封完好不漏油；转向节轴径与轴承的配合间隙符合要求，转向节臂装置螺栓扭紧力矩符合规定
		检测内外轴承	滚柱保持架无断裂，滚柱不脱落，无裂损或烧蚀，轴承内圈无裂损和烧蚀

（续）

序号	维护项目	作业内容	技术要求
19	前轮制动	检查制动蹄和支承销	制动蹄无裂纹及明显变形，摩擦片不破裂，铆接可靠，摩擦片厚度符合规定；支承销无过量磨损，支承销与制动蹄支承孔衬套配合间隙符合规定
		检查制动蹄复位弹簧	复位弹簧应无明显变形，自由长度、拉力符合规定
		检查前轮毂、制动鼓及轴承外座圈，校紧轮胎螺栓内螺母	轮毂无裂损；轴承外座圈无裂纹、无麻点、无烧蚀；制动鼓无裂纹，轮胎螺母齐全完好，规格一致，按规定力矩扭紧
		装复前轮毂、调整前轮轴承松紧度及制动间隙	制动蹄支承销孔应涂润滑脂，开口销或卡簧齐全有效；轴承应润滑；制动鼓、制动片表面清洁无油污，制动间隙应符合规定；转动中无碰擦和异响，检视孔挡板齐全；轮毂用拉力机测量可转动，且无轴向间隙；锁紧螺母按规定力矩扭紧；保险可靠，防尘罩、衬垫完好，螺栓垫圈、齐全紧固
20	后轮制动	拆半轴、轮毂总成、制动蹄、支承销，清洗各零件及制动底板、半轴套管	轮毂通气孔畅通、各零件及制动盘、后桥套管清洁无油污
		检查制动底板、制动凸轮轴、校紧联接螺栓	制动底板不变形，联接螺栓按规定力矩紧固；凸轮轴转动灵活无卡滞，轴向间隙和径向间隙符合规定
		检查后桥半轴套管、螺母及油封	套管无裂纹及明显松动，与螺母配合无径向松旷；油封完好，无损坏、无漏油；套管颈与轴承配合间隙符合规定
		检查内、外轴承	轴承保持架无断裂，滚柱无脱落、无裂损和烧蚀；轴承内圈无裂纹、烧蚀
		检查制动蹄及支承销	制动蹄无裂纹及变形，摩擦片不破裂，铆接可靠，厚度符合要求；支承销与制动蹄支承孔衬套配合间隙符合规定；支承销无过量磨损
		检查制动蹄复位弹簧	复位弹簧应无变形，自由长度符合规定，拉力良好

（续）

序号	维护项目	作业内容	技术要求
20	后轮制动	检查后轮毂、制动鼓及轴承外座圈，检查扭紧半轴螺栓，检查轮胎螺栓，校紧内螺母	轮毂无裂损；轴承外座圈不松动，无损坏；制动鼓无裂纹，外边缘不得高出工作表面，制动检视孔完整，半轴螺栓齐全有效
		检查半轴	半轴无明显弯曲，不磨套管，无裂纹，花键无过量磨损或扭曲变形
		装复后轮毂，调整制动间隙	装复支承销、制动蹄片时，支承孔均应涂润滑脂，开口销或卡簧齐全有效；制动蹄片和制动鼓表面应清洁，无油污；制动蹄片与制动鼓的间隙应符合规定，转动无碰撞现象或声响，检视孔挡板齐全紧固；轮毂转动灵活，拉力符合规定
21	转向器、转向传动机构	检查转向器、转向传动机构的工作状况和密封性，校紧各部螺栓；检查调整转向盘自由转动量	转向盘自由转动量符合规定，转向轻便灵活，无卡滞和漏油现象。垂臂和转向节臂无弯曲及裂损；各部螺栓联接可靠
22	前束及转向角	调整	符合规定
23	变速器、差速器	检查密封状况及操纵机构，清洁通气孔	密封良好，通气孔畅通；操纵机构无异响、跳动和乱挡现象
24	传动轴、传动轴承支架、中间轴承	检查防尘罩；检查传动轴万向节工作状态；检查传动支架和中间轴承间隙	防尘罩不得有裂纹损坏；卡箍可靠，支架无松动；万向节不松旷、无卡滞、无异响；传动轴承支架无松动；中间轴承间隙符合规定
25	空气压缩机、储气筒、安全阀	清洁、校紧	清洁、连接可靠，无漏气，安全阀工作正常
26	制动阀、制动管路、制动踏板	检查制动踏板自由行程；检查、紧固制动阀和管路接头；液压制动检查制动管路中是否有空气	制动踏板自由行程符合规定；制动阀和制动管路接头可靠无漏气；液压制动管路中无空气
27	驻车制动	检查驻车制动性能，检查驻车制动器自由行程	符合规定，作用正常
28	悬架	检查、紧固、视情补焊、校正	不松动、无裂纹、无断片，按规定扭紧力矩紧固螺栓
29	轮胎（包括备胎）	检查紧固、补气，进行轮胎换位，磨损严重时更换轮胎	气压符合规定，清洁，无裂损、老化、变形；气门嘴完好；轮胎螺栓紧固，轮胎的装用符合规定

（续）

序号	维护项目	作业内容	技术要求
30	发电机、发电机调节器、起动机、蓄电池	清洁、润滑、补给、检查	安装牢固，清洁，符合规定；蓄电池电解液液面高度符合规定
31	前照灯、仪表、喇叭、刮水器、全车电路	检查调整，必要时修理或更换	前照灯、喇叭、各仪表及信号装置功能齐全有效，符合规定；刮水器电动机运装无异响，联动杆连接可靠；全车线路齐全，连接牢固，绝缘良好
32	车身、车架、安全带	检查、紧固	性能可靠，工作良好，车架无变形、断裂、脱焊，联接螺栓、铆钉紧固
33	内装饰	检查、紧固	设备完好，无松动
34	空调装置	检查空调系统工作状况、密封情况	制冷系密封，制冷效果良好；暖气装置工作正常
35	润滑	全车加注润滑脂的部位全部润滑	润滑脂嘴齐全有效，润滑良好

4. 汽车二级维护的过程检验

汽车二级维护的过程检验是一项过程质量管理工作，其目的是实现维护工程的质量控制，是落实《技术规范》具体要求，确保汽车维护质量的重要环节。现在的许多企业都在开展ISO9002系列质量体系认证工作，这一先进的管理模式特点就是强调生产（服务）过程的每一个环节的管理都要落实相关的技术标准。没有过程管理，就不会有良好的技术保障。因此，对于汽车二级维护的过程检验提出如下要求：

1）维护作业的全过程要实施跟踪检验，即应在二级维护作业项目（包括基本作业项目和附加作业项目）执行过程中全面地、自始至终地实施质量检验。

2）在二级维护作业的整个过程中，要认真作好检验记录，特别是对配合间隙、调整数据和拧紧力矩等技术参数有要求的作业项目要有检验数据的记录，作为作业过程质量监督的依据，也可为汽车竣工出厂检验提供依据和参照。

3）在过程检验中，维护项目的技术要求需满足相应的技术标准，即表15-5二级维护作业项目中“技术要求”一栏的内容，或按该车出厂说明书的有关规定执行。

5. 汽车二级维护竣工检验

汽车二级维护竣工检验是一项对汽车维护质量进行的检测评定工作。在《技术规范》中明确指出：“汽车在维修企业进行二级维护后，必须进行竣工检验，且各项目参数应符合国家或行业标准。竣工检验合格的车辆填写维护竣工出厂合格证后方可出厂；检验不合格的车辆应进行进一步的检测、诊断和维护，直到达到维护竣工技术要求为止。”

汽车二级维护竣工检验的重点主要是对二级维护及其附加作业项目的质量进行检测评定，由汽车综合性能检测站按标准进行。所出具的检测报告，作为汽车维修企业质量检验员签发出厂的合格证的依据之一。汽车二级维护竣工的具体要求见表15-6。

表15-6 汽车二级维护的竣工要求

序号	检测部位	检测项目	技术要求	备注
1	整车	清洁	汽车外部、各总成外部、三滤应清洁	检视
		面漆	车身面漆、腻子无脱落现象、补漆颜色应与原色基本一致	检视
		对称	车体应周正，左右对称	汽车平置检查
		紧固	各总成外部螺栓、螺母按规定力矩扭紧，锁销齐全有效	检查
		润滑	发动机、变速器、转向器、主减速器润滑符合规定，各通气孔畅通。各部位润滑点润滑脂加注符合要求	检视
		密封及电器	全车无油、水、气渗漏，电器装置工作可靠，绝缘良好	检视
		前照灯、信号、仪表、刮水器等	稳固、齐全、有效，符合有关规定	检视
2	发动机	发动机工作状况	发动机能正常起动，无异响，各种转速下运转均匀及稳定，水温正常，加速性能良好，无断缸、回火、放炮等现象	路试
		发动机功率	无负荷功率不小于额定值的80%	检测
		发动机装备	齐全有效	检视
3	离合器	踏板行程	符合原厂规定	检视
		离合情况	结合平稳、分离彻底、无打滑、抖动及异响	路试
4	转向系统	转向盘最大转动量	符合规定	检查
		横直拉杆装置	球头销不松旷，各部螺栓、螺母紧固，锁止可靠	检查
		转向机构	操纵轻便、转向灵活，无摆振、跑偏等现象，车轮转到极限位置时，不得与其他部件有碰擦现象	路试
		前束及最大转角	符合规定	检测
		侧滑	符合《机动车运行安全技术条件》国家标准第3号修改单（GB 7258—2004/XG3—2008）中的有关规定	检测
5	传动系统	变速器、传动轴、主减速器	变速器操纵灵活，不跳挡，不乱挡；变速器、传动轴、主减速器各部无异响，传动轴装配正确	路试
6	行驶系统	轮胎	轮胎磨损应在规定范围内，同轴的轮胎应为相同的规格和花纹，转向轮不得使用翻新的轮胎，轮胎气压符合规定	检查
		钢板弹簧	钢板弹簧应无断裂、位移、缺片，U形螺栓紧固，前后钢板支架无裂纹及变形	检查
		减振器	稳固有效	路试
		车架	车架无变形，纵横梁无裂纹，铆钉无松动，挂车钩、备胎架齐全，无裂损变形，连接牢固	检查
		前后轴	无变形及裂纹	检查

（续）

序号	检测部位	检测项目	技术要求	备注
7	制动系统	制动性能	应符合 GB 7258—2004/XG3—2008 中的有关规定	路试或检测
		制动踏板自由行程	符合规定	检测
		驻车制动性能	应符合 GB 7258—2004/XG3—2008 中的有关规定	路试或检测
8	滑行	滑行性能	符合规定	路试或检测
9	车身车箱	车身	驾驶室装置紧固，门锁链灵活无松旷，限动装置齐全有效；玻璃窗框严密，玻璃升降器齐全有效，暖风装置工作正常	检查
		车箱	车箱不歪斜，整体不变形，底板无损坏，边板、后门平整无变形，铰链完好，关闭严密，前后锁扣作用可靠	检视
10	排放	尾气排放测量	符合有关标准的规定	检测

第三节　汽车的非定期维护

一、换季维护

换季维护是指为了使汽车适应季节的变化而实施的特殊的保护性维护。一般分为换入夏季时的维护和换入冬节时的维护。

冬季转入夏季时，换入夏季维护作业。夏季维护作业共有以下八项作业内容（夏季转入冬季时的维护作业内容与此相反）。

1）检查百叶窗的开闭功能，并拆除发动机附件的保温功能与预热启动装置，经整修后妥善保管。

2）拆洗气缸体和散热器的放水开关，清洗发动机水套，测试节温器效能。

3）放出发动机润滑油（单级油）、空气压缩机润滑油、机油滤清器中的冬季用油，清洗润滑系统，加入夏季润滑油。

4）放出变速器、分动器、差速器及转向器等处的冬季齿轮油；清洗检查齿轮和轴承，校正主减速器齿轮的啮合间隙，然后加注夏季用齿轮油。

5）清洗轮毂轴承，换用稠度较高的轴承润滑脂。

6）调换进、排气歧管上的预热阀于“夏”的位置。

7）调整发电机、分电器、火花塞间隙以及蓄电池电解液密度。

8）打开润滑油散热器开关，清通各通气道。

二、走合期维护

走合期维护是指对新车或大修后的车辆在运行初期所作的维护，其目的是改善零件表面几何形状和表层物理力学性能。

汽车的走合期维护是确保汽车使用寿命的关键，所以在走合期内要特别注意走合前、走合中、走合后的维护。

1. 走合前的维护

该作业项目主要包括以下七项内容：

1）清洗全车外部。

2）检查、紧固外露的螺栓、螺母和锁销。

3）检查冷却水、润滑油、制动液及其他工作液液面是否正常，各结合面是否有渗漏；必要时应进行添加或更换。

4）检查变速器各挡是否能够正确啮合；检查转向机构是否灵活可靠；检查制动系统是否灵敏有效，不符合要求的应予以调整。

5）检查轮胎气压是否符合标准。

6）检查电器、灯光、仪表是否工作正常。

7）检查蓄电池的放电情况、电解液密度和质量。

2. 走合中的维护

一般是指完成走合里程50%时的汽车维护，其主要的维护项目包括下面四项内容。

1）清洗发动机润滑系统，更换润滑油和滤芯，润滑全车各个润滑工作点。

2）检查制动效能和制动的稳定性，不符合要求应立即调整或更换。

3）检查、紧固发动机缸盖和进气道螺栓、螺母及其他外露螺栓。

4）检查轮胎的磨损、温度和气压等状况。

3. 走合后的维护

走合后的维护作业项目应结合二级维护对汽车进行全面的清洗、检测、紧固、调整、补给和润滑作业。具体的作业项目包括：

1）清洗机油底壳，更换“三滤”和机油。

2）检查调整离合器踏板和制动踏板自由行程，调整制动器间隙，更换制动蹄片。

3）按技术要求紧固气缸盖螺栓和外露螺栓、螺母。

4）清洗检查变速器、差速器、轮毂、转向节等总成和部件，并进行换油。

5）检查、调整或更换火花塞及调整气门间隙。

6）润滑汽车各个润滑点。

7）拆除限速装置。

三、封存启用维护

车辆的封存启用维护是对较长时间闲置的车辆所进行的维护。其目的是在停用期间保持车况处于良好的技术状况，这也是控制车辆使用、节约燃料消耗的一种手段。当车辆较长时间封存时，由于汽车各部位机件受自然条件的影响，会产生锈蚀、橡胶老化等问题，使车辆的技术状况逐渐变坏。因此，必须对所封存的车辆进行必要的维护。

1. 做好二级维护

封存前要进行一次二级维护作业，油漆脱落之处应涂以缓蚀漆；排除发动机曲轴箱和气缸中的废气和可燃混合气，并向发动机火花塞孔内加注脱水机油，以防化学腐蚀和氧化。密封各总成的孔隙、放松风扇传动带和空气压缩机传动带；对于重要的橡胶制品应涂以JXF橡胶防老化涂料。车辆要用支架支起，使轮胎离开地面；发动机机罩和门窗要关闭严密，并应锁紧。蓄电池应送充电车间集中保管，按时充电。电解液的密度和液面高度应符合规定，并定期检查维护。

2. 车辆露天封存

要用苫布等物遮盖，防止日晒雨淋，停车方向应尽可能使汽油箱背向阳光，并放尽油箱内的汽油。停放封存车辆的周围不准堆放易燃易爆物品，并应备有消防器材和消防措施。

3. 定期检查

每隔一个月摇转曲轴 20 ~ 30 转；每隔一季度要进行一次原地发动机运转和传动系统的空转试验，检查车辆各系统及总成零部件的工作情况，并给予必要的补充维护作业；每隔半年应进行短距离的空车行驶试验：空驶前的车辆应严格按照出车前的操作规程进行检查，对行驶中和行驶后出现的故障或异常现象要及时排除。

4. 妥善保管

封存后的车辆要进行妥善地保护和管理，经常检查封存车辆的外观和技术状况，严格执行封存车辆的维护制度：要最大限度地减少自然侵蚀，保证车辆能在短时间内迅速启封使用。严禁拆卸和挪用车辆上的任何零部件，对随车附属物品或备件要登记造册，严格管理。

5. 启封使用

启封前应进行一次二级维护作业，对车辆进行全面、细致地检查和清洁工作，进行路试合格后，方可投入正常使用。

本 章 小 结

1）国家标准《汽车维护、检测、诊断技术规范》（GB/T 18344—2001）提出了“定期检测、强制维护、视情修理”作为实施汽车维护制度的原则。

2）定期检测是利用现代化的技术手段，应用现代化的汽车检测诊断设备，定期对汽车进行检查测试，以正确判断汽车的技术状况。

3）强制维护是在计划预防维护（定期维护）的基础上进行状态检测的维护制度。

4）“视情修理”的实质是由原来的以行驶里程为基础确定汽车修理方式改变为以汽车实际技术状况为基础的修理方式，汽车的修理内容、作业范围是通过检测诊断后确定的。

5）我国现行的汽车维护制度主要分为定期维护和非定期维护两大类。

6）汽车日常维护以清洁、补给和安全检视为作业中心内容，由驾驶员负责执行的车辆维护作业。

7）汽车一级维护是指除完成日常维护作业外，以清洁、润滑、紧固为作业中心内容，并检查有关制动、操作等安全部件，由汽车维修企业负责执行的车辆维护作业。

8）一级维护必须由汽车维修企业的专业维护人员来完成。

9）汽车二级维护是指除完成一级维护作业外，以检查、调整转向节、转向摇臂和悬架等经过一定时间使用容易磨损或变形的安全部件为主，并拆检轮胎，进行轮胎换位；检查调整发动机工况和排气污染控制装置等，由维修企业负责执行的车辆维护作业。

10）汽车日常维护的周期为：出车前、行车中和收车后。

11）按照《汽车维护、检测、诊断技术规范》（GB/T 18344—2001）的规定，汽车定期维护的内容主要包括：①汽车日常维护作业；②汽车一级维护的项目、作业内容和技术要求；③汽车二级维护的作业过程；④汽车二级维护检测、诊断及其附加项目的确定；⑤汽车二级维护过程检验；⑥汽车二级维护的基本维护项目、作业内容和技术要求；⑦汽车二级维护竣工检验项目和技术要求。

12）二级维护是汽车定期维护中最重要的基本作业项目。

13）换季维护是指为了使汽车适应季节的变化而实施的特殊的保护性维护。一般分为换入夏季时的维护和换入冬节时的维护。

14）走合期维护是指对新车或大修后的车辆在运行初期所作的维护，其目的是改善零件表面几何形状和表层物理力学性能。

15）汽车的走合期维护是确保汽车使用寿命的关键。

16）车辆的封存启用维护是对较长时间闲置的车辆所进行的维护，其目的是在停用期间保持车质车况处于良好的技术状况。

复习思考题

15-1　我国汽车维护制度的原则是什么？

15-2　汽车定期维护的主要内容有哪些？

15-3　汽车日常维护的作业内容是什么？

15-4　汽车一级维护作业的检查项目主要包括哪些内容？

15-5　写出汽车二级维护的工艺流程。

15-6　写出走合期维护的主要内容。

参考文献

[1] 黄俊平，等．汽车性能与使用［M］．北京：机械工业出版社，2004.
[2] 孙凤英，等．汽车性能与使用技术［M］．北京：机械工业出版社，2002.
[3] 冯健璋，等．汽车发动机原理与汽车理论［M］．北京：机械工业出版社，2007.
[4] 吴建华，等．汽车发动机原理［M］．北京：机械工业出版社，2007.
[5] 陈焕江，等．汽车运用基础［M］．北京：机械工业出版社，2004.
[6] 姜玉波，等．汽车运用基础［M］．北京：机械工业出版社，2006.
[7] 杨宏进，等．汽车运用基础［M］．北京：人民交通出版社，2005.
[8] 滕立国，崔曙辉，等．汽车运用基础［M］．北京：人民交通出版社，2006.
[9] 高延龄，等．汽车运用工程［M］．3 版．北京：人民交通出版社，2005.
[10] 李卫平，等．汽车运用基础教程［M］．北京：人民交通出版社，2003.
[11] 何光里，等．汽车运用工程师手册［M］．北京：人民交通出版社，1993.
[12] 余志生，等．汽车理论［M］．北京：机械工业出版社，2000.
[13] 杨玉如，等．发动机原理与汽车理论［M］．北京：人民交通出版社，1988.
[14] 吴光强，等．汽车理论［M］．北京：人民交通出版社，2007.
[15] 姜清浩，等．发动机与汽车理论［M］．北京：人民交通出版社，2005.
[16] 张西振，等．发动机原理与汽车理论［M］．北京：人民交通出版社，2004.
[17] 周青国，等．汽车性能与使用技术［M］．北京：人民交通出版社，1995.